5000포인트 시대를 위한
투자 대전환

초판 1쇄 발행 | 2025년 9월 1일
초판 5쇄 발행 | 2025년 11월 12일

지은이 | 김학균
펴낸이 | 이원범
기획 · 편집 | 김은숙
마케팅 | 안오영
표지 · 본문 디자인 | 강선욱

펴낸곳 | 어바웃어북
출판등록 | 2010년 12월 24일 제313-2010-377호
주소 | 서울시 강서구 마곡중앙로 161-8 C동 808호 (마곡동, 두산더랜드파크)
전화 | (편집팀) 070-4232-6071 (영업팀) 070-4233-6070
팩스 | 02-335-6078

ⓒ 김학균, 2025

ISBN | 979-11-92229-68-3   03320

* 이 책은 어바웃어북이 저작권자와의 계약에 따라 발행한 것이므로 본사의 서면 허락 없이는
  어떠한 형태나 수단으로도 책의 내용을 이용할 수 없습니다.
* 잘못된 책은 구입하신 서점에서 바꾸어 드립니다.
* 책값은 뒤표지에 있습니다.

5000P

불확실한 시장을 꿰뚫는 통찰

시 대 를 위 한

투자 대전환

김학균 지음

어바웃북

PROLOGUE

투자의 기쁨과 슬픔

출퇴근하는 여의도 지하철역에서 '투자는 락(樂)이다'라고 쓰여 있는 한 증권사의 광고판을 본 적이 있다. '투자는 즐겁다'라는 뜻일 텐데, 과연 투자가 늘 즐겁기만 한 일일까.

돈을 벌 땐 신나겠지만, 세상사 모든 일이 그렇듯 투자에도 늘 '맑은 날'만 있을 수는 없다. 주식시장 자체가 상승과 하락을 오가는 사이클을 그리는 데다, 강세장에서도 내가 가진 종목의 주가만 오르지 않는 경우도 부지기수다. 특히 다수의 대중, 즉 시장이 가격을 잘못 매긴 저평가 종목을 매수해 기다리는 가치투자자들은 때론 '조롱'과 '비아냥'의 대상이 되기도 한다.

시장의 변덕에 흔들리지 않는 뚝심, 때로는 기약 없는 시간을 견뎌낼 수 있는 인내심이 있어야 돈을 벌 수 있다. 투자는 즐거움이라기보다는 자신의 선택에 뒤따르는 기쁨과 슬픔을 온전히 감내해 나가는 엄중한 자기 책임의 과정이다.

　투자를 시작했다면 응당 낙관론의 편에 서야 한다. 세상이 망하는 쪽에 베팅해서는 안 된다. 인간의 삶 자체가 여러 결핍을 극복하기 위해 노력하는 과정이고, 이를 통해 미래는 매우 가변적인 다이내믹스를 가진다. 2025년 한국 증시가 보여주고 있는 놀라운 복원력은 시사하는 바가 크다. 한국 경제에 대한 온갖 우려들이 대두되고 있지만, 주가는 오르고 있다. 한국의 미래에 대한 과도한 비관론은 경계해야 한다. 글로벌 금융위기 이후 미국을 제외하면 심각한 걱정거리로부터 자유로운 나라는 거의 없다. 일본과 독일만 보더라도 경제는 한국보다 나을 게 없는 상황인데도, 주식시장은 진작부터 강세장을 이어가고 있다.

　수축되기보다는 팽창하는 경제의 관성, '승자의 기록'이라는 주가지수의 속성, 경제와 주식시장의 조력자 역할을 하는 중앙은행 등은 장기 낙관론에 힘을 실어주는 우군들이다. 이 책의 1~4장은 이에 대해 다루고 있다.

　새 정부가 국정 목표로 내건 '코스피 5000포인트'가 화제다. 필자는 코스피 5000포인트 도달을 상상하기 힘든, 허황된 목표라고 보지 않는다. 현재 3000포인트 수준인 코스피가 5년 후에 5000포인트가 되기 위해서는 연율로 10.7%씩 상승하면 된다. 만만한 목표는 아니지만 역사적으로 이런 정도의 상승세는 자주 나타났다. 지난 10년(2015~2024년) 코스피 상장사의 당기순이익 총계는 연평균 8.8% 증가했다. 한국 경제에 대한 온갖 비관론이 똬리를 틀고 있던 상황에서도 우리 기업들이 이뤄낸 성과다. 한국 증시의 밸류에이션이 더 높아지지 않고 현재 수준으로 유지된다고 가정하더라도, 기업의 이익 증가로 기대할 수 있는 연간 상승률이 8%대 후반이다. 물론 이런 이익 증가 속도가 미래에도 지속된다는 보장은 없지만, 한국증시는 '지배구조 개선'이라는 카드를 가지고 있다. 상법 개정으로 대표되는 지배구조 개선에 대한 기대가 현실화된다면 한국 증시에 대한 재평가가 이뤄질 수도 있다. 코리아 프리미엄까지는 아니더라도 디스카운트만 완화되어도 주가는 꽤 큰 폭으로 상승할 여력이 있다. 주식투자에 있어 지배구조는 매우 중요한데, 15~16장은 이에 대해 다루고 있다.

물론 5000포인트이든, 4000포인트이든 주가가 상승하는 과정은 단선적인 경로가 아닌 수많은 우여곡절을 거치는 울퉁불퉁한 길일 것이다. 또한 주식시장은 제로섬의 논리가 작동하는 영역은 아니지만, 증시가 활황일지라도 어떤 투자자는 돈을 벌지 못할 수도 있다. 욕심과 공포를 오가는 인지적 편향, 빈번한 매매를 권하는 과도한 자극 등이 투자자들을 실패의 길로 몰아간다. 이 책은 여러 장에 걸쳐 주식투자를 하면서 낭패를 보게 되는 이유들에 대해 살펴봤다.

'회의주의'는 투자자들이 견지해야 할 덕목이다. 회의주의와 비관주의는 전혀 다르다. 회의주의는 세상을 엄격하게 바라보는 관점이다. 내가 아는 것과 모르는 것의 구분, 다수의견에 대한 비판적 성찰, 다소의 역발상 등이 회의주의자가 견지하는 태도다. 모두가 달아올라 투자가 쉬워 보이는 강세장에서는 비관적 회의주의자가, 모두가 침울해하는 약세장에서는 낙관적 회의주의자가 되어야 한다.

맹목적 낙관론은 오히려 투자자에게 적이다. 투자 기간을 늘리면 늘릴수록 승률을 높일 수 있지만, 이는 언제 끝날지 가늠하기 힘든 약세장을 견뎌낸 결과다. 늘 강세장의 고점 부근에서 주식을 팔고, 약세장의 저점 부근에서 주식을 살 수 있는 족집게가 존재할 수 있을까. 설령 있다고 해도 나나 당신은 아닐 것이다.

최근까지 힘을 얻고 있는 '미국 주식 불패론'은 장기적으로 투자자에게 나쁜 영향을 미칠 가능성이 높다. 미국 기업들의 혁신이나 주주 친화적인 문화 등을 감안하면 한국인들이 미국 주식으로 포트폴리오를 다변화하는 건 바람직한 일이다. 다만 사이클로부터 자유로운 자산은 없다. 강세장이 있으면 약세장이 있고, 가파르게 오른 자산은 조정의 골도 깊다.

약세장이 닥치더라도 나쁜 가격에 주식을 팔지 않고 버티며, 오히려 주식을 매수하는 기회로 삼아야 하는데, '불패론'을 맹신하는 이들은 이런 태도를 견지하기 어렵다. 절대 실패하지 않는다고 믿었던 자산이 그렇지 않다는 게 드러나면 실망감과 공포에 주식을 던지게 된다.

항공기 추락 사고라는 재난에서 생존한 이들의 경험은 비슷한 교훈을 준다. 삶에 대한 강한 애착은 이들을 지탱하는 근본적인 힘이었을 테지만, 생존자들은 어느 정도 회의주의자였을 것이다. 사고 발생 초기 구조대가 곧 올 것이라 믿었던 맹목적 낙관론자들은 적극적인 생존 전략을 수립하는 데 소홀하기 쉽고, 현실적으로 구조가 늦어지는 상황에 직면하면 심리적으로도 무너질 개연성이 높다. 반면 장기적으로는 낙관하되, 어려운 상황이 닥칠 수도 있다는 마음가짐을 가진 이들이 궁극적으로 생존했다. 1972년 비행 중 안데스산맥에 추락했던 우루과이 럭비선수들의 실화를 다룬 영화 〈얼라이브(Alive)〉(1993)에 나오는 내용이다.

한편으로는 철저하게 '게으른' 투자자가 되는 것도 좋은 선택이다. 인덱스 펀드나 시장 대표 지수를 추종하는 상장지수펀드(ETF)에 장기투자하는 것이다. 특히 적립식으로 투자하면 아무리 나쁜 시기에 투자를 시작했더라도 리스크는 크지 않다. 최근 십여 년간의 한국 증시처럼 장기 박스권에서 벗어나지 못하는 시장에서도 적립식 투자는 3~4년에 한 번씩 수익을 낼 큰 기회가 찾아오곤 했다.

시장 대표 지수에 투자하는 패시브(passive) 투자는 게으른 투자 방식이다. 개별 종목을 분석하는 노력을 기울일 필요가 없고, 투자에 대한 일관성(대체로 장기 적립식 투자)이 필요할 따름이다. 그렇기에 어떤 면에서는 정서적으로 더 어려울 수 있다. 내 돈을 걸고 하는 투자에 최선의 노력을 다하지 않고 해태(懈怠)하고 있다는 자의식에 흔들릴 수 있기 때문이다. 그렇지만 희미하게 아는 것을 잘 알고 있다고 착각하거나, 시장이 만들어준 이익을 나의 능력이라고 믿는 오만에 기반한 투자보다는 게으른 투자가 훨씬 낫다.

다양한 주제들을 다뤘지만, 투자를 성공으로 이끄는 만고불변의 진리는 이 책에 들어 있지 않다. 나도 그게 무엇인지 모르기 때문이다. 다만 언제 읽어도 의미 있는, 투자에 내재된 보편성에 대한 글을 쓰기 위해 노력했다. 투자 초보자에게 도움이 되기를 희망하고, 오랫동안 투자해 온 자본시장의 전문가들께는 작은 인사이트라도 보낼 수 있었으면 좋겠다.

거친 글이 한 권의 책으로 만들어진 데는 편집자 김은숙 님의 공이 절대적으로 컸다. 편집자의 독려와 격려가 없었다면 이 책의 내용들은 여전히 필자의 머릿속에서 맴돌고 있었을 것이다.

명백히 직장 커리어의 종반부에 만난 신영증권 리서치센터의 동료들에게도 존경과 감사의 마음을 전한다. 출중한 역량과 따뜻한 마음을 지닌 동료들에게 배우는 점이 많다. 이들과 매일 만난다는 건 내게 큰 복이다.

늘 내 편에서 응원해 주는 가족들에게도 고마운 마음을 전한다. 특히 '읽고 기록하면서 살아가는 삶'에 대해 일찍부터 가르쳐 주셨던 아버지, 이젠 하늘나라에서 지켜보고 계실 아버지에게 그리움을 담아 인사를 드린다.

2025년 8월, 광화문의 서재에서

CONTENTS

| 프롤로그 |

투자의 기쁨과 슬픔 ··· 4

INSIGHT 1 낙관론자의 승리 ·· 14

▲ 시장이 품고 있는 기억 : 1972년 이후 한국 증시의 상승 확률 ············ 17
▲ 시간은 투자자의 편 : 장기투자에 숨겨진 비대칭의 힘 ······················ 24

INSIGHT 2 투자자의 적(敵), 비관론의 솔깃한 유혹 ················· 30

▲ 그 어느 때보다 불확실하다는 착각 : 장기적으로 세상은 좋아지고 주가지수는 상승했다
 ··· 32
▲ 멀리서 보면 푸른 봄 : 장기적으로 명목 GDP의 궤적에 수렴하는 주가지수 ········ 43

INSIGHT 3 주가지수, 승자의 기록 ·· 48

▲ Top of the Top : '우량주 중의 우량주' 다우지수 ·························· 50
▲ 왕관을 내어줄 시간 : 다우지수 구성 종목의 평균 존속 기간이 시사하는 것 ······ 55

INSIGHT 4 중앙은행, 투자자의 강력한 우군 ···························· 60

▲ 냉랭한 경기와 뜨거운 주식시장 : 중앙은행발 유동성이 밀어올린 주가 ··········· 62
▲ 중앙은행의 파격 실험 : 유동성의 역습, 자산시장을 흔들다 ················ 68

INSIGHT 5 고가 매수의 유혹 : 왜 비쌀 때 끌릴까? ···················· 76
▲ 보이는 것만 믿으세요? : 미래는 'Nobody Knows' ···················· 78
▲ 늘 한발 늦게 움직이는 돈 : 상승장에 뒤늦게 뛰어든 투자자의 낭패 ···················· 84

INSIGHT 6 개별 종목 투자 : 모두가 좋은 성과를 얻는 것은 아니다 ····· 94
▲ 주식시장에도 예외 없는 파레토 법칙 : 극소수의 분전이 끌어올린 주가지수 ···················· 96
▲ 분산투자의 배신 : 위험을 줄였다고 착각하지 마라 ···················· 102

INSIGHT 7 성장주 투자에 내재된 게임의 룰 ···················· 106
▲ 거침없이, 열광적으로 흔들어라! : 1960년대 미국 증시를 흔든 고고장세 ···················· 109
▲ 내일을 향해 쏴라! : 1970년대 우량주에서 1990년대 후반 개념형 성장주까지 ···················· 117
▲ 거품의 역설 : 성장산업 육성을 위한 필요악, 집단적 열광 ···················· 124

INSIGHT 8 버블을 측정할 수 있을까? ···················· 130
▲ 뜨겁거나 차갑거나 : 시장의 열기를 재는 온도계, 버핏 지수와 유동성 지수 ···················· 133
▲ 검증되지 않은 미래 대신 확인된 과거로 : 로버트 J. 쉴러의 CAPE ···················· 141
▲ 주식과 채권투자, 무엇이 더 매력적인가? : PER과 금리를 비교하는 일드갭 ···················· 145
▲ 버블을 정당화하기 위해 만들어진 지표 : PSR과 PDR ···················· 150

INSIGHT 9 투자는 공학이 아니다 ···················· 158
▲ 미래는 우리의 기대를 저버린다 : 인과관계로 설명할 수 없는 1987년 블랙먼데이 ···················· 160
▲ 격변의 시그널 : 큰 변화 직전에 나타나곤 했던 대중의 쏠림 ···················· 167

INSIGHT 10 투자하지 않는 것도 투자다 : 가치투자자의 사고법 ······ 174
▲ 불완전함을 인정하는 겸손의 철학 : 가치투자를 관통하는 키워드 ······ 176
▲ 투자하지 않을 용기 : 하지 않는 것이 오히려 적극적인 투자 ······ 184
▲ '극단적 인내력'과 '극단적 실행력' : 가치투자자에 필요한 자질 ······ 190

INSIGHT 11 패시브 투자 : 시장을 이길 수 없다면 동행하라 ······ 194
▲ 무위(無爲)의 투자술 : 게으른 투자의 위대한 승리 ······ 196
▲ 액티브 ETF 유감 : 수동의 탈을 쓴 능동적 투자 ······ 204

INSIGHT 12 장기투자는 한국 증시에서도 효과가 있을까? ······ 208
▲ 박스권에 갇힌 코스피 : '주식 이민'이 옳은 선택일까? ······ 210
▲ 한국 증시의 일본화 가능성 : '잃어버린 20년'의 전철을 밟을 것인가 ······ 219

INSIGHT 13 늘 불패인 자산은 없다 ······ 226
▲ 자산의 국경을 넘어 : 글로벌 분산투자를 통한 리스크 헤지 ······ 228
▲ 제국이 쇠할 때 나오는 신호들 : 자의식 과잉이 불러온 침체 ······ 234
▲ 아무 걱정 없어 보일 때가 가장 위험한 순간 : 과잉 낙관에 주가가 반응하는 과정 ······ 241

INSIGHT 14 자본 없는 자본주의 ······ 246
▲ 미국 우량 기업의 자본 파괴 : 공격적인 주주환원 정책 ······ 248
▲ 과도한 주주환원이 불러온 희비극 : 누구를 위한 효율 개선인가 ······ 257

INSIGHT 15 중국 증시 : 왜 주가가 성장을 배반할까? ···················· 266
▲ 공급에는 장사 없다 : 중국 증시는 왜 기대에 부응하지 못했나 ············ 268
▲ 성장의 과실을 주주들에게서 빼앗는 시스템 : 지배구조 리스크 ·········· 275

INSIGHT 16 지배구조 : 주주자본주의 과잉과 결핍 사이에서 ············ 280
▲ 회사의 주인이 주주라는 거짓말 : 이름뿐인 주인 ························· 283
▲ 주주자본주의의 균형점 : 과잉된 미국 vs. 결핍된 한국 ··················· 288
▲ 밸류업의 핵심은 주주 권한 강화 : 코리아 디스카운트 해소의 열쇠 ······ 295

INSIGHT 17 코스닥 시장은 왜 천덕꾸러기가 됐을까? ···················· 304
▲ 투자자들의 눈물 위에 세워진 시장 : 한국 증시의 마이너리그, 코스닥 시장 ······ 306
▲ 너무 많아서 문제 : 만성적인 공급 물량 부담이 초래한 결과 ············· 310

INSIGHT 18 시간의 힘을 믿으세요 ··· 318
▲ 하염없이 기다릴 수 있는 자가 결국 이긴다 : 미스터 마켓의 변덕을 이기는 법 ···· 320
▲ 패턴은 있지만 법칙은 없다 : 투자라는 장기 레이스 참가자의 무기 ······ 324
▲ 투자는 시간을 사는 일 : 청년 투자자에게 드리는 고언 ··················· 331

| 에 필 로 그 |
투자자에게 드리는 열 가지 조언 ·· 350

INSIGHT **1**

낙관론자의 승리

> 낙관주의는 제품 홍보처럼 들리고,
> 비관주의는 나를 도와주려는 말처럼 들린다.
> 그러나 비관주의자들은 세상이
> 어떻게 적응해 갈지 고려하지 않고,
> 미래를 추정한다.
>
> _ 모건 하우절(Morgan Housel)

●●● 최근 몇 년 사이 한국의 주식투자 인구는 부쩍 늘어났다. 2019년 말 618만 명이었던 국내 주식투자자는 2024년 말 1423만 명까지 증가했다. 이는 한국 증시에 상장된 기업에 주주로 등재된 이들을 대상으로 산정한 수치다. 여기에 '서학개미'로 불리는 해외주식투자자들까지 포함하면 주식투자 인구는 더 많아질 것이다. 주식이라는 자산에 이해관계가 노출된 한국인들이 그만큼 늘어난 것이다.

세상사 대부분이 그렇듯, 투자 역시 100% 확실성을 보장받을 수 있는 영역은 아니다. '확실', '법칙', '리스크 제로' 운운하는 말들은 경계해야 한다. 오히려 주식시장이야말로 극단적인 성공과 실패가 공존하는 곳인지도 모른다. 주식투자를 바라보는 태도도 극과 극을 오가곤 한다.

2020년 코로나19 팬데믹 직후 주가가 가파르게 상승하던 시기에는 투자에 동참하지 못하면 '벼락거지'가 될 수도 있다는 조바심이 투자자들을 사로잡았다. 그러나 조정 장세가 몇 년째 이어졌던 얼마 전까지는 '무주식이 상팔자'라는 말을 어렵지 않게 들을 수 있었다.

높은 인기를 누렸던 주식의 영광도 그리 오래 가지 않았다. 삼성전자와 카카오는 한때 '국민주식'으로 불렸지만, 2025년 2월 현재 두 기업의 주주들은 장기적인 주가 하락으로 깊은 시름에 잠겨 있다. 배터리 관련주 역시 시련의 시기를 보내고 있다. 오직 미국 나스닥(NASDAQ)의 핵심 기술주들을 매수한 투자자들만이 웃고 있는 듯하다.

이처럼 투자 결과는 누구도 보장할 수 없다. 그럼에도 주식투자를 시작한 많은 분에게 '좋은 선택'을 하셨다고 감히 말씀드린다. 미국 주식을 매수하신 분들은 이미 좋으실 테지만, 한국 증시에서 투자를 시작한 분들도 장기적으로는 좋은 결정을 하셨다고 본다. 주식투자를 통해 성장하는 기업과 과실을 나눌 수 있다는 명징하지만 진부한 이야기를 하려는 게 아니다. 수십 년간 축적된 데이터와 시장의 반복된 패턴은 끝내 낙관론자가 승리할 것임을 이야기하고 있다.

물론 성장이 정체되거나 퇴보하는 기업도 많고, 성장하는 기업이라고 하더라도 지나치게 비싼 가격에 주식을 사면 낭패를 볼 수도 있다. 하지만 시간을 이길 수 있는 돈으로 투자할 경우 실패보다 성공할 확률이 더 높다. 지금은 힘든 시간을 보내고 있지만, 이 또한 지나고 나면 분명 '한때의 어려움'으로 돌아보게 될 것이다.

주식투자는 불확실성과 싸우는 일처럼 느껴질 수 있다. 그러나 역사적으로 시장은 단기적인 소음과 진폭을 넘어 장기적으로 성장이라는 명확한 방향으로 움직여 왔다. 이제 그 흐름을 데이터와 함께 하나씩 살펴보자.

시장이 품고 있는 기억

1972년 이후 한국 증시의 상승 확률

주식시장은 오르내림을 반복하지만, 긴 시간의 흐름 속에서는 일정한 방향성을 보여준다. 한국 증시를 대표하는 코스피(KOSPI)의 예를 들어보자. 코스피는 하락보다는 상승에 대한 기억을 더 많이 가지고 있다. 코스피는 1972년부터 2024년까지 53년 동안, 서른여섯 해 상승했다. 매해 코스피가 상승했던 확률은 67.9%로 매우 높았다.

반면 같은 기간에 코스피가 2년 이상 연속으로 하락한 경우는 단 세 차례에 불과했다. 특정한 해 코스피가 하락한 이후 그다음 해에도 연이어 떨어지는 경우는 약 18년에 한 번꼴로 발생하는 매우 드문 현상이었다.

코스피가 2년 이상 연속으로 하락했던 세 차례 경우 중에서 3년 연속 하락은 단 한 번 있었다. 1995부터 1997년까지 이어진 IMF 외환위기 시기였다. 코스피는 3년 동안 63.3%나 폭락했다. 국가 부도가 날 정도로 심각한 위기가 발생하면 코스피가 3년 연속 하락할 수도 있다.

한국 증시가 보여준 높은 회복 탄력성

1982~1983년(코스피 -7.6%)과 1990~1991년(코스피 -32.8%)에 두 차례 코스피가 2년 연속 하락했다. 그러나 1982~1983년에는 코스피의 조정 강도가 약해 투자자들이 큰 상처를 입었다고 보기는 어렵다. 이 시기는 하락폭이 제한적이었고 조정 기간도 짧았다. 조정이라기보다는 상승을 앞둔 숨 고르기 국면으로 볼 수 있다.

1990~1991년에는 주식시장이 큰 폭으로 하락했지만, 일정 부분 불

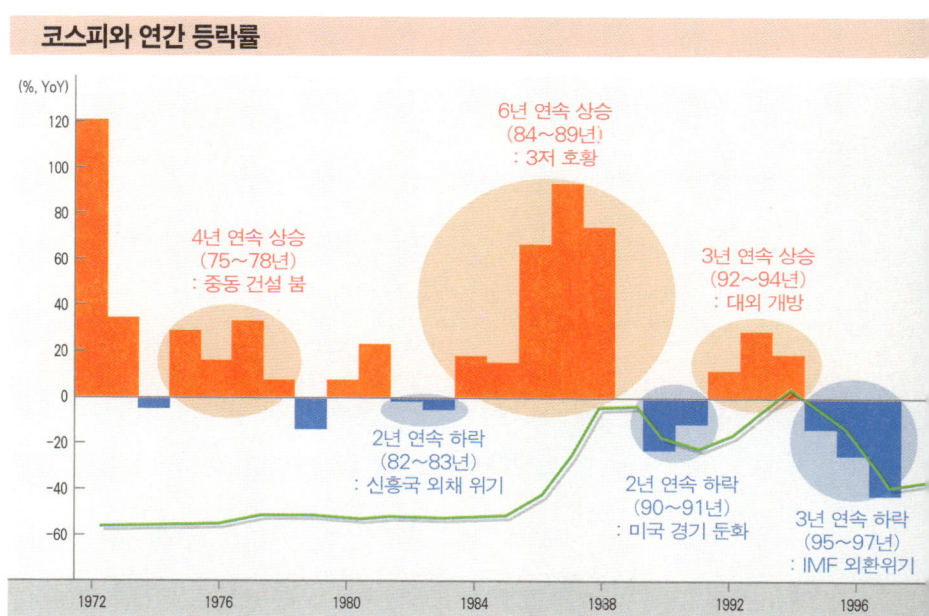

코스피와 연간 등락률

가파한 조정이었다. 1980년대 후반 한국 경제는 '3저 호황'이라 불리는 이례적인 경기 활황을 경험했다. 국제 유가 급락(저유가), 달러 약세에 따른 비달러 자산 선호(저달러), 큰 폭의 금리 하락(저금리)이라는 세 가지 요인이 동시에 작용한 결과였다. 수입 물가가 안정되고 자금 조달 비용이 낮아지면서 수출과 내수가 모두 호조를 보였다. 또한 기업 이익이 비약적으로 늘어나면서 주가도 크게 상승했다. 이 시기 코스피가 7배 넘게 상승하는 폭발적인 랠리가 펼쳐지며, 한국 증시는 사상 유례없는 강세장을 경험했다. 그 후유증이 1990년대 초반에 나타난 것이다. '산이 높으면 골도 깊다'는 증시 격언처럼 주가가 장기간 가파르게 상승한 뒤에 나타나는 조정은 강도가 세게 나타나는 경향이 있다.

한편 2000년대 들어 저출산·고령화, 가계 부채 급증, 수출 의존 구

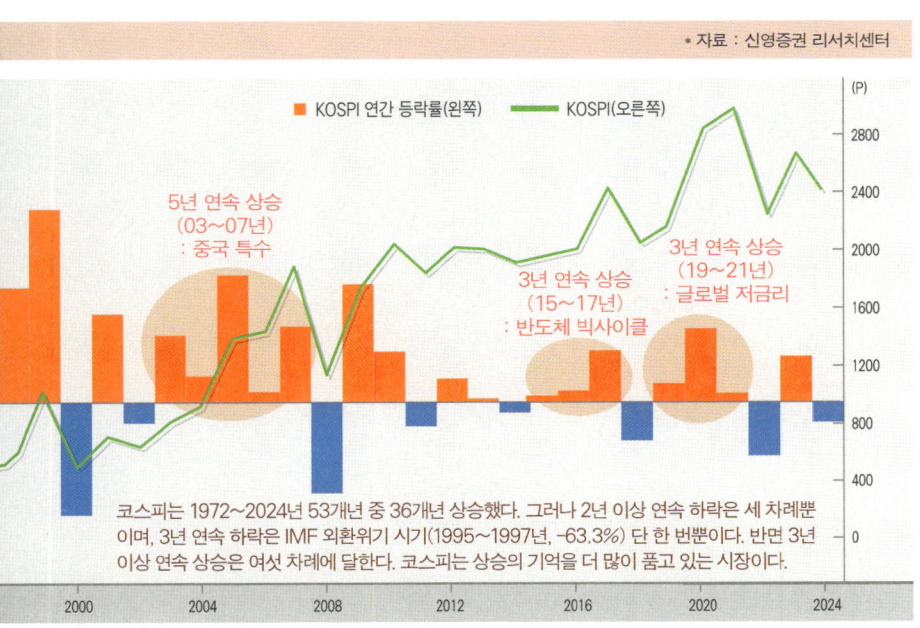

조, 산업 경쟁력 정체 등 한국 경제를 둘러싼 다양한 우려가 제기됐음에도 불구하고, 코스피가 2년 연속 하락한 사례는 단 한 번도 없었다. 2024년의 하락(코스피 -9.6%)에 이어 맞이한 2025년만 하더라도 대통령 탄핵으로 비롯된 정치적 혼란과 트럼프의 보호무역, 사상 초유의 저성장 고착화라는 우려가 겹치고 있음에도 코스피는 35.2%(~7월 말)나 급등하면서 강한 복원력을 보여주고 있다.

한편 코스피가 연 이어 상승한 사례는 매우 빈번하게 나타났다. 특히 3년 이상 연속으로 상승한 경우만 해도 여섯 번이나 있었다. 3저 호황을 등에 업고 6년 연속 상승했던 사례(1984~1989년, +650.5%)가 한 번 있었고, '중국 특수'로 5년 연속 상승했던 경우(2003~2007년, +202.3%)도 한 차례 있었다. 이밖에 중동 건설붐이 있었던 1970년대에 4년 연속 상승했던 사례(1975~1978년, 코스피 등락률 +110.3%)가 있었고, 3년 연속 상승은 1992~1994년(+68.1%), 2015~2017년(+28.8%), 2019~2021년(+48.8%) 등 세 차례나 있었다.

S&P 500 지수의 상승 확률 69%

미국 주식시장의 성과도 한국과 비슷하다. 미국 증시를 대표하는 S&P 500 지수는 1928년부터 2024년까지 97개년 중 상승한 해가 67개년, 하락한 해가 30개년이다. 연간 기준 S&P 500 지수의 상승 확률은 69.0%

로 한국과 거의 비슷하다.

97년 동안 S&P 500 지수가 2년 이상 연속으로 하락한 사례는 단 네 차례에 불과했다. 제2차 세계대전 이전에 두 번 있었고, 1970년대와 2000년대에 각각 한 차례씩 있었다.

가장 긴 연속 하락은 대공황 초기 국면이었던 1929~1932년으로, S&P 500 지수는 4년간 무려 79.9% 하락하며 투자자들에게 치명적인 손실을 안겼다. 그리고 제2차 세계대전이 발발했던 1939~1941년에 3년 연속 하락(-28.1%)했던 경험이 있다. 이밖에 제1차 오일쇼크가 있었던 1973~1974년에 2년 연속 하락(-41.9%), 닷컴버블이 붕괴했던

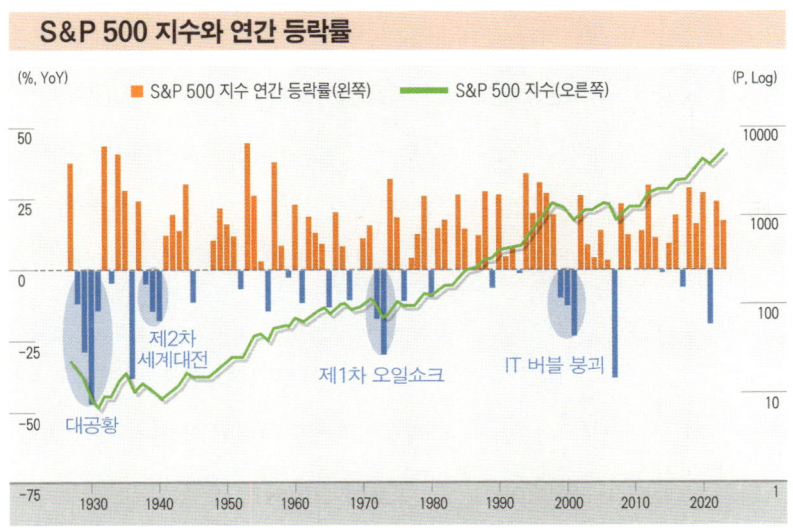

* 자료 : Bloomberg, 신영증권 리서치센터

미국 주식시장도 한국과 유사한 흐름을 보인다. S&P 500 지수는 1928~2024년 97개년 중 67개년 상승해 연간 상승 확률이 69.0%에 달한다. 반면 2년 이상 연속 하락한 사례는 모두 네 차례에 불과했다.

2000~2002년에 3년 연속 하락(-40.1%)했다.

미국 증시도 심각한 약세장에 진입하면 3~4년 연속 하락한 사례가 있었지만, 2년 이상 연속으로 주가지수가 하락하는 경우는 24.2년에 한 번 꼴로 발생했다. 거의 사반세기(四半世紀)에 한 번 나타나는 매우 드문 현상이었다.

특히 제2차 세계대전 종전 이후 약 80년 동안, S&P 500 지수가 2년 이상 연속 하락한 사례는 단 두 차례에 불과하다. 제2차 세계대전 이후의 시기를 따로 구분한 것은 경제 위기에 대응하는 '시장의 소방수'로서 중앙은행의 역할이 본궤도에 올랐던 시기가 제2차 세계대전 이후였기 때문이다.

실제로 1929년에 시작된 대공황은 미국의 중앙은행인 연방준비제도(Fed)가 재할인 금리를 인상하면서 촉발된 정책 실수에서 비롯된 측면이 크다. 위기가 닥친 이후에도 당시 중앙은행에는 경제에 유동성을 공급할 뚜렷한 수단이 없었다. 대공황 시기의 화폐제도는 금본위제(달러 가치를 금에 연동해 유지하던 통화제도)였기 때문이다. 새로운 금광의 발견 등이 없으면 중앙은행이 경제에 유동성을 공급할 방법이 없었다. 미국은 1932년에 내국인에 대한 금본위제를 폐기했고, 1971년에는 외국을 대상으로 한 달러의 금 태환도 중단했다. 글로벌 경제가 금의 족쇄에서 벗어나면서 경제 위기에 대응할 수 있는 중앙은행의 정책 수단은 파격적으로 강화됐다.

대공황(Great Depression) 국면에서 S&P 500 지수는 4년 연속 하락했지

중앙은행이 경제 위기 시 '시장의 소방수'로서 본격적인 역할을 하기 시작한 것은 제2차 세계대전 이후다. 금본위제의 족쇄에서 벗어난 이후, 중앙은행은 통화량 조절, 금리 인하, 양적완화 등 보다 유연한 정책 수단을 활용할 수 있게 됐다.

만, 대공황 이후 가장 심각한 경기후퇴가 나타났던 2008년 글로벌 금융위기(Great Recession) 때는 1년 하락한 후 곧바로 장기 강세장에 진입한 바 있다. 양적완화와 각종 금융구제 조치 등 연방준비제도의 처방이 위기를 기회로 돌리는 결정적인 역할을 했다. 코로나19 팬데믹이라는 미증유의 위기 상황에서도 주식시장의 조정 기간은 1년을 넘기지 않았다. 금융시스템 보호자로서 중앙은행의 역량이 강화된 제2차 세계대전 이후, 미국 증시에서 2년 이상 연속 하락은 40여 년에 한 번꼴로 나타나는 희귀한 현상이 돼 버렸다.

시간은 투자자의 편

장기투자에 숨겨진 비대칭의 힘

주식시장의 성과를 다른 관점에서 들여다보면, 주식투자는 단기적으로는 예측하기 어려운 무작위에 가까운 모습을 보이지만 장기적으로는 인내에 대한 보답이 뒤따르는 경향이 있다. 대략 3년 이상의 투자 기간을 유지할 경우 주식투자의 승률은 현저히 높아졌다.

투자의 세계에서 확실한 것은 없다. 유일하게 확실한 사실은, 모든 것이 불확실하다는 점뿐이다. 또한 투자는 공학이 아니기 때문에 때론 인과관계가 명확하지 않은 경우도 많다. 미래는 단정적으로 예견할 수 있는 대상이 아니라, 가능성과 확률 차원에서 가늠해 볼 수 있을 뿐이다.

애널리스트 입장에서 볼 때, 단기 시장 전망은 '감' 혹은 '운'의 영역에 가깝다. 한두 번 맞출 수는 있지만, 지속적으로 신통한 족집게는 없었다. 반면 단기보다 호흡이 조금 긴 중기 전망의 성패는 '논리' 혹은

'실력'의 범주로 묶일 수 있다고 본다. 긴 호흡에서의 장기 전망에 영향을 주는 변수는 '철학' 또는 '믿음'이다. 먼 미래에 벌어질 일을 지금 검증하는 것은 불가능하다. 금융시장에서도 장기 전망이 이뤄지긴 하지만, 수많은 가정이 들어간 시뮬레이션에 불과하다. 철학 또는 믿음은 역사에 대한 깊은 성찰에서 비롯된다.

짧게 볼 때와 길게 볼 때 다르게 나타나는 방향성

여기서 말하는 단기는 1년 미만, 중기는 1~3년, 장기는 3년 이상의 기간을 의미한다. 장기를 3년 이상의 시간으로 규정한 이유는 한국 증시 역사에서 IMF 외환위기(44개월 약세장) 때를 제외하면 약세장이 3년 이상 지속된 경우가 없었기 때문이다. 아무리 어려운 장세도 3년 이상 지속되는 경우는 극히 드물었다. 운이 나빠 사이클의 최고점에서 주식을 매수했더라도 3년 정도 보유하면 대부분 반전을 경험할 수 있었다. 중장기 고점에서 주식을 매수한 경우라도 넉넉잡아 4~5년, 대부분 3년 정도의 투자 시계(視界)에서는 낙관론을 견지해도 되는 게 아닌가 싶다. 결국 '장기(long term)'란 낙관론을 견지하기에 적합한 시간 정도로 이해하면 될 것이다.

단기적인 주가 흐름은 무작위에 가깝다. 코스피가 현재와 같은 시가총액 방식으로 산출되기 시작한 1980년 1월 4일부터 2025년 2월 28일까지 상승한 날은 총 6173일, 하락한 날은 5807일이었다. 하루하루로 따져보면 상승 확률은 51.5%, 하락 확률은 48.5%로 거의 비등하다. 코스피가 상승한 날의 단순 평균등락률은 +0.98%이고, 하락한 날의 평균 등락률은 -0.96%였다. 단기 흐름에서는 방향성(상승·하락)과 크기(등락률) 모두 반반에 가까운 무작위성을 보여준다.

투자 기간을 1개월로 늘려도 결과는 비슷하다. 상승 확률은 52.6%로 소폭 개선되지만, 유의미한 차이를 보인다고 할 정도는 아니다. 그렇지

코스피의 투자 기간별 성과

	상승 횟수* (평균등락률)**	상승 확률***	하락 횟수* (평균등락률)**	하락 확률****
하루	6,173회(+0.98%)	51.5%	5,807회(-0.96%)	48.5%
1개월	285회(+5.8%)	52.6%	257회(-4.7%)	47.4%
3개월	308회(+10.6%)	57.0%	232회(-8.0%)	43.0%
6개월	309회(+17.4%)	57.5%	228회(-10.8%)	42.5%
1년	321회(+29.4%)	60.5%	210회(-14.9%)	39.5%
3년	376회(+62.0%)	74.2%	131회(-20.3%)	25.8%
5년	397회(+97.1%)	82.2%	86회(-19.5%)	17.8%
10년	363회(+181.9%)	85.8%	60회(-20.3%)	14.2%

* 기간 : 1980년 1월 4일~2025년 2월 28일
* 자료 : 신영증권 리서치센터

* 상승(또는 하락) 횟수 : 전체 기간 중 상승(또는 하락)한 횟수 총계
** 평균등락률 : 상승한 경우의 단순 평균등락률
*** 상승 확률 : 상승횟수/전체 기간
**** 하락 횟수와 평균등락률, 하락 확률도 같은 방법으로 산출

만 주식 보유 기간이 3개월로 늘어나면 상승 확률은 57.0%로 높아진다. 1년을 보유했을 때는 상승 확률이 60.5%이고, 3년과 5년 보유 시 상승 확률은 각각 74.2%와 82.2%로 높아진다.

반대로 말하면, 코스피를 기준으로 5년 투자했을 때 수익률이 마이너스일 확률은 17%대까지 낮아진다. 또한 5년 보유 시 수익률이 플러스를 기록했던 397회의 단순 평균상승률은 97%인데 비해, 5년 투자 시 마이너스였던 86회의 단순 평균하락률은 −19%에 불과하다. 즉, 단기 투자에서는 상승과 하락의 확률과 기댓값이 대칭적이지만, 장기로 갈수록 수익률은 상승 편향의 비대칭성이 나타났다고 볼 수 있다.

장기 보유 효과가 더 확실한 미국 증시

미국 증시 역시 장기 보유의 효과가 뚜렷하게 나타난다. 5년 보유 구간을 제외하면 한국보다는 장기 보유시 이익을 볼 확률이 더 높았다. 특히 하루하루의 등락률을 보면 전체 상승일의 단순 평균상승률 +0.75%보다 하락일의 등락률이 −0.78%로 절댓값이 더 컸다. 역시 단기의 성과는 비교적 무작위에 가깝지만, 보유 기간이 길어질수록 승률이 높아지는 경향은 미국 시장에서도 동일하게 확인된다.

주식투자에 대해 적지 않은 피해의식을 가진 투자자들이 많다. 그러나 역사적 흐름을 보면, 장기적으로는 낙관론의 편에 선 쪽이 더 높은

S&P 500 지수의 투자 기간별 성과

	상승 횟수 (평균등락률)	상승 확률	하락 횟수 (평균등락률)	하락 확률
하루	12794회(+0.75%)	53.1%	11312회(-0.78%)	46.9%
1개월	696회(+3.7%)	59.7%	470회(-2.7%)	40.3%
3개월	739회(+7.1%)	63.5%	425회(-6.9%)	36.5%
6개월	774회(+10.9%)	66.7%	386회(-10.0%)	33.3%
1년	796회(+18.1%)	69.0%	357회(-14.3%)	31.0%
3년	890회(+37.3%)	78.7%	241회(-23.8%)	21.3%
5년	884회(+61.5%)	79.9%	223회(-21.1%)	20.1%
10년	927회(+126.9%)	88.5%	120회(-25.1%)	11.5%

* 기간 : 1928년 1월 2일~2025년 2월 28일
* 자료 : 신영증권 리서치센터

한국과 마찬가지로 미국 증시에서도 장기 보유의 효과는 분명하게 나타난다. S&P 500 지수의 투자 기간별 성과를 분석해 보면, 단기 수익률은 비교적 무작위에 가까우나 보유 기간이 길어질수록 상승 확률은 높아지고 하락 확률은 낮아지는 경향을 보인다.

승률을 기록해 왔다. 많은 이가 주식투자를 부정적인 시선으로 바라보는 이유는, 실제 투자 과정에서 손실을 경험했기 때문일 것이다. 주가지수의 흐름과 투자 성과 사이에 나타나는 괴리에 대해서는 뒤에서 좀 더 살펴보기로 하고, 다음 장에서는 왜 주식이 장기적으로 하락하기보다 상승해 왔는지에 대해 이야기해 보도록 하겠다.

헤밍웨이(Ernest Hemingway)의 소설 『노인과 바다』(1952)에서
거대한 청새치를 잡기 위해 고군분투하는 어부 산티아고의 모습은,
주식시장에서 장기투자자와 닮았다.
주식투자에서 성공 확률을 높이기 위해서는 시간과의 싸움을 견뎌야 한다.
단기적인 시장의 소음과 조정, 때로는 조롱까지 감내하면서 좋은 기업에 대한 믿음과
자신만의 투자 철학을 지키며 버티는 이들이 결국 결실을 거둔다.

INSIGHT 2

투자의 적(敵), 비관론의 솔깃한 유혹

> 세상은 해를 거듭하며 조금씩 조금씩 나아진다.
> 모든 면에서 해마다 나아지는 게 아니라,
> 대체로 그렇다.
> 더러는 거대한 도전에 직면하지만,
> 이제까지 놀라운 진전을 이루었다.
> 이것이 사실에 근거한 세계관이다.
>
> _ 한스 로슬링(Hans Rosling)

●●● 투자는 미래에 대한 전망을 근거로 돈을 거는 행위다. 시장에 있으면 "지금이 그 어느 때보다 불확실하다"라는 말을 자주 듣는다. 그럴듯한 말이지만 공감하지는 않는다.

미래에 대한 전망은 늘 모호하고 불확실하다. 과거는 선명한 것처럼 느껴지지만, 그것은 우리가 이미 결과를 알고 있기 때문이다. 과거의 어느 시점으로 시곗바늘을 돌려봐도, '그 어느 때보다 불확실하다'고 느낄 것이다. 미래는 불확실하기에 늘 걱정이 따른다. '한국 경제가 위기가 아니었던 적은 없었던 것'처럼 말이다.

투자의 가장 큰 적은 종종 외부의 경제 위기나 금리 인상 같은 구체적인 변수보다, 눈에 보이지 않는 '비관론'이라는 심리적 장벽이다. 시장에는 늘 위기설이 떠돌고, 언론은 이를 확대 재생산하며 불안을 자극한다. 투자자들은 비관론에 쉽게 휘말려 투자를 주저하거나 멈춘다. 하지만 비관론은 대개 지금 이 순간의 공포에 집중할 뿐, 시간이 만들어낼 회복과 성장의 가능성은 과소평가한다.

전쟁, 금융위기, 팬데믹 같은 커다란 충격에도 불구하고 주식시장은 결국 회복했고, 더 높은 지점으로 나아갔다. 단기적 공포는 강렬하게 기억되지만, 장기적 성과는 조용히 그러나 지속적으로 쌓여간다. 이번 장에서는 이러한 시장의 회복력과 장기 상승의 흐름을 한국 증시를 대표하는 코스피의 54년 역사를 통해 살펴볼 것이다. 주식시장에 대한 낙관은 감정이 아니라, 사실에 근거한 선택임을 보여주기 위해서다.

그 어느 때보다
불확실하다는 착각

●
장기적으로 세상은 좋아지고 주가지수는 상승했다

인간은 극적인 사건에 큰 영향을 받는다. 그런데 대체로 좋은 일은 오랜 시간을 두고 성과를 내는 경우가 많고, 나쁜 일은 단발성 쇼크로 나타나는 경우가 많다.

 전기차의 역사는 1828년 헝가리의 발명가 안요스 예들리크(Anyos Jedlik)가 전기모터를 실험한 데서 시작된다. 이후 1970년대 오일쇼크를 계기로 GM과 도요타가 전기차 개발 프로젝트에 착수하고, 1990년대 후반 리튬이온 배터리가 도입되면서 전기차 개발은 결정적 도약의 전기를 마련하게 된다. 오늘날 거리를 누비고 있는 전기차에는 이렇게 200여 년의 역사가 녹아있는 셈이다. 반면 전기차가 주도하는 운송생태계에 대한 비관론을 불러일으키는 전기차 화재 같은 사건은 극적이고 단발적인 사건이다. 긴 시간에 걸쳐 축적된 진보보다 한 차례의 큰 사고가 훨씬 더 선명하게 기억되곤 한다.

항공기 사고는 자동차 사고에 비해 발생 확률이 현저히 낮지만, 많은 사람이 비행기에 오르면서 자동차를 탈 때보다 더 큰 두려움을 느낀다. 항공기 사고의 결과가 훨씬 더 자극적이기 때문이다. 전쟁, 테러, 자연재해, 거대기업의 파산 같은 사건도 강렬한 인상을 남긴다. 사람들은 시간을 두고 밋밋하게 진행되는 변화보다, 단번에 벌어지는 극적인 사건에 더 민감하게 반응하고 더 강하게 기억하는 경향이 있다.

비관론이 더 솔깃한 이유

투자의 세계는 걱정이 많은 곳이다. 여기에 인간이 지닌 인지적 편향은 비관론에 힘을 보태곤 한다. 2002년 노벨경제학상을 받은 심리학자 대니얼 카너먼(Daniel Kahneman)이 밝힌 것처럼 사람은 손실과 이익에 대해 비대칭적으로 반응한다. 같은 크기일지라도 손실이 이익보다 훨씬 더 강한 감정적 충격을 준다.

이러한 손실회피 성향은 진화의 자연스러운 산물이다. 인류 전체 역사에서 인간이 자연의 위협으로부터 안전할 수 있었던 시간은 그리 길지 않았다. 인류사 초기 수천 년 동안 맹수를 만났을 때 곧바로 몸을 피하지 않으면 치명적인 결과를 맞을 수 있었다. 길을 걷다 숲에서 수상한 소리가 들릴 때는 이리저리 상황을 재는 것보다는 일단 도망치는 게 최

대니얼 카너먼이 제시한 손실회피는 인간이 같은 크기의 이익보다 손실에 훨씬 더 민감하게 반응한다는 개념이다. 예를 들어, 10만 원을 잃는 고통은 10만 원을 버는 기쁨보다 더 크게 느껴진다. 이는 사람들이 위험을 회피하고자 하는 경향을 강화하며, 투자에서는 주가 하락 시 공포에 휩싸여 성급히 매도하거나, 손실을 회피하려 무리한 결정을 내리게 만든다. 손실회피는 진화적으로 위험을 피해야 했던 인류의 생존 전략에서 비롯된 성향으로, 비이성적 행동의 핵심 원인 중 하나다.

선이었다.

어차피 미래는 불투명하다. 그런데 우리는 비극적이지만 단발적인 사건들에 크게 영향을 받고, 여기에 손실회피 성향까지 더해지면서 투자의 세계에는 늘 비관론이 똬리를 튼다. 대표적인 사례가 직장인의 노후 대비 수단인 퇴직연금이다. 금융감독원에 따르면 2023년 말 기준으로 전체 퇴직연금 적립금 가운데 원리금보장형 상품 비중이 87.8%에 달하는 반면, 실적배당형 상품 비중은 12.2%에 불과하다. 주식 등 위험 자산 투자를 통한 적극적인 증식보다는 손실 가능성을 피하려는 극단적인 안정 추구 성향이 우세한 것이다.

그렇지만 앞에서 살펴본 것처럼 장기적으로는 주가지수 상승에 맞춰 자산을 배분하는 전략이 올바른 선택이었다. 세상이 걱정처럼 나빠지기보다는 좋은 방향으로 개선돼 왔고, 큰 틀에서는 주가지수도 이를 반영해 왔기 때문이다.

의사이자 통계학자인 한스 로슬링(Hans Rosling)은 저서 『팩트풀니스(FACTFULNESS)』(2018)에서 다음과 같은 사실들을 실증적으로 정리했다. 지구 전체적으로 보면 기대수명은 늘어났고, 극빈층 인구는 감소했으며, 취학률은 높아졌다. 예방접종을 받는 아동의 비율은 급격히 높아졌고, 자연재해로 인한 사망자 수는 크게 줄었다. 또한 중간 소득 이상의 국가에서 생활하는 인구수는 비약적으로 증가했다.

54세 코스피가 증명하는 시간의 힘

다만 세상은 단선적으로 좋아지지 않았다. 때로는 불가항력의 역풍이 불었고 때로는 의도된 반동의 힘이 세상을 위협하기도 했다. 그럼에도 인류는 시련을 극복했고, 세상은 경향적으로 좋아졌다. 늘 좋았던 것이 아니라 시간을 두고 서서히 좋아졌다는 얘기다. 핵심은 '시간'이다.

주식시장도 마찬가지다. IMF 외환위기 국면에서 코스피는 3년 연속 하락하기도 했고, 미국 역시 2000년대 초 닷컴버블이 붕괴되면서 S&P

500 지수가 3년 연속 하락하기도 했다. 그렇지만 시간이 흐르면서 주식시장은 강한 복원력을 보여주었고, 결국 회복과 성장을 이뤄냈다.

다음 표는 전쟁의 공포, 정치적 혼란, 경제 위기 등 숱한 난관 속에서 2025년 현재 54세가 된 코스피의 성장 여정을 압축한 연대기다. 남북 긴장 고조, 글로벌 금융위기, 유가 급등 등 정치, 경제, 사회적 불확실성이 증폭됐던 시기에도 시장은 때로는 예상 밖의 반등을 보여주었고, 큰 폭의 하락 이후에는 대개 빠르고 강한 회복세가 이어졌다. 멀리 볼 것도 없이 한국 경제의 저성장 고착화와 트럼프 정부의 보호무역에 대한 우려가 컸던 2025년 상반기에 코스피는 28%나 상승했다.

●

코스피 연대기(1972~2025년)

*글자에 색을 입힌 사건은 40쪽에서 간단히 설명

연도	주요 사건	코스피 등락률
1972년	닉슨 대통령 중국 방문, 남북한 7·4 공동 성명, 미국 베트남에서 철군	+120.5%
1973년	달러 절하에 따른 국제 통화위기, 중동 전쟁, 제1차 오일쇼크	+33.6%
1974년	미국 닉슨 대통령 사임, 육영수 여사 암살, 북한 제1땅굴 발견	-4.7%
1975년	월남 패망, 긴급조치 9호 선포	+27.9%
1976년	판문점 도끼만행 사건, 박동선 스캔들로 한미 갈등, 한독맥주 주권 위조	+15.8%
1977년	미국 주한미군 철수계획 발표, 부가가치세 도입	+32.5%
1978년	제3땅굴 발견, 주한미군 전투부대 1진 철수, 총선에서 야당 신민당 승리	+7.2%
1979년	율산그룹 파산, 부마 민주화 운동, 박정희 대통령 암살, 제2차 오일쇼크	-14.6%

연도	주요 사건	코스피 등락률
1980년	광주 민주화 운동, 1960년대 경제개발 계획을 추진한 이래 처음으로 GDP 역성장	+6.9%
1981년	미국 레이건 대통령 암살 미수, 이스라엘의 레바논 침공	+22.9%
1982년	장영자 어음 사기 사건, 영국 아르헨티나 포클랜드 전쟁	−1.8%
1983년	소련에 의한 KAL858기 피격, 북한 아웅산 테러 자행, 미소 군축회담 중단	−6.0%
1984년	제1차 수입자유화 시행, 미국 상무부 한국산 TV 덤핑 판정	+17.5%
1985년	국제그룹 해체, 플라자 합의, 한국 외채위기와 외채망국론 대두	+14.7%
1986년	체르노빌 핵발전소 폭발, 미국의 리비아 공습	+66.9%
1987년	세계 증시 블랙먼데이, 6·10민주화 운동, 노사분규 확대, 직선제 대선 실시	+92.6%
1988년	총선 여소야대, 대출금리 자유화, 원화 초강세	+72.8%
1989년	중국 천안문 사태, 베를린 장벽 붕괴, 미국의 파나마 침공	+0.3%
1990년	이라크의 쿠웨이트 침공, 10·10 반대매매, 미국 주택대부조합(S&L) 스캔들	−23.5%
1991년	제1차 걸프전, 수서지구 택지비리, 소련 해체, 미국 경기침체로 실업률 7% 상회	−12.2%
1992년	상장사 잇따라 부도, 보스니아 내전 발발	+11.1%
1994년	김일성 사망, 성수대교 붕괴, 연준의 기습적 금리 인상으로 채권시장 대학살	+18.6%
1995년	멕시코 외환위기, 삼풍백화점 붕괴	−14.1%
1996년	기업 연쇄 부도(우성건설·건영·동신·삼익악기 등)	−26.2%
1997년	IMF 구제금융 신청, 기업 연쇄 부도(한보철강·기아 등), 덩샤오핑 사망	−42.2%
1998년	부실 기업·은행 퇴출, 실업 대란, 대기업 사업 교환(빅딜) 추진	+49.5%
1999년	대우그룹 파산, Y2K 공포, 남북 해군 연평도 충돌	+82.8%

연도	주요 사건	코스피 등락률
2000년	닷컴버블 붕괴, 현대그룹 유동성 위기, 미국 대통령 선거 개표 논란	-50.9%
2001년	9·11테러, 미국의 아프가니스탄 침공, 이용호 게이트 등 코스닥 추문 확산	+37.5%
2002년	남북 해군 서해 교전, 한국 가계부채 급증, 한일월드컵 개최, GE 등 미국 회계 부정 사건	-9.5%
2003년	북한 NPT 탈퇴, SK글로벌 분식회계, 카드채 사태, 미국의 이라크 침공	+29.2%
2004년	노무현 대통령 탄핵, 중국 긴축 쇼크, 스페인 테러 발생	+10.5%
2005년	북한 핵 보유 선언, 황우석 논문 조작, 런던 지하철 테러	+54.0%
2006년	북한 1차 핵실험, 이스라엘 레바논 폭격	+4.0%
2007년	삼성 비자금 폭로, 금강산 관광객 피살, 서브프라임 모기지 부실 확산	+32.3%
2008년	리먼브러더스·베어스턴스 파산, 은행 외화유동성 위기, 국제 유가 급등	-40.7%

연도	주요 사건	코스피 등락률
2009년	북한 2차 핵실험, 신종 플루 대유행, 글로벌 경제 성장 대공황 이후 최악	+49.7%
2010년	천안함 침몰, 북한 연평도 포격, 그리스 제1차 재정위기	+21.9%
2011년	유로존 재정 위기, 미국 국가신용등급 강등, 동일본 대지진, 김정일 사망	-11.0%
2012년	유로존 재정 위기로 인한 시장 불안 완화, 북한 장거리 로켓 발사 성공	+9.4%
2013년	동양·STX그룹 유동성 위기, 버냉키 쇼크, 미국 연방정부 폐쇄, 엔저 가속화	+0.7%
2014년	이스라엘 가자지구 폭격, 미국 양적완화 종료, 러시아의 크림반도 병합	-4.8%
2015년	미국 금리 인상 개시, 메르스 확산, 파리 연쇄 테러, 중국 경제 위기론 대두	+2.4%
2016년	영국 브렉시트, 트럼프 미국 대통령 당선, 한국 국정농단 사건	+3.3%
2017년	박근혜 대통령 탄핵, 사드 전격 배치, 북한 잇따른 핵·미사일 도발	+21.8%
2018년	미·중 무역분쟁 본격화, 미국 금리 인상	-17.3%
2019년	하노이 북·미 회담 결렬, 홍콩 시위 장기화, 라임 펀드 환매 중단	+7.7%
2020년	코로나19 대유행, 미·중 갈등 심화, 트럼프 미국 대선 결과 불복	+30.8%
2021년	코로나19 변이 바이러스 유행, 글로벌 공급망 마비, 인플레이션 우려 대두	+3.6%
2022년	러시아·우크라이나 전쟁 발발, 인플레이션 공포, 글로벌 긴축 정책 가속화	-24.9%
2023년	중동 전쟁 발발, 한국 GDP 성장률 초유의 1%대 기록	+18.7%
2024년	트럼프 당선, 계엄령 발동	-9.6%
2025년	윤석열 대통령 탄핵, 저성장 고착화 우려 증폭, 트럼프 행정부 관세 부과	+28.0%

● 1973년 | 달러 절하에 따른 국제 통화위기

1973년 달러 절하는 브레턴우즈 체제 붕괴 이후 발생한 국제 통화 질서의 불안정성을 보여주는 사건이다. 1971년 미국은 달러와 금의 교환을 중단하며 금본위제를 사실상 폐기했고, 1973년에는 주요 국가들이 고정환율제를 포기하고 변동환율제로 전환했다. 달러 가치는 급격히 하락했고, 이는 세계 금융시장의 혼란과 무역 불균형을 초래했다. 또한 변동환율제로의 전환은 이후 세계 각지에서 발생한 금융위기의 원인이 되기도 했다.

● 1976년 | 박동선 스캔들

한국계 미국인 로비스트 박동선이 미국 의원들에게 불법 정치자금을 제공한 사건. 미국 의회는 이를 외국 정부의 내정 간섭으로 간주하며 강하게 반발했고, 한미 관계에 긴장이 고조됐다.

● 1976년 | 한독맥주 주권 위조 사건

증권사 직원이 한독맥주의 주권을 위조해 거액의 자금을 불법 조달한 금융 사기 사건이다.

● 1979년 | 율산그룹 파산 사건

무리한 사업 확장과 자금난으로 당시 재계 20위권이던 율산그룹이 해체됐다.

● 1982년 | 장영자 어음 사기 사건

중앙정보부 차장을 지냈던 이철희와 부인 장영자가 가짜 어음을 발행하거나 무담보 어음을 할인받아 수천억 원을 불법 조달한 금융 사기 사건이다. 정·관계 고위층과 유착된 이 사건은 제5공화국 초기 정권의 도덕성에 큰 타격을 입혔고, 대규모 금융 부실과 사회적 충격을 불러일으켰다.

● 1984년 | 제1차 수입자유화

제1차 수입자유화는 한국 정부가 보호무역 체제를 완화하고 시장 개방을 본격화한 조치로, 무역자유화의 출발점이 되었다.

● 1985년 | 국제그룹 해체

당시 재계 순위 7위였던 국제그룹은 과도한 외형 확장, 무리한 해외 사업 투자,

부채 급증, 불공정 내부 거래 등으로 공중분해 됐다. 워크아웃이나 법정관리 없이 정부가 대기업을 강제로 해체한 첫 사례다. 국제그룹 해체는 단순히 한 재벌의 몰락이 아니라, 정치와 경제의 경계 문제, 그리고 시장 중심 구조조정 논의의 시발점이라는 점 등에서 다층적인 의미를 가진 사건이었다.

● 1985년 | 한국 외채위기와 외채망국론 대두

1985년 한국은 단기 외채 급증과 무역수지 악화로 외채 상환 능력에 대한 우려가 증폭됐다. 이후 3저 호황에 따른 대외수지 개선으로 외채위기가 현실화되지는 않았지만, 대외채무의 위험성에 대해 경각심을 가지는 계기가 되었다.

● 1987년 | 세계 증시 블랙먼데이

1987년 10월 19일, 미국 다우존스 산업지수가 하루 만에 22.6% 급락한 '블랙먼데이'가 발생했다. 프로그램 매매, 과도한 주가 상승에 따른 조정, 금리 인상 우려 등이 복합적으로 작용했다고 추측할 뿐, 명확한 원인은 규명되지 않았다. 이 충격은 전 세계 증시로 확산되며 글로벌 금융시장을 혼란에 빠뜨렸다.

● 1990년 | 10·10 반대매매

1989년 말 코스피가 1000포인트를 돌파하자 개인투자자들이 신용거래로 주식을 대거 매수했다. 그러나 1990년 들어 하락장이 이어졌고, 10월 10일 주가 급락으로 담보가치가 무너지자 증권사들이 대규모 반대매매에 나서며 투매가 가속되고 증시가 폭락했다.

● 1990년 | 주택대부조합(S&L) 스캔들

1990년대 초 미국을 강타한 주택대부조합(S&L) 스캔들은 금융 규제 완화와 부실한 대출, 내부 비리가 결합해 발생한 대규모 금융위기다. S&L은 원래 주택담보대출 중심의 안정적인 금융기관이었으나, 1980년대 규제 완화로 고위험 투자에 뛰어들면서 대규모 부실이 누적됐다. 이에 따라 약 1000개 이상의 S&L이 파산했고, 미국 정부는 예금자 보호를 위해 1600억 달러 이상의 공적자금을 투입해야 했다. 이는 미국 역사상 가장 큰 금융구제 중 하나로 기록되고 있다.

- **1994년 | 연준의 기습적 금리 인상으로 채권시장 대학살**

미국 연준은 인플레이션을 억제하기 위해 시장의 예상을 깨고 기습적으로 기준금리를 인상했다. 이에 따라 채권 금리가 급등하고 채권 가격이 폭락해 전 세계 채권 투자자들이 큰 손실을 보았다. 특히 장기 채권을 중심으로 손실이 커지면서 '채권시장 대학살'이라 불렸고, 헤지펀드와 금융기관들이 줄줄이 타격을 입으며 금융시장의 불안 심리를 자극했다.

- **2001년 | 이용호 게이트**

벤처기업 G&G의 대표 이용호가 정·관계 인사들과 유착해 각종 특혜를 받고, 주가 조작과 불법 자금 조달을 벌인 대형 스캔들로, 벤처 거품 붕괴의 상징적 사건이다.

- **2004년 | 중국 긴축 쇼크**

2004년 중국 정부는 과열된 부동산과 투자 붐을 억제하기 위해 대출 억제, 토지 규제 강화, 금리 인상 등의 긴축 정책을 단행했다. 중극의 긴축 조치로 원자재 수요가 급감했고, 글로벌 원자재 시장과 신흥국 증시가 타격을 받았다. 특히 한국을 포함한 아시아 증시가 민감하게 반응하며 조정세가 나타났다.

- **2013년 | 버냉키 쇼크**

미국 연준 의장 벤 버냉키가 양적완화 축소를 시사하면서 글로벌 금융시장에 충격을 준 사건. 신흥국에서 자본이 급속히 빠져나가며 통화가치와 증시가 급락했고, 한국을 포함한 여러 나라의 금융시장이 크게 출렁였다.

- **2014년 | 러시아의 크림반도 병합**

2014년 러시아는 우크라이나의 정치 혼란을 틈타 크림반도를 병합했다. 러시아계 주민 보호를 명분으로 군을 파견하고, 주민투표를 통해 병합을 정당화했지만 국제 사회는 이를 불법으로 규정했다. 이 사건은 서방과 러시아 간 갈등을 심화시키고, 미국과 EU의 대러시아 경제 제재로 이어져 러시아에 진출한 한국 기업들이 타격을 입었다.

멀리서 보면 푸른 봄

장기적으로 명목 GDP의 궤적에 수렴하는 주가지수

울퉁불퉁한 경로를 거치지만, 그래도 장기적으로는 세상이 나아졌다는 사실을 경제적 관점에서 보여주는 지표가 바로 GDP(국내총생산)다. 주가는 장기적으로 기업이 벌어들이는 이익을 반영하며 움직인다. GDP는 한 나라의 경제 활동을 종합적으로 나타내는 성적표로 볼 수 있지만, 기업 이익과는 속성이 다르다. GDP는 일정 기간 새롭게 창출된 부가가치의 총합을 의미하는 반면, 기업 이익은 발생주의 회계(거래 발생 시점에 수익과 비용을 인식하는 방식)에 기반해 산출된 재무 성과다. 따라서 이 둘은 서로 직접 비교할 수 있는 지표는 아니다.

다만 기업의 영업 실적을 보여주는 손익계산서의 '매출총이익'은 부가가치와 비슷한 개념이다. 매출총이익은 회계적으로 보고되는 기업 이익의 여러 항목인 '영업이익', '세전이익', '당기순이익'의 출발점이 되는 이익 지표이기 때문에 GDP와 주가지수를 비교해 보는 건 의미가 있다.

한편 주가지수는 해당 시점의 주가를 단순합산하거나 시가총액 기준으로 가중 평균하여 산출하기 때문에, 물가상승률로 조정하지 않은 명목 변수다. 따라서 주가지수와 비교하기 위한 GDP 역시 물가로 조정하지 않은 명목 GDP를 사용해야 한다. 흔히 사용하는 실질 GDP는 경제활동에서 창출된 부가가치에서 물가 상승분을 차감해 산출하는 반면 명목 GDP는 물가 상승으로 인한 증가분을 빼지 않는다. 실질 GDP에 물가 상승분을 더해 준 값이 명목 GDP다. 통상 물가는 인플레이션으로 인해 상승하는 경향이 있기 때문에 명목 GDP도 높은 확률로 증가하곤 한다.

경제 규모가 커지는 만큼 주가지수도 상승

주가지수의 장기 성과와 명목 GDP가 수렴하는 현상은 많은 국가에서 관찰되고 있다. 1980년부터 2024년까지 한국의 명목 GDP는 연평균 10.2% 증가했고, 코스피는 연평균 7.3% 상승했다. 미국의 경우 1946년 이후 연평균 명목 GDP 성장률과 S&P 500지수 상승률은 각각 6.3%와 7.7%에 달했다. 1963년 이후 영국의 명목 GDP는 연평균 7.7% 증가했고, FTSE 지수의 연율화 수익률은 6.4%에 달했다. 일본 역시 1961년 이후 토픽스(TOPIX) 연평균 상승률은 5.2%, 명목 GDP 증가율은 5.8%에 달했다.

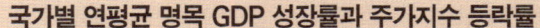

국가별 연평균 명목 GDP 성장률과 주가지수 등락률

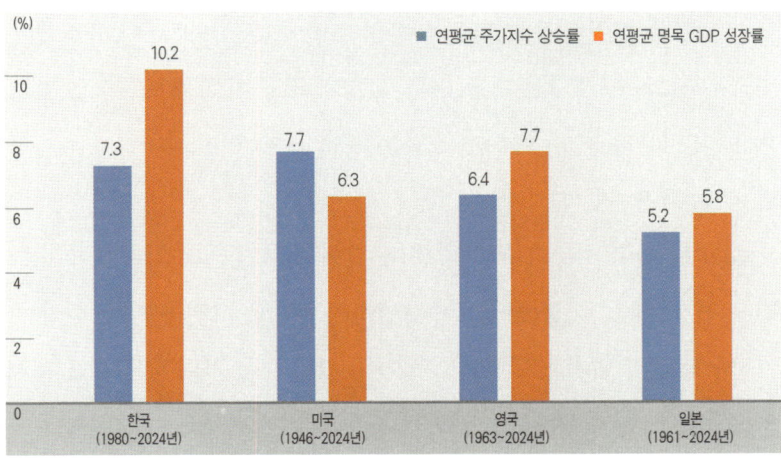

* 자료 : CEIC, 신영증권 리서치센터

주가지수의 장기 성과와 명목 GDP가 수렴하는 현상은 많은 국가에서 관찰된다.

국가별로 명목 GDP와 주가지수를 확보할 수 있는 최장 기간을 기준으로 비교하다 보니 각국의 비교 기간에는 차이가 있지만, 장기적으로 주가지수가 명목 GDP 성장률과 유사한 궤적을 그려왔다는 결론을 도출하는 데는 무리가 없다.

한해 한해의 GDP 성장률과 주가지수 등락률은 직접적인 상관관계가 없다. GDP 성장률의 절댓값이 높더라도 경제가 확장에서 수축으로 바뀌는 변곡점에서는 주가가 많이 떨어지고, 반대로 GDP 성장률의 절대 수치가 낮더라도 수축에서 확장으로 전환하는 턴어라운드 국면에서는 주가가 크게 오르는 경우가 많다. 다만 기간을 늘려 분석하면 장기적으로 경제 규모가 커지는 만큼 주가지수도 상승해 왔다고 볼 수 있다.

경제는 웬만하면 뒷걸음질 치지 않는다. 한국의 명목 GDP가 마이너스 성장을 했던 경우는 IMF 외환위기가 닥쳤던 1998년이 유일했다. 미국은 제2차 세계대전 이후 명목 GDP가 전년 대비 줄어들었던 해가 1949년(군비 지출 축소), 2009년(글로벌 금융위기), 2020년(코로나19 팬데믹) 등 단 세 번에 불과했다.

GDP는 결국 속도의 문제일 뿐, 시간이 지나면 커지기 마련이다. 그리고 주가지수는 이를 반영해 우상향하는 궤적을 그리곤 한다. 다만 주가지수가 굴곡 없이 평탄하게 우상향해 왔던 것은 아니다. 경제는 대체로 매우 완만하게 성장하는 반면 주가가 그리는 진폭은 이보다 훨씬 크다. 상승과 하락이 교차하고 탐욕과 공포가 시장을 지배하는 울퉁불퉁한 길을 거치는 와중에서 결과적으론 장기 낙관론이 승리해 온 것이다.

물론 GDP가 성장하는 게 아니라 장기적으로 감소한다면 주식시장의 추세적 성과도 부진할 수밖에 없다. GDP의 장기적인 수축은 매우 드물게 나타나는 현상이지만, 1990년대 이후 일본 경제에서는 이러한 모습이 실제로 관찰됐다. '잃어버린 20년'으로 불리는 1990년부터 2012년까지의 기간 동안, 일본의 명목 GDP는 여섯 차례나 마이너스 성장을 했다. 같은 기간 일본 주식시장도 장기 하락세에서 벗어나지 못했다. 디플레이션과 주택시장의 장기 하락이 겹치면서 명목 GDP가 오랫동안 정체됐던 일본 같은 경우는 매우 예외적인 사례로 볼 수 있지만, 그럼에도 불구하고 경제 성장이 멈추면 주가도 오르기 어렵다는 사실을 분명히 보여준다.

한편 주가지수가 당대의 가장 우수한 기업들로 구성되는 '승자의 기록'이라는 사실도 장기적으로 낙관론 편에 서야 하는 이유를 뒷받침해 준다. 이제, 주가지수에 대해 이야기해 보자.

GDP는 결국 속도의 문제일 뿐, 시간이 지나면 커지기 마련이다.
그리고 주가지수는 이를 반영해 우상향하는 궤적을 그리곤 한다.
다만 주가지수가 굴곡 없이 평탄하게 우상향해 왔던 것은 아니다.
경제는 대체로 매우 완만하게 성장하는 반면
주가가 그리는 진폭은 이보다 훨씬 크다.

INSIGHT 3
주가지수, 승자의 기록

> 인공지능(AI) 산업을 주도하고 있는 엔비디아가
> 대형 우량주 30개로 구성된 다우존스 산업평균지수에 편입된다.
> 다우지수를 관리하는 스탠더드앤푸어스(S&P) 다우존스는
> 엔비디아가 11월 8일부터 인텔을 대신해
> 다우지수에 편입된다고 밝혔다.
> 아울러 다우지수에서 화학업체 다우 역시 빠진다.
> 그 자리는 미국 오하이오주 클리블랜드에 본사가 있는
> 페인트·코팅·바닥재 제조판매업체인 셔윈윌리엄스가 대신한다.
>
> _「로이터」

●●● 주식시장의 장기 궤적이 우상향하는 두 번째 이유는 주가지수가 '승자의 기록'이기 때문이다. 주가지수는 시대의 경제 흐름을 반영하는 동시에, 그 시대를 대표하는 기업들의 계보를 기록한다. 시간이 흐르면서 어떤 기업은 경쟁에서 밀려나고, 어떤 기업은 새로운 기회를 발판 삼아 비약적인 성장을 이룬다. 주가지수는 이 치열한 생존 경쟁 속에서 도태된 기업을 걸러내고, 살아남은 강자들만을 남긴다. 즉, 주가지수를 구성하는 종목은 끊임없이 교체되고 진화한다는 점에서, 그것은 변화하는 자본주의의 질서를 가장 생생하게 보여주는 살아 있는 기록이라 할 수 있다.

그러나 개별 주식에 대한 투자는 성격이 전혀 다르다. 잘되면 대박이지만, 잘못하면 쪽박을 찰 수도 있다. 장기투자가 미덕으로 거론되는 경우가 많지만, 이는 경쟁력을 가지고 있는 기업의 주식을 합당한 가격에 매수했을 때 해당하는 이야기다. 우량주 장기투자도 그야말로 케이스 바이 케이스다. 현재의 우량주가 미래에도 경쟁력을 유지할 수 있을 것이라는 보장은 전혀 없기 때문이다. 또한 훌륭한 기업들의 주가에는 기업이 가진 경쟁 우위가 이미 충분히 반영돼 있는 경우도 숱하게 많다. 친숙한 대기업의 주식을 사서 장기간 고생하는 '비자발적 장기투자'의 길에 접어든 투자자들을 찾는 건 힘든 일이 아니다.

그렇지만 시장 대표지수에 대한 장기투자는 승률이 높다. 개별 종목에 투자하는 것은 기업의 성패에 직접적으로 노출되는 일이지만, 주가지수에 투자하는 것은 시간의 힘과 시장의 선택을 믿는 일이기 때문이다.

Top of the Top

•

'우량주 중의 우량주' 다우지수

미국 증시를 대표하는 주가지수 중 하나가 바로 '다우지수'다. 다우지수는 '다우존스 산업평균지수(Dow Jones Industrial Average Index)'를 줄인 말로, 오늘날에도 경제 뉴스에 단골로 등장하며 시장의 분위기를 상징적으로 보여주는 역할을 한다.

다우지수의 시작은 1896년으로 거슬러 올라간다. 「월스트리트저널」을 창간한 언론인 찰스 다우(Charles Dow)와 동료 에드워드 존스(Edward Jones)는 복잡하게 얽힌 미국 경제의 흐름을 간결한 숫자로 보여줄 방법을 고민했다. 그 결과 당시 미국 산업을 대표하는 12개 종목의 평균 주가를 산출해 만든 것이 바로 다우지수의 출발점이었다.

처음에는 12개 종목으로 구성됐던 다우지수는 1928년 현재와 같은 30개 종목 체제로 확정되었다. 미국 증시에 상장된 5600여 개 종목 가운데 대표성을 인정받은 30개 종목만이 다우지수에 포함되는 만큼, 당대의 우량주 중에서도 손꼽히는 종목들이라고 봐도 무방하다.

다우지수를 복제한 포트폴리오의 성과

1982년 8월은 20세기 중 주식투자하기에 가장 좋은 시기였다. 오일쇼크와 맞물려 1970년대 내내 지속됐던 스태그플레이션을 거치면서 장기 횡보하던 미국 증시가 바닥을 치고 본격적으로 상승하기 직전이 1982년 8월이었다. 다우지수는 1982년 8월 12일 776포인트를 저점으로, 2000년 1월 4일 1만 1722포인트까지 15배나 상승했다.

1982년 8월 다우지수를 구성하고 있던 30개 종목을 균등 매수하면, 다우지수를 정확히 복제한 포트폴리오를 구성했다고 볼 수 있다. 미국 증시에서 가장 좋은 종목 30개를 매수한 셈이니, 당대의 블루칩들에 투자한 것과 진배없다. 1982년 8월 다우지수 30개 종목을 한 종목씩 매수한 이 가상의 포트폴리오를 '82년 다우30지수'라고 명명해 보자. 그런데 82년 다우30지수의 장기 성과는 우리가 매일 아침 뉴스에서 확인할 수 있는 다우지수 대비 현저히 부진하다.

2000년 1월 4일까지 다우지수가 15.1배 상승하는 동안 82년 다우30지수는 5.5배 오르는 데 그쳤다. 투자 기간을 더 늘려 2024년 7월 말까지 투자했다고 가정할 경우 다우지수가 52.5배 상승하는 동안 82년

다우지수와 '82년 다우30지수'의 성과

* 자료 : Bloomberg, 신영증권

1982년 8월 다우지수를 구성하고 있던 30개 종목을 한 종목씩 매수해 다우지수를 정확히 복제한 가상의 포트폴리오를 '82년 다우30지수'라고 명명해 보자. 그런데 82년 다우30지수의 장기 성과는 실제 다우지수에 비해 현저히 뒤처진다.

다우30지수는 10.0배 상승에 머문다. 약 42년간의 투자 성과를 연평균 수익률로 환산하면, 다우지수는 연 9.9%이고 82년 다우30지수는 연 5.6% 상승했다. 연간 4.3%p의 수익률 격차가 42년 동안 쌓이면 누적수익률에서 엄청난 차이가 나타난다. 실제로 이 기간에 공식 다우지수의 상승률은 5157%이고, 82년 다우30지수의 상승률은 900%에 그친다.

다우지수를 완벽히 복제한 포트폴리오의 수익률이 기대에 미치지 못하는 이유

두 지수의 수익률이 큰 차이를 나타낸 이유는 무엇일까? 다우지수가 경쟁력이 떨어지는 종목들을 지수에서 제외하고, 새로운 종목을 편입시키는 지수 조정 작업을 반복해 왔기 때문이다. 20세기에 주식투자하기 가장 좋았던 시기인 1982년 8월, 다우지수를 구성하고 있었던 30개 종목은 당대의 대표적인 우량주들이었다. 그러나 그로부터 40여 년이 지난 현재까지 다우지수에 남아 있는 종목은 단 6개뿐이다.

소비재기업 프록터앤갬블(P&G), 제약회사 머크(Merck), IT기업 IBM, 산업재기업 허니웰(Honeywell)과 3M, 정유회사 셰브론(Chevron) 등이 그들이다. 이들 기업은 오랜 세월 시장의 변화를 견디며 위대한 기업의 반열에 올랐지만, 다른 많은 기업은 경쟁에서 도태됐다. 1982년 8월 다우지수를 구성하고 있던 베들레헴 스틸(Bethlehem Steel)(1997년 퇴출)과 이스트먼

코닥(Eastman Kodak)(2004년 퇴출)은 심지어 파산에 이르렀다.

한때 우량주였던 기업이 미래에도 그 자리를 지킬 것이라는 보장은 없다. 경쟁력 있는 기업을 고르는 일도 어렵지만, 그 기업이 가진 경쟁력이 지속되는 기간이 유한하기까지 하다면 개별 주식에 대한 투자는 난이도가 높다고 봐야 한다.

반면 다우와 같은 주가지수는 경쟁력이 떨어지는 종목은 제외하고, 유망한 기업을 새로 편입하는 방식으로 구성되기 때문에 장기적으로 우상향하곤 한다. 이러한 이유로 주가지수에 대한 투자는 누구에게나 비교적 안정적인 투자 방법이 될 수 있다.

2008년 글로벌 금융위기 때의 사례는 주가지수가 '승자의 기록'이라는 사실을 다시 한번 확인시켜 주었다. 신용부도스와프(CDS)를 대규모로 판매해 파산 위기에 내몰렸던 보험사 AIG는 2008년 다우지수에서 제외됐고, 그 자리는 상대적으로 안정적인 식품회사 크래프트(Kraft)가 채웠다. 최근에도 다우지수는 글로벌 반도체 생태계에서 경쟁력을 잃어가고 있는 인텔(Intel)을 지수에서 제외하고, 인공지능(AI) 시대의 총아인 엔비디아(NVIDIA)를 새롭게 편입시켰다. 이처럼 주가지수는 끊임없이 변화하며 '시대의 승자'를 담아내기 때문에, 주가지수에 장기간 투자해서 낭패를 보는 경우는 드물다.

왕관을 내어줄 시간

다우지수 구성 종목의 평균 존속 기간이 시사하는 것

'우량주 중의 우량주'로 불리는 다우지수를 구성하는 30개 종목은 평균적으로 얼마나 오랫동안 지수에 머물렀을까?

한 번 다우지수에 편입된 종목이 지수에 머무는 기간은 점차 짧아지고 있다. 1982년 8월 초 당시 다우지수를 구성하고 있던 30개 종목은 평균 44.1년 동안 다우지수에 포함돼 있었다. 당시 다우지수에 가장 오래전에 편입된 종목은 발명왕 에디슨(Thomas Alva Edison)이 만든 제너럴 일렉트릭(GE)이었다. GE는 1907년 11월 7일에 다우지수에 편입된 이후 1982년 8월까지 총 74년 9개월 동안 자리를 지켰다(GE는 다우지수에 편입된 지 110년 7개월 만인 2018년 6월 26일에 퇴출되었다).

2024년 11월 말 현재, 다우지수를 구성하고 있는 30개 종목은 평균 23.1년 동안 자리를 지켰다. 1980년대 초만 해도 다우지수 존속 기간이 평균 44년 정도였다면, 최근에는 그 기간이 23년 정도까지 줄어든 셈이다. 세상이 빠르게 변화하면서 기업들의 경쟁 우위가 지속되는 시간도 짧아졌음을 보여준다. 당대의 우량주가 미래에도 그 지위를 유지할 확률이 과거보다 낮아졌다고 볼 수 있다.

다우지수 구성 종목의 평균 존속 기간과 삼성전자의 변곡점

반도체 업황 부진, 고대역폭메모리(HBM) 공급 차질, 미국발 관세 전쟁 등 여러 도전에 직면한 최근 삼성전자의 상황 역시 같은 맥락에서 이해할 수 있다. 삼성전자가 글로벌 반도체 업계에서 최상위 자리에 오른 시기는 대략 IMF 외환위기가 끝난 2000년대 초였다. 정상의 자리를 20여 년 동안 지켜온 셈인데, 이는 최근 다우지수 구성 종목의 평균 존속 기간과도 비슷하다. 결국 삼성전자 역시 최고의 자리를 지켜오다 도전에 직면할 '평균적인 타이밍'을 맞이한 것이다. 2024년 12월 말 기준 소액주 주수가 516만 명에 달하는, 이른바 '국민주'인 삼성전자가 어려움을 잘 극복해 나가기를 바란다.

기업은 흥망성쇠를 겪게 마련이지만, 주가지수는 구성 종목의 적절한 리밸런싱을 통해 변화하는 세상에 대응해 왔다. 그렇다면 한국 증시를 대표하는 지수인 코스피는 어떨까? 코스피는 다우지수처럼 우량주

1982년 다우존스 산업평균지수의 명암

종목	다우지수 편입일	다우지수 편출일	비고
General Electric Company	1907-11-07	2018-06-26	-
American Can Company	1916-10-04	1991-05-06	-
American Telephone and Telegraph	1916-10-04	2004-04-08	-
Westinghouse Electric Corporation	1916-10-04	1997-03-17	-
Sears Roebuck & Company	1924-01-22	1999-11-01	-
F. W. Woolworth Company	1924-05-12	1997-03-17	-
General Motors Corporation	1925-08-31	2009-06-08	-
International Harvester Company	1925-08-31	1991-05-06	-
Texaco Incorporated	1925-08-31	1997-05-17	-
Allied Chemical Corporation	1925-12-07	현재도 편입	Honeywell과 합병
Bethlehem Steel Corporation	1928-10-01	1997-05-17	-
Exxon Corporation	1928-10-01	2020-08-31	-
General Foods Corporation	1928-10-01	1985-08-30	-
Union Carbide Corporation	1928-10-01	1999-11-01	-
Johns-Manville Corporation	1930-01-29	1982-08-30	-
Eastman Kodak Company	1930-06-18	2004-04-08	-
Goodyear Tire and Rubber Company	1930-06-18	1999-11-01	-
Standard Oil Co. of California	1930-07-18	현재도 편입	Chevron으로 사명 변경
American Tobacco Company	1932-05-26	1985-08-30	-
The Procter & Gamble Company	1932-05-26	현재도 편입	-
E.I. du Pont de Nemours & Company	1935-11-20	2019-04-02	Dupont으로 사명 변경
United States Steel Corporation	1939-03-04	2020-04-06	-
International Paper Company	1956-07-03	2004-04-08	-
Aluminum Company of America	1959-06-01	2013-09-23	-
Owens-Illinois, Inc.	1959-06-01	1987-05-12	-
Inco Limited	1976-08-09	1987-05-12	-
Minnesota Mining & Manufacturing	1976-08-09	현재도 편입	-
United Technologies Corporation	1976-08-09	1997-05-17	-
International Business Machines	1979-06-29	현재도 편입	-
Merck & Co.	1979-06-29	현재도 편입	-
30개 종목 평균 존속 기간	529개월(44.1년)		

* 주: 1982년 7월 말 기준   * 자료: S&P Dow Jones

2024년 다우존스 산업평균지수 현황

종목	다우지수 편입일	비고
The Procter & Gamble Company	1932-05-26	-
3M Company	1976-08-09	-
International Business Machines	1979-06-29	-
Merck & Co., Inc.	1979-06-29	-
American Express Company	1982-08-30	-
McDonald's Corporation	1985-09-30	-
The Boeing Company	1987-03-12	-
The Coca-Cola Company	1987-03-12	-
Caterpillar Inc.	1991-05-06	-
JPMorgan Chase & Co.	1991-05-06	-
The Walt Disney Company	1991-05-06	-
Johnson & Johnson	1997-03-17	-
Walmart Inc.	1997-03-17	-
Microsoft Corporation	1999-11-01	-
The Home Depot, Inc.	1999-11-01	-
Verizon Communications Inc.	2004-04-08	-
Chevron Corporation	2008-02-19	1999년 편출 이후 재편입
Cisco Systems, Inc.	2009-06-08	-
The Travelers Companies, Inc.	2009-06-08	-
UnitedHealth Group Incorporated	2012-09-24	-
Nike, Inc.	2013-09-23	-
The Goldman Sachs Group, Inc.	2013-09-23	-
Visa Inc.	2013-09-23	-
Dow Inc.	2019-04-02	-
Amgen Inc.	2020-08-31	-
Honeywell International Inc.	2020-08-31	-
Salesforce, Inc.	2020-08-31	-
Amazon.com, Inc.	2024-02-26	-
NVIDIA	2024-11-08	-
Sherwin-Williams	2024-11-08	-
30개 종목 평균 존속 기간	277개월(23.1년)	-

* 주 : 2024년 11월 말 기준   * 자료 : S&P Dow Jones

를 선별해 구성한 지수는 아니지만, 코스피에도 상장폐지 제도가 있다. 좋은 종목을 새로이 편입시키는 것은 아니지만, 부실한 종목은 상장폐지를 통해 계속 솎아낸다. 덕분에 다우지수처럼 비슷하게 우상향하는 궤적을 그릴 수 있었다.

반면 코스닥 지수는 장기 부진을 면치 못하고 있다. 코스닥 시장에는 상장 종목이 지나치게 많고 부실한 종목들이 제때 퇴출되지 않다 보니, 위태위태한 지뢰밭에서 거래가 이뤄지고 있다. 코스닥 지수는 '승자의 기록'이 아니라 '패자의 잔해' 위에 서 있다. 이는 코스닥 시장의 부진한 장기 성과로 귀결되고 있다.

적절한 편입과 퇴출이 이루어지는 주가지수는 승자의 기록으로서 장기 상승할 수 있었다. 다음 장에서는 주식시장의 강력한 우군, 중앙은행의 역할에 대해 살펴보도록 하자.

다우지수는 산업 변화의 흐름을 반영하여 편입 기업을 지속적으로 교체해 왔다. 2024년 11월 8일, 인텔이 다우지수에서 제외되고 엔비디아가 새롭게 편입되었다. 한때 세계를 호령하던 반도체 제국 인텔은 모바일과 AI 혁명에 뒤처지며, 다우지수 편입 25년을 채우지 못한 채 퇴출되는 신세가 되었다.

INSIGHT 4

중앙은행, 투자자의 강력한 우군

> 연준의 양적완화가 실물경제에
> 긍정적인 영향을 줬는지는 분명하지 않지만,
> 늘어난 유동성이 위험 선호를 자극해
> 자산시장에서 풍선효과를 일으킨 것만은 분명하다.
> 연준 완화정책의 전반적인 영향은
> 현금을 파도처럼 쏟아내면서
> 그 현금이 새로운 투자처를
> 맹렬히 찾아 나서게 만든 것이었다.
>
> _ 토머스 호니그(Thomas M. Hoenig, 前 캔자스시티 연은 총재)

●●● '주가는 경제의 그림자'라는 말이 있다. 주가는 분명 경제와 무관하지 않다. 그렇지만 연결고리는 과거보다 현저히 느슨해졌다. 미국 증시는 2009년 이후 별다른 굴곡 없이 상승해 오면서 연일 사상 최고치를 경신하고 있지만, GDP 성장률은 제2차 세계대전 이후 가장 낮은 수준이다. 독일과 일본에서는 주식시장과 실물경제의 괴리가 더 크게 나타나고 있다. 2023~2024년, 독일은 2년 연속 마이너스 성장을 기록했고, 일본은 2024년 간신히 제로성장을 면하는 등 경기 침체의 그림자가 짙게 드리워지고 있다. 그러나 양국 증시는 사상 최고치를 경신했다. 실물경제는 부진한데 자산시장만 활황을 누리는 이 기묘한 풍경은 어디에서 비롯된 것일까?

그 중심에는 중앙은행이 있다. 2008년 글로벌 금융위기와 코로나19 팬데믹을 거치며, 주요국 중앙은행들은 본원통화를 대규모로 공급하고 저금리 기조를 장기간 유지했다. 이 유동성의 힘은 실물경제보다 자산시장에 더 큰 영향을 미쳤다. 위기 대응을 위한 통화정책이 오히려 주식시장에 유례없는 호황을 안긴 것이다.

이 장에서는 중앙은행의 통화정책이 자산시장, 특히 주식시장에 어떻게 강력한 파급효과를 미쳤는지 그 메커니즘을 살펴본다.

냉랭한 경기와
뜨거운 주식시장

중앙은행발 유동성이 밀어올린 주가

2008년 금융위기 이후의 글로벌 경제에서 미국과 미국 이외 국가들 간의 불균형이 두드러지게 나타나고 있다. 미국 경제는 승승장구하고 있다. 셰일층에서 석유와 천연가스를 추출하는 셰일 혁명을 통해 에너지 자립국이 됐고(미국은 2018년부터 러시아와 사우디아라비아를 제치고 세계 최대 원유 생산국), 실리콘밸리의 빅테크 기업들은 플랫폼과 인공지능(AI)으로 이어지는 기술혁신을 주도하고 있다. 여기에 중국과의 갈등을 빌미로 보호무역주의적 기조를 강화한 데 이어 글로벌 밸류체인의 인위적 재편을 통해 반도체와 배터리 등 세계의 투자를 자국으로 끌어들이고 있다.

    미국을 제외하면 대부분의 국가가 이런저런 걱정과 위기감 속에 살아가고 있다. 특히 오랫동안 세계 경제의 2인자 역할을 했던 독일과 일본의 상황이 심각하다.

실물경제와 대비되는 독일과 일본의 주식시장

독일은 2023년 GDP 성장률이 -0.3%로 역성장을 기록한 데 이어, 2024년에도 -0.2%의 부진한 성적표를 받았다. 2년 연속 마이너스 성장이다. 1990년 통일 직후 붙었던 '유럽의 병자'라는 오명이 다시 고개를 들고 있다.

일본도 마찬가지다. 2008년 글로벌 금융위기와 2020년 코로나19 팬데믹을 거치면서 일본 경제의 잠재성장률은 지속적으로 하락하고 있는 것으로 추정된다. 2024년 일본의 GDP 성장률은 0.1%에 그치면서 가까스로 제로성장을 면했다.

그럼에도 불구하고 주식시장은 뜨겁다. 독일증시를 대표하는 닥스(DAX) 지수와 일본 니케이 225(NIKKEI 225) 지수는 강세를 이어가면서 2024~2025년 연일 사상 최고치를 경신하고 있다. 경제는 냉랭하지만, 주식시장은 활황이다.

1990년 독일 통일 이후, 서독은 동독의 낙후된 경제를 떠안으며 막대한 재정 부담을 지게 됐다. 사회복지 지출은 급증했고, 실업률도 높아졌다. 산업 경쟁력은 약화됐고, 경제성장률은 장기간 부진했다. 이에 따라 1990년대 중후반 독일은 '유럽의 병자'로 불리며 유럽 경제의 발목을 잡는 국가로 평가받았다.
일러스트의 주인공은 1990년 동·서독 통일을 주도한 헬무트 콜(Helmut Kohl) 총리.

과거 어느 때보다 경제에 풀린 돈의 양이 많다는 사실이 실물경제와 대비되는 자산시장의 호황을 설명할 수 있는 요인이 아닌가 싶다. 길게 보면 2008년 글로벌 금융위기 이후, 짧게 보면 코로나19 팬데믹 직후 전례를 찾아보기 힘든 중앙은행발 유동성 폭증이 있었다.

중앙은행 대차대조표에 나와 있는 자산은 발권력을 가진 중앙은행이 최초로 경제에 공급한 본원통화에 가까운 개념이다. 즉 중앙은행이 보유한 국채, 회사채, 대출채권 등의 자산은 중앙은행이 경제에 풀어놓은 돈(=본원통화)의 흔적이라고 볼 수 있다. 민간은행들은 이를 기반으로 신용

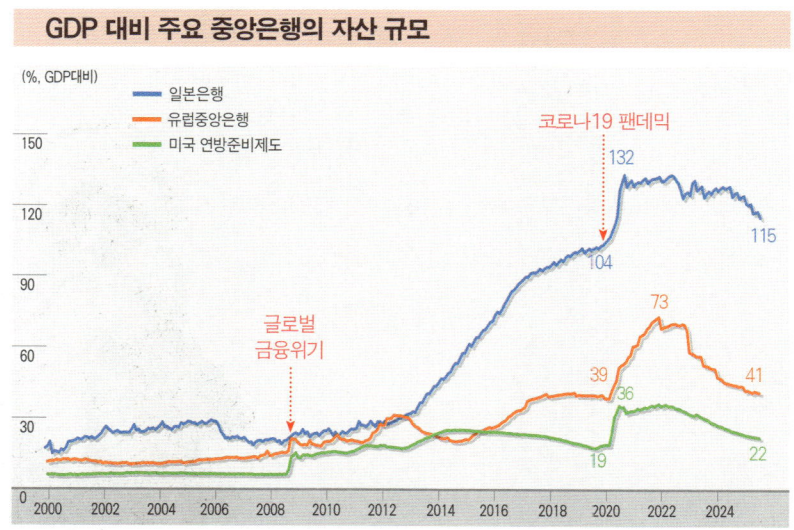

GDP 대비 주요 중앙은행의 자산 규모

* 자료 : Bloomberg, * 2025년 6월 말 기준

GDP 대비 중앙은행 자산 비율은 실물경제 대비 화폐 영역에서 풀린 돈의 규모를 보여준다. 화폐는 실물경제에서의 거래 매개 수단으로 이용되는데, GDP 대비 중앙은행 자산 비율의 상승은 실물경제에 필요한 돈의 규모를 넘어서는 유동성 공급이 나타나고 있다는 사실을 보여준다. 이렇게 늘어난 과잉유동성은 주식, 부동산, 코인 등 각종 자산시장에 유입되면서 중앙은행발 풍선효과를 발생시키고 있다.

을 창출해 새로운 돈을 만들어낸다. 글로벌 금융위기와 코로나19 팬데믹을 거치면서 중앙은행이 풀어낸 본원통화 규모는 눈에 띄게 증가했다.

2025년 6월 말 기준 유럽중앙은행(ECB)의 자산은 유로존 GDP의 41%에 달한다. 이는 2008년 글로벌 금융위기 직전 13%에 불과했던 것과 비교하면 세 배를 훌쩍 넘는 수준이다. ECB는 팬데믹 시기에 공급한 유동성을 흡수하기 위해 2023년 3월부터 양적긴축(QT) 정책을 시행하고 있으나, 여전히 유로존 GDP 대비 자산 규모는 팬데믹 직전인 2020년 2월 39%보다 높은 상태다.

일본은 그보다 더 심각하다. 비교 자체가 무의미할 정도다. 2025년 6월 말 기준, 일본은행(BOJ)의 자산은 일본 GDP의 115%에 달한다.

미국은 유로존이나 일본에 비해 이 비율이 상대적으로 낮지만, 자국 기준으로 보면 중앙은행의 자산 규모가 비대해져 있는 상태다. 이는 GDP로 대표되는 실물경제 규모에 비해, 화폐 영역에서 풀린 돈의 양이 지나치게 커졌다는 것을 의미한다.

그 많은 돈은 어디로 갔을까?

이렇게 풀린 돈은 어디로 갔을까? 지역과 국가를 막론하고 부채가 크게 늘었다. 2008년 글로벌 금융위기 이후 대부분의 국가에서 GDP 대비 경제 주체들의 합산 부채비율이 100%를 넘어서고 있다.

이론적으로 자산시장이 존재하지 않는다면, GDP 대비 부채비율이 100%를 넘는 일은 불가능하다. 돈을 빌린 차입자가 빌린 돈을 그대로 보유하고 있는 경우는 거의 없기 때문이다. 금융기관을 제외하면, 대개 빌려주는 돈(대체로 은행 예금)보다 빌린 돈(대체로 은행으로부터 차입)의 이자율이 더 높다. 그래서 차입자는 빌린 돈으로는 이자를 낼 차입비용보다 더 큰 수익을 기대할 수 있는 자산을 구매해야 한다.

부채가 GDP를 초과한다는 것은 누군가는 수익을 창출할 수 있는 실물자산이 아닌 '공돈'을 들고 있다는 의미다. 존재하는 실물자산의 총량

미국 정부가 경기 부양을 위해 돈을 찍고 금리를 낮추고 재정 적자를 감수했지만, 그 결과 실물경제는 회복되지 못한 채 자산시장, 특히 주식시장만 비정상적으로 부풀었다는 것을 비판하는 내용의 만평.

은 이론적으로 GDP를 넘어설 수 없기 때문이다.

주식이나 부동산과 같은 자산시장이 존재한다면 이야기는 달라진다. GDP를 넘어서는 누군가의 차입금은 자산시장에 투자된 것으로 볼 수 있기 때문이다. 독일과 일본 등에서 나타나고 있는 이례적인 실물경제와 주식시장의 괴리는 늘어난 유동성이 금융시장에서 풍선효과를 불러일으킨 것으로 해석할 수 있다.

단 중앙은행발 유동성 확충에 따른 주가 상승은 선진국에 해당하는 일이다. 미국 같은 기축통화국, 유로존·일본 등의 준기축통화국 정도는 돼야 중앙은행이 통화가치 하락에 대한 걱정 없이 유동성을 풀어낼 수 있기 때문이다. 한국을 비롯한 주변부의 통화보유국들은 선진국발 유동성 확충의 영향을 받지만, 그 효과는 간접적이다.

중앙은행의 파격 실험

유동성의 역습, 자산시장을 흔들다

중앙은행은 단순한 자산시장의 조정 기구를 넘어 자본주의가 만들어낸 위대한 제도다. 중앙은행의 기원은 17세기 유럽으로 거슬러 올라간다. 1609년 네덜란드는 암스테르담은행(Bank of Amsterdam)을 설립해 안정적인 화폐 교환과 지급결제를 지원했다. 이는 초창기 중앙은행 역할을 한 사례로 평가된다. 이후 1694년 영국은 전쟁자금을 조달하기 위해 잉글랜드은행(Bank of England)을 창설했다. 중앙은행의 발생지는 유럽이지만 오늘날과 같은 역할을 하는 현대적 중앙은행의 기원은 1913년에 설립된 미국 연방준비제도(이하 연준)로 봐야 할 것이다.

중앙은행 등장 전후로 자본주의의 작동 방식은 크게 달라졌다. 중앙은행은 국가 경제 전반에 영향을 미치는 기준금리를 결정한다. 그렇다면 금리는 시장에서 어떤 메커니즘에 의해 결정될까?

채권자들의 탐욕을 억제할 장치

금리는 돈의 가격과 다름없어서 사회의 전반적인 자금 수요와 공급에 따라 균형금리가 형성된다. 자금에 대한 수요는 돈을 빌리는 차입자 입장에서 금리를 바라보는 관점이다. 투자론 교과서에 나오는 '(명목)금리 = 실질 경제성장률 + 기대 인플레이션'이라는 공식에는 금리가 자금의 수요에 따라 결정된다는 논리가 내포돼 있다. 이 등식에 따르면 경제성장률이 높아질 때 금리도 상승하게 된다. 일반적으로 경제가 고성장을 하면 기업의 투자 수요와 가계의 소비 수요가 늘어나게 마련이다. 돈에 대한 수요가 늘어나니 자연히 돈의 가격인 금리도 상승하는 것이다. 자금 수요의 관점에서 금리를 해석하면 경기가 좋을 때 금리는 상승하는 경향이 있고, 경기가 나쁠 때 금리는 하락하는 경향이 있다.

자금에 대한 공급은 돈을 빌려주는 채권자 관점에서 금리를 설명하는 요인이다. 돈을 빌려주는 입장에서 금리는 단순한 수익이 아니라 '빌려준 돈을 떼일 위험에 대한 보상'이다. 일종의 리스크 프리미엄인 셈이다. 예를 들어 신용도가 낮은 차입자가 높은 이자를 부과하는 대부업체 등에서 돈을 빌리는 경우나, 유로존 재정위기 때 국가신용도가 하락한 그리스와 포르투갈 등의 국채 이자율이 급등했던 경우는 돈을 빌려주는 채권자의 입장이 금리에 투영된 사례들이다. 채권자 입장에서 위험이 클수록 더 높은 금리를 요구하게 되는 것이다.

역사적으로 보면 경제 위기가 닥쳤을 때는 자금을 빌리는 수요자보다 돈을 빌려주는 채권자들의 이해가 금리에 강하게 투영되곤 했다. BC 3000년 바빌로니아 때부터 금리에 관한 기록이 전해지고 있는데, 바빌로니아 왕국, 고대 그리스, 로마 제국 등이 쇠락하는 국면에서는 금리가 일제히 치솟았다. 대체로 재정 악화를 비롯한 경제력의 쇠퇴가 권력의 몰락으로 이어졌기 때문에, 기존 질서가 붕괴되는 불안정한 국면에서 경기가 좋았다고 보기는 어렵다. 세상이 어수선해지면서 여유자금을 들고 있는 사람들은 채무불이행에 대한 우려를 금리에 반영했고, 그 결과 금리가 상승했다고 봐야 한다.

바빌로니아 시대의 점토판에는 상인들이 실제로 대출 계약을 체결하며 이자율을 기재한 흔적이 남아 있다. 이 점토판에는 은 8⅓긴(gin : 바빌로니아 지역에서 사용된 무게 단위)을 대출하고 3년간 이자로 은 5긴을 갚기로 하는 계약 내용이 기록되어 있다. 현재 이자율로 환산하면 연 20% 정도다. 〈바빌로니아 대출 계약 점토판〉, 우르 제3왕조, 점토, 7×5.1cm, 런던 대영박물관

중앙은행이 등장하기 이전에는 경제 위기가 닥치면 그 여파가 아주 오랫동안 지속되곤 했다. 심각한 위기 상황에서도 채권자들의 이해관계가 관철되면서 금리가 오히려 상승하는 역설적인 현상이 벌어졌기 때문이다. 그러나 중앙은행이 설립되면서 이러한 딜레마는 해소되었다.

경기가 악화되면 공적기관인 중앙은행이 경제에 유동성을 공급했기 때문이다. 중앙은행은 이익을 추구하는 사적기관이 아니기 때문에 빌려준 돈을 상환받지 못할 리스크를 감내하면서 자금을 풀 수 있었다. 오늘날의 중앙은행은 위기 때 오히려 높은 이자를 요구했던 채권자들의 탐욕을 억제하기 위한 제도적 장치로 탄생했다고 볼 수 있다.

어느 나라나 중앙은행이 경제의 '최종 대부자(lender of last resort)' 역할을 하지만 기축통화국 중앙은행의 역할은 특히 더 중요하다. 대공황 때

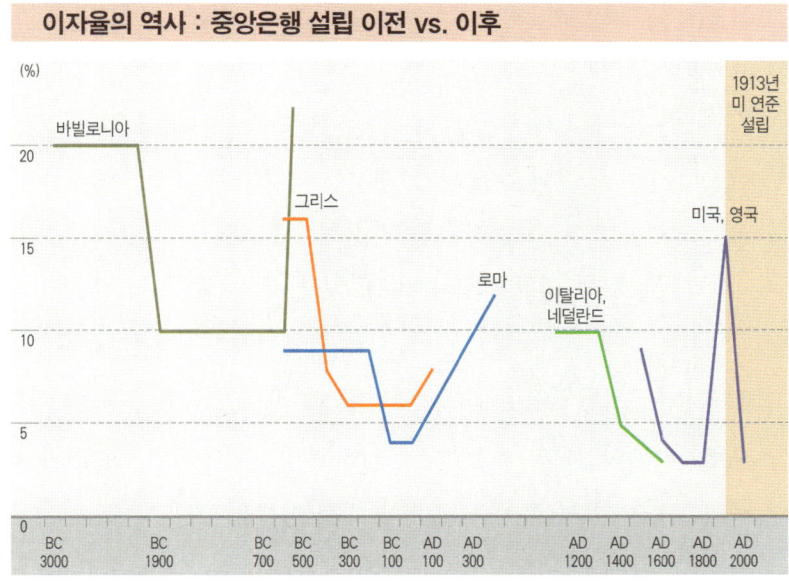

이자율의 역사 : 중앙은행 설립 이전 vs. 이후

* 자료 : Homer and Sylla, A History of Interest Rates

역사적으로 보면 경제 위기가 닥쳤을 때는 자금을 빌리는 수요자보다 돈을 빌려주는 채권자들의 이해가 금리에 강하게 투영되곤 했다. BC 3000년 바빌로니아 때부터 금리에 관한 기록이 전해지고 있는데, 바빌로니아 왕국, 고대 그리스, 로마 제국 등이 쇠락하는 국면에서는 금리가 일제히 치솟았다.

까지 미국 연방준비제도의 역할은 제한적이었다. 당시 화폐제도가 금본위제였기 때문이다. 돈이 금에 속박된 구조에서 중앙은행의 유동성 공급은 한계를 가질 수밖에 없다. 그러나 1933년 미국 내에서 금본위제가 폐지되면서 중앙은행은 날개를 달았다. 물론 금본위제 폐지 이후 중앙은행발 과잉 유동성이 경제 전반의 불안정성을 높였다는 비판도 존재한다. 하지만 단지 금속에 불과한 금에 돈이 묶이면서 불황이 장기화되는 것보다는 부작용이 훨씬 덜하다고 봐야 하지 않을까 싶다. 자본주의 체제에서 경제 위기는 반복적으로 발생하지만, 중앙은행의 적극적 대처로 위기의 심화를 막을 수 있었고 그 과정에서 주식시장도 나름의 수혜를 입었다고 볼 수 있다.

중앙은행의 파격적 정책, 자산시장에서 나타나고 있는 풍선효과

특히 2008년 글로벌 금융위기 이후에는 중앙은행이 공급한 유동성의 규모 자체도 파격이었지만, 유동성을 공급하는 방식도 공격적으로 변화했다. 중앙은행은 민간금융기관들로부터 특정 자산을 매입함으로써 경제에 유동성을 공급한다. 통상 중앙은행은 만기가 짧은 국채와 정부 기관의 보증이 붙은 모기지채권(MBS : 주택담보대출을 기초자산으로 발행한 채권) 등을 매수해 왔다. 이들 자산은 부도 위험이 없는 절대적으로 안전한 자산인 데다가, 만기가 짧아 이자율 변동 위험을 피할 수 있기 때문이다.

그러나 글로벌 금융위기 이후 중앙은행은 통상적인 유동성 공급 방식의 틀을 넘어서는 조치들을 취하기 시작했다. 장기국채를 매입하는 양적완화뿐 아니라, 정부가 아닌 민간이 발행한 본질적으로 위험한 자산까지 매수하는 질적완화 정책도 병행한 것이다. 특히 일본은행(BOJ)은 도쿄증권거래소에 상장된 ETF(Exchange Traded Fund, 상장지수펀드)를 직접 매수함으로써, 주식처럼 변동성이 큰 위험자산을 중앙은행 자산에 포함시키는 파격을 보여주기도 했다.

중앙은행의 통화정책 : 전통적 방식과 파격적 방식

기준금리	초단기금리 : 미국 기준금리는 만기 하루, 한국 기준금리는 만기 7일. 미국 연방준비제도 의장과 한국은행 총재는 임기가 4년인데, 10년 만기 금리를 중앙은행가들이 책임질 수 있을까? ➡ 단기금리는 중앙은행이 결정하고, 장기금리는 시장이 결정하는 것이 바람직.

공개시장 조정 (Open Market Policy)	양적완화 (Quantitative Easing)	질적완화 (Qualitative Easing)
중앙은행이 만기가 짧고, 신용도가 높은 공적기관이 발행한 채권을 매매함으로써 유동성을 공급하거나 축소하는 정책.	중앙은행이 신용도가 높은 공적기관이 발행한 만기가 긴 장기채권을 매입함으로써 유동성을 공급하고, 장기금리를 낮추는 정책. 이자율 변동 리스크에 노출.	중앙은행이 주식과 회사채 등 상대적으로 위험도가 높은 민간기관이 발행한 증권을 매입하는 행위. 중앙은행이 손실을 볼 수도 있음.

* 자료: 신영증권

2008년 금융위기 이후 연준 의장이었던 벤 버냉키의 통화정책을 풍자하는 만평. 만화 속 버냉키는 프랑켄슈타인 실험처럼 경기부양책을 외치며 '경제'라는 괴물을 전기 자극으로 되살리려 한다. 이는 양적완화 등 과감한 유동성 공급이 실물경제 회복에 도움이 되지 않는다는 비판을 담고 있다.

『돈을 찍어내는 제왕, 연준』이라는 제목으로 번역 출간된 『The Lords of Easy Money』는 글로벌 금융위기 이후 연준에서 소수의견(2010년 연방공개시장위원회에서 유일하게 양적완화에 반대)을 내면서 고군분투했던 캔자스시티 연방준비은행 총재 토머스 호니그(Thomas M. Hoerig)의 행보를 기록한 책이다. 호니그는 2008년에 뜨겁게 타올랐던 금융위기가 진정된 이후에도 연준이 양적완화를 지속한 데 대해 비판적이었다. 그는 이 같은 정책이 실물경제를 호전시키는 효과는 매우 약했던 반면, 자산시장에만 긍정적인 효과를 줬다고 인식했다.

분명 중앙은행은 경기 침체나 금융위기의 확산을 막는 데 있어 과거보다 정교한 대응 능력을 갖추게 되었다. 그러나 경제의 성장 잠재력을 끌어올리는 역할까지 맡을 수는 없다. 오히려 통상적인 경제 활동에 필요한 규모보다 훨씬 많은 유동성이 상시적으로 공급되면서 꼭 필요한 구조조정도 지연되고 있다. 좀비기업 등이 유동성에 기대어 연명하는 현상이 나타나면서, 총체적인 경제 활동의 효율이 떨어지고 있다. 오직 주식을 비롯한 자산시장만이 유동성 확충의 풍선효과를 제대로 누리고 있다.

이 같은 상황에서 중앙은행이 주도하는 '관제 자본주의'에 대한 비판이 제기되는 것도 무리는 아니다. 그럼에도 불구하고 중앙은행의 적극적인 활동이 결과적으로 주식시장에 우군으로 작용하고 있다는 사실을 잊어서는 안 된다.

장기적으로 주가지수는 성장을 반영하는 '승자의 기록'이며, 중앙은행 또한 투자자들의 편인데, 왜 여전히 주식투자에 대해 불편한 경험을 가진 이들이 많을까? 다음 장에서 논의할 내용이다.

INSIGHT **5**

고가 매수의 유혹
: 왜 비쌀 때 끌릴까?

> 이 세상에서 주식을 사는 가장 어리석은 이유는 그 주식이 오르고 있기 때문이라는 것이다.
>
> _ 워런 버핏(Warren Buffett)

●●● 면세점 사업은 한때 '황금알을 낳는 거위'로 여겨졌지만, 현실은 전혀 달랐다. 2015년 신규 사업자 선정 당시 기업들은 치열한 경쟁 끝에 사업권을 따냈지만, 이후 사드 사태, 코로나19 팬데믹, 중국의 전자상거래법 강화 등 누구도 예상하지 못했던 변수들이 이어졌다. 이는 미래를 예측하는 일이 얼마나 불확실한지를 잘 보여준다.

극단적으로 미래는 누구도 알 수 없다. 그래서 사람들은 현재 보이는 흐름이 미래에도 지속될 것이라는 착각에 빠지기 쉽다. 행동경제학에서는 이를 '현행 편향(recency bias)'이라고 부른다. 최근 경험에 과도하게 반응해 잘못된 전망을 내리는 것이다. 주가가 오르면 더 오를 것 같고, 여기에 주위 사람들이 돈을 벌고 있는데 나만 소외되는 것 같아 뒤늦게 따라붙는 사례는 주위에서 쉽게 찾아볼 수 있다. 반대로 주가가 떨어지면 하락세가 더 이어질 것이라는 공포에 사로잡혀 바닥에서 주식을 매도하는 경우도 흔히 볼 수 있다.

우리 마음이 시키는 대로 행동하면 '고가 매수'와 '저가 매도'를 반복하게 된다. 이래서는 투자에 성공할 수 없다. 이번 장에서는 주가에 후행하는 유동성의 유출입 패턴에 대해 살펴보려고 한다.

보이는 것만 믿으세요?

미래는 'Nobody Knows'

> "서울 시내 면세점 사업권 신청 마감일이 2주 앞으로 다가오면서 허를 찌르는 묘책 등 업계의 각축전이 점입가경이다. 최근 백화점이나 호텔업 등이 장기 정체에 빠지면서 면세점은 유통기업들에게 새로운 먹거리로 떠오르고 있다. 경쟁이 치열해지면서 급기야 현대가와 삼성이 서로 손을 잡았다. 최근 현대산업개발과 호텔신라가 동맹, 서울 용산에 국내 최대 규모의 면세점을 짓겠다고 나섰다. 황금알을 낳는 거위로 평가되는 면세점 사업을 위해 '적과의 동침'도 불사한다는 전략이다."
>
> _ 「머니투데이」, 2015년 7월 2일

이 기사는 2015년 서울 시내 신규 면세점 사업자를 선정할 때 벌어진 치열한 경쟁을 다루고 있다. 신규 사업자 선정 이후 10년여가 지난 2025년 7월 시점에서 평가해 보면 면세점 사업은 '황금알'을 낳기는커녕 '미운 오리새끼'로 전락했다. 면세점 사업의 부진은 롯데와 신세계 등 대형 유통업체들의 주가를 끌어내리고 있고, 하나투어가 대주주로 참여했던 SM면세점은 늘어나는 적자를 감당하지 못하고 2020년 3월에 면세 특허권을 반납했다.

미래는 아무도 알 수 없다

한국 면세점 사업은 2015년 신규 사업자 선정 이후 극적으로 고꾸라졌다. 2016년 사드(THAAD : 탄도탄 고고도 요격 체계) 설치 이후 한중 관계가 악화하면서 핵심 고객층인 중국 관광객이 급감했다. 그리고 2020년에는 코로나19 팬데믹이라는 직격탄을 맞았다. 여기에 더해 중국 면세사업의 급성장이 한국 면세점의 경쟁력을 잠식했고, 중국 전자상거래법 강화로 한국 면세점의 큰 손이었던 중국 보따리상들도 자취를 감췄다.

2015년 신규 면세점 사업자 선정 직후부터 전혀 '예상하지 못했던 일'들이 벌어졌던 셈이다. 기업들이 그토록 면세점 신규 사업에 매달렸던 이유는 미래에 벌어질 일들을 예상하지 못했기 때문이다. 그렇다. 미래는 아무도 알 수 없다. 궁극적으론 'Nobody Knows'다.

인식론(Epistemology)적으로 보더라도 미래를 제대로 예측했더라도, 그 예측은 지금 검증할 수 없다. 시간이 흘러가 봐야 예측이 맞았는지, 틀렸는지 검증할 수 있는 것이다. 어떤 종류의 것이건 미래에 대한 전망은 확실성을 담보할 수 없는 의견일 따름이다.

이로 인해 장기적인 데이터보다 최근의 성과나 사건이 판단을 좌우하게 되고, 결과적으로 왜곡된 전망이나 비합리적인 선택으로 이어질 수 있다.

전망이라는 행위에는 본질적으로 불투명성이 내재돼 있기 때문에, 예측자는 대개 자신이 경험하고 있는 현재나 가까운 과거에 과도한 가중치를 두는 경향이 있다. 당장 눈앞에 보이는 것이 미래에도 지속될 것이라고 믿는 편향이 존재하는 것이다. 행동경제학에서 말하는 '현행 편향(recency bias)'이 작동하고 있는 것으로 볼 수 있다.

행동경제학에서 말하는 '현행 편향'은 사람이 의사결정을 내릴 때 최근에 접한 정보나 경험에 과도하게 영향을 받는 인지 편향을 말한다. 인간은 기억이나 판단에서 모든 정보를 균등하게 반영하지 않고, 가장 마지막에 접한 정보나 경험을 더 선명하게 기억하고 중요하게 평가하는 경향이 있다.

아래 일러스트는 중국 경제의 고성장 경험이 사람들의 기억에 각인되어, 현재의 둔화에도 불구하고 현실을 실제보다 낙관적으로 바라보는 모습을 풍자한다.

면세점 사업만의 문제가 아니다. 경기가 장기간 팽창할 때 기업은 호경기가 한없이 연장될 것이라는 기대를 품게 된다. 경기 호황의 정점 부근에서는 '이번엔 다르다(this time is different)' 혹은 '빅사이클(big cycle)' 운운하는 논리가 횡행한다.

참을성이 없는 기업들은 이 시기에 무리한 투자를 감행하고, 인수·합병(M&A)을 통해 기업을 비싸게 사들인다. 2008년 글로벌 금융위기가 엄습하기 직전 금호그룹은 대우건설과 대한통운을 사들였다. 당시 중국이 주도했던 글로벌 경제의 호황이 장기간 지속될 것으로 봤기 때문이다. 당연히 기업을 사들일 때도 높은 프리미엄을 지불하고 비싸게 샀다. 그야말로 '승자의 저주(winner's curse)'의 씨앗이 뿌려졌고, 이후 금호그룹은 비싸게 매수했던 대우건설과 대한통운을 글로벌 금융위기 직후의 혼란기에 매각했다. 제값을 받지 못했음은 물론이다. 이후 금호그룹의 사세는 크게 위축될 수밖에 없었다.

세일 때만 쇼핑하던 사람도 주식은 비싸져야 사는 이유

전문가로 불리는 많은 이들이 의사결정에 참여하고, 큰 돈이 들어가는 기업 인수·합병도 인지 편향에서 자유롭지 못한데, 훨씬 더 충동적인 의사결정이 가능한 주식투자에서는 이런 현상이 더 빈번하게 나타난다. 쇼핑을 할 때는 바겐세일 등으로 가격이 낮아졌을 때 구매 의사 결정을 내리지만, 주식시장에서는 오히려 주가가 오른 뒤에야 자금이 유입된다. 내구재 등의 구매는 거의 가늠이 가능한 사용가치를 사는 행위인 반면, 주식투자는 기업이 벌어들일 미래 현금흐름, 즉 불확실한 추정에 따라 이뤄지는 행위라는 점에서 차이가 있다.

아래 그래프를 통해 주가에 후행하는 주식시장 자금 유입 패턴을 확인할 수 있다. 단지 후행하는 정도가 아니라 주식시장이 정점에 달했을 때 자금 유입이 집중된다. 늘 그랬다.

1980년대 후반 3저 호황으로 한국 증시가 역사상 가장 강력한 강세장을 구가하면서 주식투자가 대중화됐을 때 신규 자금 유입은 코스피

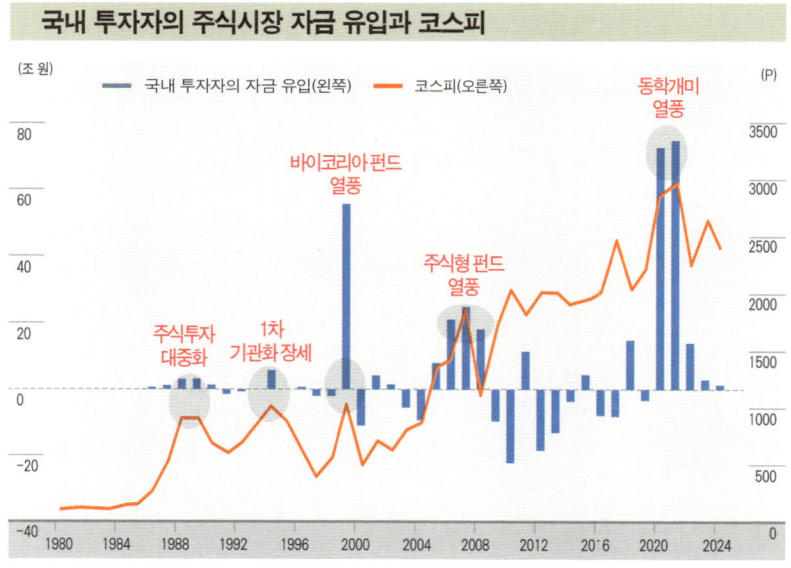

* 자료 : 한국 거래소, 금융투자협회, 신영증권   * 주 : 국내 투자자의 자금 유입은 국내 주식형 펀드와 예탁금 순유입액
주식시장이 정점에 달했을 때 자금 유입이 집중되는 패턴을 확인할 수 있다.

의 고점 부근에서 나타났고, 이후 1990년대 중반 반도체 호황을 등에 업고 나타났던 '1차 기관화 장세(투신사와 은행·보험 등 기관투자가가 본격적으로 주식을 매수하면서 나타났던 상승장)' 때도 정확히 시장의 상투 부근에서 투자자금이 밀려 들어왔다. 이후 나타났던 IMF 외환위기 직후의 바이코리아 펀드 열풍(현대투자신탁이 운용했던 바이코리아 펀드로 대규모 자금이 유입되면서 나타났던 주가 상승기), 2000년대 중반의 주식형 펀드 붐, 코로나19 팬데믹 직후인 2020~2021년 동학개미 투자 광풍 등도 예외는 아니었다.

'지금 보이는 것이 미래에도 지속될 것이라고 믿는' 인지적 편향 이외에 '상대적 박탈감'도 주가 상승 이후 뒤따르는 자금 유입을 설명할 수 있는 심리적 요인이다.

경제사학자 찰스 킨들버거(Charles P. Kindleberger)는 "친구가 부자가 되는 것을 지켜보는 것보다 더 분별력을 해치는 일은 없다"고 말했다. 비슷한 말을 전설적인 투자자 찰리 멍거(Charles Munger)도 남겼다. "나보다 아이큐가 30 정도 낮은 이가 투자로 돈을 벌고 있는 것을 지켜보는 것은 견디기 어렵다."

뒤늦게 시장에 진입하는 이들의 내적 동기를 굳이 '탐욕'이라고 이름 붙이는 것보다는 좋은 기회를 놓칠 수도 있다는 '조바심'과 주위 사람들이 돈을 버는 데 자신이 소외될 때 가질 수 있는 '박탈감' 정도로 보는 게 적절할 것 같다. 또한 주가가 상승하면 할수록 기존 추세의 지속에 정당성을 뒷받침하는 각종 논리들이 힘을 얻게 되며, 더 많은 자금을 시장으로 끌어들인다.

늘 한발 늦게
움직이는 돈

상승장에 뒤늦게 뛰어든 투자자의 낭패

앞서 언급한 승자의 저주와 비슷하게 주식시장에서 자주 나타나는 현상 중 하나가 '초심자의 행운'이다. 생애 첫 투자에서 돈을 버는 이들이 의외로 많다. 왜 이런 일이 빈번히 나타날까. 이는 돈이 주가에 후행해서 움직이기 때문이다. 대체로 주가가 상승하는 강세장의 8~9부 능선에서 신규 투자자금이 대거 유입되곤 한다. 정확히 주식시장의 상투에서 투자를 시작하는 경우가 아니라면 주식을 매수한 이후에도 강세장이 어느 정도는 이어지게 된다.

첫 투자의 성공은 오히려 독이 될 수 있다. 내가 돈을 번 것이 '시장이 만들어 준 것인지', '나의 능력 때문인지' 혼동할 수 있기 때문이다. 혹시라도 첫 투자에서의 성공이 자신의 능력에 대한 과신으로 이어질 경우 투자금을 무리하게 늘리게 된다. 주식시장이 늘 상승 추세를 나타낸다면 문제가 없겠지만, 시장은 늘 강세장과 약세장이 반복되는 사이클을 갖고 있다. 결국 그리 길지 않은 시간 내에 낭패를 맞보게 된다. 시장에 참여하는 대중의 심리는, 오르는 시장에 동참하지 못해 느끼는 '벼락거지'의 조바심과 하락장에서 터져 나오는 '무주식이 상팔자'라는 회한 사이를 오가고 있는지도 모른다.

비싸게 사면 좋은 성과를 기약할 수 없다

주가가 조정을 받으면 오히려 반대의 관성이 작동한다. "주가가 조정을 받으면 매수할 것"이라는 말을 필자는 믿지 않는다. 고점에서 주식을 사서 소위 '물려' 있는 투자자가 조정 시 추가 매수하는 것은 자주 볼 수 있다. 이른바 '물타기' 전략으로 주가 하락 시 추가 매수를 통해 평균 매입 단가를 낮추는 것이다. 이처럼 애초에 자신이 내린 의사결정을 보완하는 결정은 쉽게 이뤄지는 편이지만, 아예 포지션이 없는 투자자가 조정 시 신규 매수하는 경우는 잘 보지 못했다.

모든 상황이 그대로인데 주가가 하락하는 경우는 드물다. 사후에 잘못된 해석으로 밝혀질지라도, 주가가 하락할 때는 어김없이 그 현상을 설명하는 온갖 이야기들이 따라붙게 마련이다. 이런 이야기들이 미래를 내다보는 통찰이라기보다는 현재 상황을 중계하는 데 그치는 경우가 대부분이지만 말이다. 주가가 조정을 받을 때는 더 떨어질 것 같아 신규 매수에 선뜻 나서기 어렵다. 오를 때나 떨어질 때나 그럴듯한 논리로 포장하는 시세 추종적인 의견들이 힘을 얻게 마련이다.

투자자들의 마음은 주가가 상승하면 더 올라갈 것 같고, 하락하면 더 떨어질 것 같은 충동에 춤을 추는 경우가 많다. 마음이 시키는 대로 하면 결국 '고가 매수와 저가 매도'를 반복하면서 주식시장에서 치명상을 입게 된다. 주식투자에서 실패하는 대부분의 이유는 주식을 비싸게 매수하기 때문이다. 시간 분산 투자라 할 수 있는 적립식 투자는 언제 시작해도 무방하지만, 분위기에 휩쓸려 주식을 지나치게 비싸게 사면 오랜 시간 고생할 수도 있다.

PER(주가수익비율)은 주가를 주당순이익(EPS)으로 나눈 값으로, 투자금

주식투자에서 초심자의 행운이 자주 나타나는 이유는 자금 유입이 주가에 후행하기 때문이다. 대체로 주가가 상승하는 강세장의 8~9부 능선에서 신규 투자자금이 대거 유입되곤 한다. 정확히 주식시장의 상투에서 투자를 시작하는 경우가 아니라면, 주식을 매수한 이후에도 강세장이 어느 정도는 이어지기 때문에 주가가 추가로 오를 가능성이 높다.

회수에 걸리는 기간(연수)을 나타낸다. 일반적으로 PER이 낮을수록 해당 주식은 저평가된 것으로 간주된다. 특정 PER 레벨에서 투자했을 때의 성과를 정리해 아래의 표에 제시했다. PER이 높을 때 투자하면, 확실히 성과가 저조했다. 미국 증시의 경우 S&P 500 지수의 12개월 예상 PER 기준 20배 이상에서 투자할 경우 1년 후의 성과가 연평균 0.3%에 불과했다. 또한 3년과 5년, 10년의 연평균 등락률도 각각 -0.9%와 -1.2%, -1.0%로 장기투자 성과가 마이너스였다. 너무 비싸게 주고 사면 오랫동안 투자해도 효과를 보기 어렵다.

특정 PER 레벨에서 시장에 진입했을 경우
S&P 500 지수 장단기 등락률(1985년 1월 이후)

PER 레벨 \ 투자 기간	1년 후 성과	3년 후 성과	5년 후 성과	10년 후 성과
8배 이상~10배 미만	26.1	12.6	12.2	12.1
10~12배	15.8	12.0	10.7	14.1
12~14배	10.3	12.2	12.6	10.3
14~16배	9.4	8.1	8.9	7.8
16~18배	11.3	11.3	8.8	6.1
18~20배	15.0	9.2	2.7	3.4
20배~	0.3	-0.9	-1.2	-1.0

* 자료 : Thomson Reuters, 신영증권 리서치센터
* 주 : S&P 500 지수 12개월 예상 PER, S&P 500 지수 등락률은 연평균 값

S&P 500 지수의 12개월 예상 PER 기준 20배 이상에서 투자할 경우 1년 후의 성과가 연평균 0.3%에 불과했다. 또한 3년과 5년, 10년의 연평균 등락률도 각각 -0.9%와 -1.2%, -1.0%로 장기투자 성과가 마이너스였다.

특정 CAPE 레벨에서 시장에 진입했을 경우 S&P 500 지수 장단기 등락률(1927년 12월 이후)

PER 레벨 \ 투자 기간	1년 후 성과	3년 후 성과	5년 후 성과	10년 후 성과
5배 이상~10배 미만	19.3	14.2	12.8	10.4
10~15배	11.7	9.3	8.4	9.0
16~20배	2.5	2.7	4.7	6.1
20~25배	4.9	6.0	6.3	4.6
25~30배	8.4	3.7	3.7	4.4
30~35배	7.6	7.1	3.9	1.4
35~40배	0.2	3.9	-2.0	0.2
40배~	-2.8	-11.2	-3.3	-3.1

* 자료 : Shiller data, 신영증권 리서치센터.
* 주 : 로버트 J. 쉴러 교수의 Cyclically Adjusted PER, S&P 500 지수 등락률은 연평균 값

    한편 노벨경제학상을 받은 로버트 J. 쉴러(Robert J. Shiller) 교수는 자신의 홈페이지에 19세기 후반부터의 미국 증시 PER을 제시하고 있다. 쉴러 교수의 PER은 CAPE(Cyclically Adjusted Price Earning Ratio ; 경기조정주가수익비율)로 불리는데, 예상 실적을 기준으로 산정되는 통상적인 PER과는 달리 과거 10년의 실적을 기준으로 PER을 계산한다. 기업의 장기 수익 창출 능력을 고려한 PER이다(CAPE에 대해서는 8장에서 좀 더 자세히 다뤄볼 것이다). CAPE 기준 40배 이상에서 S&P 500 지수에 투자하면 1년과 3년, 5년, 10년의 성과가 모두 마이너스였다. CAPE 35~40배 구간에서의 시장 진입 성과도 장단기 모두 좋지 못했다.

    2025년 7월 말 현재 S&P 500 지수의 12개월 예상 PER은 23.5배,

특정 PER 레벨에서 시장에 진입했을 경우 코스피 지수 장단기 등락률(2000년 1월~)

PER 레벨 \ 투자 기간	1년 후 성과	3년 후 성과	5년 후 성과	10년 후 성과
~6배 미만	24.5	21.8	16.9	11.5
6배 이상~8배 미만	23.8	20.4	15.0	10.2
8~10배	7.1	3.4	4.5	4.1
10~12배	2.2	4.0	4.7	4.0
12배~	3.8	-0.9	2.9	5.3

* 자료 : Wisefn, 신영증권 리서치센터
* 주 : 코스피 12개월 예상 PER, 코스피 등락률은 연평균 값

코스피는 PER 10배 이상에서 매수할 경우 대체로 성과가 저조했고, PER 8배 미단에서의 매수는 나름대로 의미 있는 수익을 얻을 수 있었다.

CAPE는 37.8배에서 형성돼 있다. 경험적으로 보면 미국 증시는 고평가 돼 있다고 볼 수 있는데, 버블에 대해서는 7~8장에서 논의해 볼 것이다.

같은 방법으로 한국 증시의 코스피 지수 12개월 예상 PER 레벨별 시장 진입시 투자 성과를 검토해 봤다. 한국 증시는 미국보다 증시 통계의 시계열이 짧아 2000년대의 성과부터 검증할 수 있었다. 한국 증시는 '코리아 디스카운트'로 불리는 주식시장 저평가가 고착화된 시장이라 PER이 미국보다 훨씬 낮은 레벨에서 형성돼 왔다. 코스피는 PER 10배 이상에서 매수할 경우 대체로 성과가 저조했고, PER 8배 미만에서의 매수는 나름대로 의미 있는 수익을 얻을 수 있었다. 2025년 7월 말 기준 코스피의 12개월 예상 PER은 10.6배 수준이다.

투자의 미래 지향적 속성을 따르는 지표

PER 레벨에 따른 투자 성과를 분석할 때 '12개월 예상 PER'을 사용했다. 이 지표는 일반적인 PER과 개념이 조금 다르다. 어떤 차이가 있는지, 그리고 어떻게 계산되는지를 간단히 짚고 넘어가자.

PER(Price Earning Ratio ; 주가수익비율)은 주가(Price)를 기업이 벌어들일(혹은 벌어들인) 주당순이익(EPS : Earnings Per Share)으로 나눠서 계산한다. 주가가 주식 한 주에 귀속되는 이익의 몇 배에 해당하는가를 통해 적정주가를 가늠하는 방법이다. 기업의 시가총액을 당기순이익으로 나눠도 비슷한 값이 도출된다. '비슷한 값'이라고 표현한 것은 주당순이익은 기업의 당기순이익을 발행주식수로 나눠서 계산하는데, 기업이 자사주를 보유하고 있을 경우 이를 차감한 발행주식수로 주당순이익을 측정하기 때문이다.

PER은 그 개념이 단순하다는 미덕이 있어 널리 사용되고 있다. PER을 계산할 때 'P(가격)'에는 논란의 여지가 없다. 항상 '현재의 주가'가 사용되기 때문이다. 반면 'E(이익)'에는 다양한 값이 들어간다. 투자자들의 관심은 지나간 날이 아니라 미래에 있기 때문에 대부분의 경우 예상 실적이 들어간다. 2025년 2월 현재 시점을 기준으로 하면 확정된 실적은 2023년 실적뿐이다. 2024년 4분기 실적이 아직 발표되지 않았기 때문에, 2024년 전체 실적은 아직 확정되지 않은 상태다.

2023년 실적 기준 PER(주가는 2025년 2월 현재 주가, 실적은 2023년 EPS)은 흘러간 유행가 같아서 잘 쓰이지 않는다. 그럼 2024년 예상 실적 기준 PER은 어떨까. 이 역시 만족스럽지 않다. 투자자들의 관심은 미래의 실적에 있는데, 2024년은 아직 확정치가 나오지는 않았지만 3분기까지의 실적은 이미 발표돼 있다. 정확한 값은 아니지만 2024년 연간 실적에 대해서는 3분기까지의 결과를 기반으로 투자자들이 어느 정도 가늠하고 있기 때문에 2024년의 순이익을 기준으로 PER을 산정하는 것도 투자의 미래 지향적 속성에 맞지 않는다.

그래서 만들어진 개념이 12개월 예상(12개월 Forward) PER이라는 개념이다. 역시 주가는 현재 주가가 들어가고, EPS는 12개월 예상치가 사용된다.

12개월 예상 EPS는 어떻게 계산할까. 2025년 2월 기준으로 보면, 해당 기간은 2025년 2월부터 2026년 1월까지다. 문제는 애널리스트들이 기업의 실적을 월별로 추정하지 않는다는 점이다. 이에 따라 2025년 2월 기준 12개월 예상 EPS는 2025년 연간 예상 EPS에 11/12, 2026년 연간 예상 EPS에 1/12의 가중치를 두고 계산된다. 이후 3월이 되면 2025년 예상 EPS는 10/12, 2026년 예상 EPS는 2/12의 가중치가 적용되어 12개월 예상 EPS가 산정된다.

어떤 경우에는 2025년 2월에 아직 2024년 확정 실적이 나오지 않았기 때문에 직전 연도의 확정 실적이 나오는 당해 연 3월 말을 기준 시점으로 삼기도 한다. 이렇게 할 경우 2025년 2월 기준 12개월 예상 PER

카라바조, 〈도박꾼들〉, 1595년경, 캔버스에 유채, 94×130cm, 텍사스 킴벨미술관

을 계산할 때는 EPS를 다음과 같이 가중 평균해 사용한다. 2024년 연간 예상 EPS에 2/12의 가중치, 2025년 연간 예상 EPS에 10/12의 가중치를 두고 계산한다.

앞서 살펴본 장기 낙관론이 관철됐던 역사는 시장(주가지수)에 관한 이야기임을 다시 한번 상기하기 바란다. 그럼에도 불구하고 밸류에이션이 너무 비싸게 형성돼 있는 국면에서 시장에 진입하면 큰 낭패를 볼 수 있다. 또한 개별 종목에 대한 투자는 시장에 대한 투자보다 훨씬 더 큰 불확실성을 동반한다. 성공하면 대박이지만, 실패하면 쪽박이 될 수 있으며, 준비가 안 된 투자자에게는 장기적으로 승률이 낮은 투자다. 다음 장에서는 이러한 개별 종목 투자에 대해 본격적으로 살펴보자.

카라바조의 그림 〈도박꾼들〉은 순진함과 탐욕이 교차하는 결정적 순간을 포착한다. 카드 게임에서 이기고 있는 듯한 청년은 자신감을 드러내지만, 사기꾼들의 계산된 시선이 그를 노리고 있다.
투자 세계도 이와 다르지 않다. 첫 투자에서의 성공은 종종 시장 흐름 덕분이지만, 초심자는 이를 자신의 능력으로 착각하기 쉽다. 운을 실력으로 믿는 순간, 더 큰 판에 뛰어들게 되고, 결국 손실이라는 값비싼 대가를 치른다. '초심자의 행운'은 성공의 첫 경험처럼 보이지만, 사실은 실패로 가는 첫 장면일지도 모른다.

INSIGHT **6**

개별 종목 투자
: 모두가 좋은 성과를
얻는 것은 아니다

> "
> 아는 것도 없고,
> 특별히 믿을 이유도 없는 기업에
> 널리 분산투자하고서
> 위험이 감소했다고 믿는 것은 착각이다.
>
> _ 존 메이너드 케인스(John Maynard Keynes)
> "

●●● 3장에서 주가지수는 '승자의 기록'이라는 점을 살펴봤다. 주가지수는 지수를 구성하고 있는 개별 종목들의 주가 변동의 총합으로 결정된다. 장기적으로 주가지수는 우상향의 궤적을 그려왔지만, 주가지수를 구성하고 있는 개별 종목들의 성과는 천차만별이다. 투자 시계(視界)를 늘릴 경우 주가지수에 대한 투자는 승률이 매우 높지만, 개별 종목에 대한 투자는 그만큼의 확실성을 담보하지 못한다.

오히려 주가지수의 상승은 소수 종목에 의해 견인되는 경우가 많다. 2023~2024년 글로벌 증시에서 가장 뜨거운 상승세를 나타냈던 시장은 단연 미국이었다. 한국에서도 '서학개미', '주식 이민' 등의 단어가 경제신문 헤드라인을 장식할 정도로 미국 주식에 대한 투자 열기가 뜨거웠다. 특히 AI(인공지능) 혁명을 주도하고 있는 기술주들이 다수 포진돼 있는 나스닥 시장의 강세가 두드러졌다.

그러나 눈부신 지수 상승이 곧 투자자 모두의 수익으로 이어지는 것은 아니다. 나스닥 지수는 2023년 43.4%, 2024년 28.6% 급등했지만, 이 상승은 극소수 빅테크 종목이 주도한 결과였다. 한국 증시에서도 지난 10여 년 동안 주가가 상승한 종목보다 하락한 종목의 수가 더 많았다. 활황장에서도, 장기투자를 해도, 결국 웃는 이는 소수에 불과할 수 있다.

주식시장에도 예외 없는 파레토 법칙

극소수의 분전이 끌어올린 주가지수

나스닥 지수는 2023년에 43.4%, 2024년에 28.6%나 급등했다. 그러나 나스닥 시장에 상장된 2900여 개 종목이 모두 고르게 오른 것은 아니었다. 2023~2024년 나스닥 시장 상승세는 일부 빅테크 종목들 주도로 나타났다. 이른바 '매그니피센트 7(Magnificent 7)'이라 불리는 미국 증시 대표 기술주들이 그 주역이다. 애플(Apple)·엔비디아(NVIDIA)·마이크로소프트(Microsoft)·알파벳(Alphabet)·아마존(Amazon)·메타 플랫폼스(Meta Platforms)·테슬라(Tesla) 등 미국 빅테크를 대표하는 7개 종목들은 2023~2024년에 최소 76%(마이크로소프트)에서 최대 819%(엔비디아)까지 급등했다.

활황장에서도, 장기투자를 해도 웃는 건 소수

나스닥 지수는 시가총액 가중 방식으로 산정된다. 2023년 한 해 동안 나스닥 시장의 시가총액은 7.5조 달러 증가했다. 이 가운데 매그니피센트 7의 시가총액이 5.1조 달러 늘어났다. 2023년 나스닥 지수 상승분의 68%는 단 7개 종목이 견인했던 셈이다. 나스닥에 상장된 종목은 2800~2900개에 달하지만, 시장 상승이 소수 종목에 집중되고 있다는 점이 더욱 뚜렷해지고 있다. 2024년 나스닥 지수 상승에서 매그니피센트 7 종목군의 기여도는 78%에 달한다. 2023년보다 이들 종목군에 대

* 자료 : Bloomberg, 신영증권 리서치센터

나스닥 지수는 2023년에 무려 43.4% 급등했다. 하지만 지수의 화려한 상승 이면에는 의외의 통계가 숨어 있다. 같은 해 나스닥 상장 종목 중 주가가 오른 종목은 1436개였지만, 하락한 종목도 1262개에 달했다. 전체 상장 종목의 약 47%가 지수 상승과 달리 주가가 떨어진 것이다. 2024년에도 이와 비슷한 흐름이 이어졌다.

'매그니피센트7'은 애플, 엔비디아, 마이크로소프트, 알파벳, 아마존, 메타 플랫폼스, 테슬라 등 7개 미국 대형 기술주를 일컫는다. 이 명칭은 1960년 개봉한 서부 영화 〈매그니피센트 7〉(국내 개봉 제목: 〈황야의 7인〉)에서 유래했다. 영화 속 일곱 주인공이 말을 타고 황야를 질주하며 악당에 맞섰듯, 이들 종목도 글로벌 성장주의 선두에서 시장을 주도하는 상징적 존재로 부각됐다.

한 의존도가 더 심해졌다.

주가지수는 기록적인 상승세를 기록했지만, 종목 하나하나의 성과가 좋지는 않았다. 2023년 나스닥 시장에서 주가가 오른 종목은 1436개였지만, 주가가 하락한 종목도 1262개에 달했다. 나스닥 지수가 43%나 급등하는 강세장 속에서도 전체 상장 종목의 47%는 오히려 주가가 하락했던 셈이다.

2024년에도 비슷한 흐름이 이어졌다. 나스닥 지수 상승률은 29%에 육박했지만, 상승한 종목은 1484개 하락한 종목은 1458개였다. 오른 종목과 떨어진 종목수가 거의 반반이었다. 일부 극소수 종목의 분전이 전체 주가지수를 끌어올렸을 뿐, 짜릿한 상승장에서 소외됐던 종목들도 많았던 셈이다.

한국 증시의 사례도 살펴보자. 무작위로 기간을 선정해 봤다. 2024년 말을 기준으로, 종목별 10년간의 투자 성과를 분석했다. 2014년 말 대비 2024년 말의 주가 등락을 살펴본 것이다. 10년이라고 하면 대체로 호황과 불황의 사이클이 2~3차례 정도 오가는 충분히 긴 시간이고, 10년이라면 직관적으로도 장기투자의 범주에 속한다.

이 기간 동안 한국 증시를 대표하는 코스피 지수는 25.2%, 코스닥 지수는 24.9% 상승했다. 배당을 포함하지 않은 단순 주가지수 등락률 기준이긴 하나, 한국 증시가 장기 박스권에서 벗어나지 못하면서 10년 장기투자의 결과물로서는 다소 초라한 성과다.

개별 종목에 대한 투자는 시장 대표 지수보다 더 나은 성과를 기대하면서 이뤄진다. 2014년 말부터 2024년 말까지 10년 동안 주가가 가장 많이 오른 종목은 바이오주인 알테오젠으로 8755%의 급등세를 기록했다. 로봇 개발업체인 신성델타테크도 5005%나 급등하면서 그 뒤를 이었다. 이들 두 종목 이외에도 주가가 10배 넘게 오른, 소위 '10루타 종목'이 24개에 달했고, 5~10배 오른 종목들도 32개가 있었다. 개별 종목에 대한 투자는 이런 대박을 꿈꾸면서 이뤄지는 경우가 많다.

그렇지만 쪽박도 있었다. 같은 기간 동안 부도 발생 등으로 상장폐지가 된 기업이 128개나 됐고, 이를 포함해 주가가 하락한 종목의 수

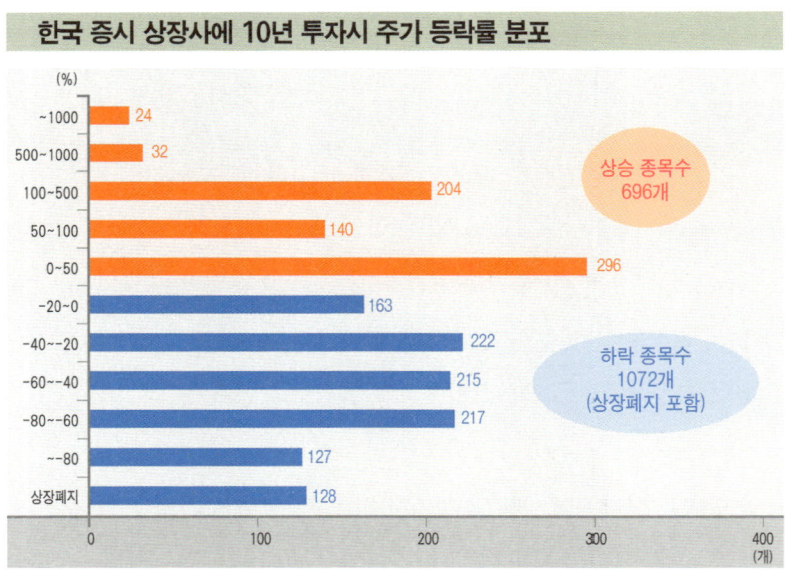

* 자료 : Wisefn, 신영증권 리서치센터 · 주 : 2014년 말~2024년 말, 코스피와 코스닥 상장 종목 대상

한국 증시 상장사 중 2014년 말~2024년 말까지 주가가 하락한 종목은 1072개에 달했고, 상승한 종목은 696개에 불과했다. 탁월한 성과를 내는 종목은 소수이고, 대다수의 종목은 평범하거나 부진한 성과를 보였다.

는 1072개에 달했다. 반면 주가가 오른 종목의 수는 696개에 불과했다. 10년 동안의 주식을 보유한 성과가 마이너스라는 점도 놀랍지만, 하락한 종목이 상승한 종목보다 많았다는 사실이 더 놀랍게 다가온다.

삼성그룹 창업주 고(故) 이병철 회장은 "소수의 천재가 만 명을 먹여 살린다"고 말했다. 경제학에는 핵심 상품 20%가 전체 매출의 80%를 차지한다는 '파레토의 법칙(Pareto Principle)'이 있는데, 주식시장에서도 유사한 현상이 관찰된다. 주가지수는 장기적으로 상승하는 경향이 있는데, 이를 견인하는 것은 소수의 종목이다. 탁월한 종목은 소수이고, 대다수의 상장사는 그저 그런 종목들이니 개별 종목 투자를 통해 좋은 종목을 고를 가능성은 확률적으로 높다고 말할 수 없다.

파레토 법칙은 전체 결과의 대부분이 소수의 원인에서 비롯된다는 원리로, 흔히 '80:20 법칙'으로 불린다. 예를 들어 전체 매출의 80%가 상위 20% 고객에게서 발생하는 경우처럼, 성과나 자원이 소수에 집중되는 불균형 분포를 설명하는 개념이다. 주식시장에서도 이와 유사한 현상이 나타난다. 주가지수는 장기적으로 우상향하는 경향이 있지만, 상승을 이끄는 주체는 극소수의 탁월한 종목들이다.

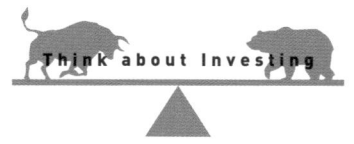

분산투자의 배신

위험을 줄였다고 착각하지 마라

존 메이너드 케인스(John Maynard Keynes)는 대공황 시기에 큰 명성을 얻은 영국의 경제학자다. 그러나 그는 이론에만 머무르지 않고, 직접 시장에 뛰어든 실전 투자자이기도 했다. 케임브리지 킹스칼리지의 자산을 운용하며 1924년부터 1946년까지 연평균 13%가 넘는 수익률을 기록, 시장 평균을 크게 웃도는 성과를 거뒀다. 케인스는 분산투자에 대한 맹신을 경계하며 이렇게 경고했다.

"시간이 흐를수록 나는 자신이 잘 알고 있으며 경영진을 철두철미하게 믿을 수 있는 회사에 거액을 집어넣는 것이 올바른 투자 방법이라고 더욱 확신하게 되었다. 아는 것도 없고, 특별히 믿을 이유도 없는 기업에 널리 분산투자하고서 위험이 감소했다고 믿는 것은 착각이다. 사람의 지식과 경험은 분명히 한계가 있어서, 나는 완전히 믿음이 가는 기업을 한 시점에 서너 개 이상 본 적이 없다."

케인스는 투자를 할 만한 탁월한 기업은 특정 시점에서 3~4개 이상 존재하기 힘들고, 그런 기업을 찾아내는 일도 결코 쉽지 않다고 보았다.

달걀을 나눠 담다가 다 깨진다

이런 점에서 보면 '어설픈 분산투자'는 투자자들에게 독(毒)이다. 투자의 종목수만 늘린다고 분산 효과가 발생하는 것은 아니다. 투자자 스스로가 잘 아는 종목들을 대상으로 종목을 분산해야 효과가 있지, 보유 종목수만 늘리는 건 아무런 의미가 없다.

'성장주 투자의 아버지'로 불리는 필립 피셔(Philip Arthur Fisher)는 이렇게 말했다. "25개 이상의 많은 종목을 보유하고 있다는 사실이 당황스럽다는 게 아니다. 투자자 자신이 정말 잘 이해하고, 매력적이라고 느끼는 종목이 그중 아주 일부에 불과하다는 사실이 당혹스럽다." 다수의 종목 투자를 통한 애매한 분산을 추구하기보다는, 오히려 그 자체로 분산 효과를 가지는 시장 대표 지수에 투자하는 것이 더 나은 선택일 수 있다.

최근 한국 증시에는 재무적으로 부실한 종목이 빠르게 늘고 있다. 2023년 기준, 상장 제조업체 가운데 영업이익으로 이자비용조차 감당하지 못하는 종목의 비율은 41.0%(1006개)에 달했다. 영업이익을 이자비용으로 나눈 이자보상배율이 1 미만인 종목들이 여기 해당되는데, 이들

* 자료 : Wisefn, 신영증권 리서치센터
* 주 : 이자보상배율 = 영업이익 / 이자비용, 코스피와 코스닥 상장 제조업체 대상

한국 증시에는 영업이익으로 이자비용조차 감당하지 못하는 부실한 종목이 빠르게 늘고 있다. 부실한 좀비기업들이 시장에 지뢰밭처럼 널려 있는 만큼, 종목 선택을 잘못하면 투자자는 한순간에 나락으로 떨어질 수도 있다.

부실 종목들의 비율은 장기간에 걸쳐 지속적으로 증가해 왔다.

2008년 글로벌 금융위기 이후 경제 성장이 둔화되는 가운데, 저금리가 장기화됐기 때문이다. 저성장이 이어지면서 기업들의 기초체력은 약해졌는데, 사상 초유의 저금리가 이어지면서 구조조정이 필요했던 기업들마저 시장에 남아 '좀비기업'으로 생존해 온 결과다. 이런 종목들이 시장에 지뢰밭처럼 널려 있는 만큼, 종목 선택을 잘못하면 투자자는 한순간에 나락으로 떨어질 수도 있다.

개별 종목 투자가 나쁜 것은 아니다. 그렇지만 개별 종목 투자로 돈을 벌기 위해서는 일정 정도의 회계적 지식, 가치평가(valuation)에 대한 소양, 투자 대상 기업과 산업에 대한 깊은 이해, 시장의 변덕에 휘둘리지 않는 감정적 기질이 요구된다. 이에 대해서는 10장에서 논의해 볼 예정이다.

개별 종목 투자를 시장의 핵심 종목에 집중해서 하면 어떨까? 각종 지뢰가 널려 있는 주변부 종목보다는 시장을 주도하는 핵심 종목을 매수하면 시장의 대표 지수에 투자하는 것보다 훨씬 큰 수익을 낼 수 있지 않을까? 2023~2024년 전 세계 투자자들을 끌어들인 미국의 매그니피센트 7과 같은 종목들이 대표적이다. 실제로 한국의 서학개미들도 이렇게 투자하면서 나름의 성과를 보고 있다. 이 글을 쓰고 있는 2025년 2월의 시점에서 보면 그렇다는 말인데, 다음 장에서는 너무나 뛰어난 비즈니스 모델을 가지고 있어 투자자들을 매혹하는 '성장주 투자'에 대해 논의해 보겠다.

INSIGHT **7**

성장주 투자에
내재된
게임의 룰

> 모두가 흥분에 취해있을 때
> 홀로 이성을 지킬 수 있다면……
> 온 세상은 당신의 것이다.
>
> _ 조지프 러디어드 키플링(Joseph Rudyard Kipling)

●●● '성장(growth)'이라는 개념은 투자자들을 매혹한다. 주식의 적정가격은 그 기업이 벌어들일 미래 현금흐름의 현재가치로 평가할 수 있다. 이때 성장은 미래 현금흐름의 규모에 대한 기대치를 결정하는 변수다. 2022~2023년 한국 증시는 이차전지 관련주로 뜨겁게 달아올랐다. 특정 산업이나 기업 실적이 한없이 부풀어 오를 수 있다는 기대는 투자자들을 유혹한다. 연일 치솟는 주가는 '이번에 동참하지 못하면 다시는 기회가 없다'는 조바심을 가진 투자자들을 끌어당긴다. 주가는 매수를 망설이던 소심한 투자자들이 뒤늦게 뛰어들 때까지 자기강화적으로 상승한다.

2022~2023년, 이차전지 관련주들은 저점 대비 50배 가까이 오른 종목이 나올 만큼 급등세를 나타냈다. 당시에는 극히 이례적인 현상으로 평가받기도 했지만, 사실 이런 주가 흐름은 낯설지 않다. 열광의 시기가 지나간 뒤에 어김없이 새겨졌던 깊은 상처까지 포함해서 말이다.

투자자들의 기대를 한몸에 받는 성장산업은 외피를 바꾸며 주식시장에 반복적으로 등장했다. 2022~2023년에는 전기차 열풍과 함께 이차전지 관련주가 폭등했고, 2020년 팬데믹 국면에서는 바이오주가 각광을 받았다. 2013~2014년에는 중국 소비 특수 수혜주로 화장품주가 급등했으며, 2010~2011년에는 글로벌 경기 회복에 대한 기대감 속에서 자동차·화학·정유주, 이른바 '차·화·정'이 주도주로 부상했다. 2007년에는 중국의 고성장과 원자재 수요 증가에 힘입어 조선과 철강주가 강세를 보였다. 1990년대 말에는 인터넷주, 1980년대 말에는 증권주,

1970년대 말에는 건설주가 당대를 대표하는 성장주였다.

미국에서도 역사에 기록될 만한 성장주 열풍이 시차를 두고 나타났다. '재즈의 시대(The Jazz Age)'로 불리는 1920년대에 자동차와 라디오 주식은 당시의 첨단 성장주였다. 1960년대의 전기·전자주 광풍과 복합기업 열풍에 이어 1970년대 초에는 투자자들을 열광시켰던 우량주 50개 종목으로 구성된 '니프티 피프티(Nifty Fifty)'가 주목받았다. 1990년대 후반에는 인터넷 확산에 기반을 둔 닷컴주들이 각광을 받았고, FAANG(Facebook, Apple, Amazon, Netflix, Google 5개 종목을 지칭)을 거쳐, 최근에는 애플(Apple), 엔비디아(NVIDIA), 마이크로소프트(Microsoft), 알파벳(Alphabet), 아마존(Amazon), 메타 플랫폼(Meta Platforms), 테슬라(Tesla) 등으로 구성된 '매그니피센트 7(Magnificent 7)'이 글로벌 성장주 강세를 이끌고 있다.

모든 자산의 가격에는 사이클이 있어 열광의 강세장을 지나면 어김없이 침울한 약세장이 도래한다. 그러나 성장주 투자가 남긴 상흔은 유독 깊었다. 성장주에 대한 열광은 거의 필연적으로 '버블'을 동반하기 때문이다. 버블은 때로는 과잉 낙관의 산물로, 때로는 신산업 육성 과정에서 불가피하게 수반되는 필요악으로 나타나곤 했다.

주식시장 역사에는 성장주 투자의 영광과 상처가 함께 존재한다. 이번 장에서는 과거 사례를 통해 성장주 투자의 명암을 돌아보고, 거품에 휘둘리지 않는 현명한 성장주 투자 전략을 모색해보자.

거침없이, 열광적으로 흔들어라!

1960년대 미국 증시를 흔든 고고장세

성장주는 크게 두 가지 범주로 나눌 수 있다. 하나는 '개념형 성장주(concept growth-stock)', 다른 하나는 매출이나 영업이익 등 구체적인 재무 항목에 대한 추정을 바탕으로 평가되는 '실체적 성장주(substance growth-stock)'다. 개념형 성장주는 현실 비즈니스에서 뚜렷한 성과 없이 기대감만으로 주가가 형성된 종목들을 말한다. 즉 이익이 아닌 '가능성'이 투자 판단의 근거가 되는 종목이다.

최근 바이오 기업들 가운데 일부가 개념형 성장주로 분류될 수 있으며, 1990년대 후반 닷컴버블 국면에는 인터넷 기업들이 그 전형이었다. 고령화가 진행되면서 바이오 기업에 큰 기회가 열릴 것이라는 기대, 인터넷이 많은 기업에 훌륭한 사업 기회를 제공할 것이라는 희망은 충분히 타당해 보였다. 문제는 어떤 산업의 성장성이 확실해 보일 때 투자자들은 '그 산업에 속해 있다'는 이유만으로도 해당 기업에 높은 프리미엄을 부여한다는 점이다. 실제적인 사업 기반이 없어 영업이익은커녕 매출조차 제대로 발생하지 않는 기업들도 때론 투자자를 끌어들이며 높은 가격으로 거래되곤 한다.

구두끈 제조사가 사명에 '일렉트로닉스'를 붙이자 벌어진 일

개념형 성장주는 미래의 청사진이 그럴듯하게 그려지는 산업에 기생한다. 1960년대 미국 증시가 그 대표적인 사례였다. 전기·전자 업종은 당시의 성장산업이었다. 모토로라(Motorola)와 텍사스 인스트루먼트(Texas Instruments) 등이 1960년대를 대표하는 종목이다. 그렇지만 이런 진짜배기들만 존재했던 건 아니다. 짝퉁도 많았다.

당시의 미국 증시는 '트로닉스 붐(tronics boom)'으로 묘사된다. 많은 기업이 사명에 '-일렉트로닉스(-electronics)'라는 접미사를 붙이며, 첨단산업에 속한 것처럼 위장했다. 놀랍게도 투자자들이 여기에 쉽게 속아 넘어갔다. 전자산업에 속한 기업이라는 느낌을 주는 것만으로도 주가는 급등했다. '-일렉트로닉스'의 아류로 '-트론스(trons)', '-오닉스(-onics)' 등도 있었다. 이런 현상은 1990년대 말 닷컴버블 때도 되풀이되었다. 사명에 '닷컴(-.com)'을 붙이기만 해도 주가가 급등했다. 이런 양상이 이미 1960년대 초에 출현했던 셈이다.

1960년대 미국 증시는 '트로닉스 붐'으로 묘사된다. 많은 기업이 사명에 '-일렉트로닉스'라는 접미사를 붙이며, 첨단 산업에 속한 것처럼 위장했다. 놀랍게도 투자자들이 여기에 쉽게 속아 넘어갔다. 40년간 구두끈을 만들어 온 슈레이스가 사명을 '일렉트로닉스 앤 실리콘 퍼스-버너스'라고 바꾸자, 주가가 급등했다.

프린스턴대 교수이자 오랫동안 자본시장에서 활동한 투자 이론가 버턴 말킬(Burton G. Malkiel)은 1959년부터 월스트리트에서 일했다. 그는 1960년대 트로닉스 붐에 대해 이렇게 회고했다. "레코드 판과 전축을 판매하는 업체인 아메리칸 뮤직 길드(American Music Guild)는 상장을 앞두고 사명을 '스페이스-톤(Space-Tone)'으로 바꿨다. 이 회사가 2달러에 발행한 주식은 불과 몇 주 만에 14달러까지 뛰었다."

당시 40년간 구두끈을 만들어 온 슈레이스(Shoelaces) 역시 사명을 '일렉트로닉스 앤 실리콘 퍼스-버너스(Electronics and Silicon Furth-Burners)'라고 난해하게 바꾸자, 주가가 급등했다.

그렇지만 이런 집단적 환각이 영원히 지속될 수는 없었다. 사업의 실체가 없었던 많은 '-일렉트로닉스'들의 주가는 1960~1962년의 열기가 식자 처참하게 무너졌다. 스페이스-톤과 일렉트로닉스 앤 실리콘 퍼스-버너스 주가는 고점 대비 90% 이상 폭락했다.

아무것도 하지 않고 EPS를 증가시키는 마법

'-일렉트로닉스 붐'이 지나간 후 미국 투자자들은 인수·합병(M&A)을 통해 탄생한 '복합기업(conglomerate)'에 열광했다. 기업이 합쳐지기만 하면 주가가 올라가는 마법 같은 일이 벌어졌다.

예를 들어 EPS(주당순이익)가 모두 5달러인 A사와 B사가 있다고 가정해 보자. A, B사 모두 발행주식수는 15만 주이고, 당기순이익은 75만 달러다. A사는 성장성이 높은 전기·전자 사업을 영위하면서 EPS의 20배인 100달러에 주가가 형성되어 있다. 저성장 사업인 시멘트를 제조하는 B사의 주가는 EPS의 10배인 50달러다. 즉 A사와 B사의 PER(주가수익비율)은 각각 20배와 10배다.

양사가 논의를 거쳐 A사가 B사를 M&A하기로 결정했다. 합병비율은 2대3으로 합의했다. B사 주주는 A사 주식 2주와 B사 주식 3주를 맞바꾸게 된다. B사 주주 입장에서는 150달러 가치의 주식(50달러인 B사 주식 × 3주)을 주고, 시가 200달러(100달러인 A사 주식 × 2주)의 주식을 받는 셈이니 당연히 이에 응할 것이다.

A사 주주는 주가가 올라야 이익을 볼 수 있는데, 실제로 이런 일이

벌어졌다. 두 회사가 합병해 만들어진 AB사는 발행주식수가 25만 주다. 애초 A사와 B사의 발행주식수는 모두 15만 주였는데, 합병비율이 2대3으로 결정되면서 B사 주식 15만 주가 합병회사 주식 10만 주로 바뀌었기 때문이다. 양사가 전기·전자와 시멘트업을 영위하기 때문에 딱히 서로의 사업에 영향을 줄 일은 없다. 기존의 수익성이 그대로 유지된다는 가정 아래 각 사업부는 합병 전과 동일한 75만 달러를 벌었고, 합산 당기순이익은 150만 달러가 됐다. 당기순이익은 그대로이지만, 발행주식수가 합병 전 양사 합산 30만 주에서 25만 주로 줄어들었기 때문에 EPS는 6달러(150만 달러 ÷ 25만 주)로 합병 전에 비해 20% 증가한다.

양사의 합병으로 EPS가 늘어났기 때문에 '시너지(synergy) 효과'가 발생한 것으로 포장될 수 있다. 합병법인인 AB사의 PER은 전기·전자 업종이었던 A사가 받았던 PER 20배에서 형성되거나, 그 이상의 평가를 받게 된다. PER 20배만 적용해도 AB사의 주가는 120달러(6달러 × 20배)를 기

인수합병의 마술 : 아무것도 하지 않고 EPS 증가

		발행주식수 (a)	당기순이익 (b)	EPS (c= b÷a)	PER (d)	주가 (e= c×e)	시가총액 (=a×e)
합병 전	A사	15만 주	75만 달러	5달러	20배	100달러	1500만 달러
	B사	15만 주	75만 달러	5달러	10배	50달러	750만 달러
합병 후	AB사	25만 주	150만 달러	6달러	20배	120달러	3000만 달러

* 자료 : 신영증권 리서치센터

록하게 되고, 시가총액은 3000만 달러(120달러 × 25만 주)에 달하게 된다. 합병법인의 시가총액은 합병 전 A사와 B사의 시가총액 합계액 2250만 달러(A사 : 15만 주 × 100달러, B사 15만 주 × 50달러)보다 33% 늘어났다.

주주들은 합병으로 돈을 벌 수 있었을 것이다. 그러나 시장의 평가 말고 기업의 본질적 가치는 하나도 바뀌지 않았다. A사와 B사 모두 합병 전과 동일한 이익을 벌어들이고 있는 가운데 단지 합병비율을 통해 EPS가 개선됐다. 이런 방식으로 합병을 진행하면 계속해서 EPS를 늘릴 수 있다. EPS가 계속 늘어나니 이 회사는 성장주로 평가받으면서 더 높

리턴 인더스트리얼은 1950~1960년대 미국 복합기업 붐을 이끈 대표 기업이다. 전자, 항공, 조선, 사무기기, 심지어 우주복과 전자레인지까지 제조하며 산업 전반을 아우르는 거대 기업으로 성장했다. 창업자 찰스 손더스는 인수·합병을 통해 매년 새로운 회사를 편입시키며 기업 외형을 키웠지만, 시너지를 고려하지 않은 무리한 확장은 경영 효율성 저하와 수익성 악화를 불렀다. 1970년대 들어 실적 부진과 조직 붕괴가 가속화되며 기업가치는 하락했고, 결국 1980년대에는 자산 매각과 분사 과정을 거쳐 해체 수순을 밟았다. 리턴 인더스트리얼은 무분별한 다각화가 기업의 생존을 위협할 수 있다는 교훈을 남기며, 복합기업 전략의 한계와 흥망성쇠를 대표하는 상징적 사례로 기록된다.

사진은 1960년대 초 리턴 인더스트리얼이 달 탐사선 외부에서 활동하는 동안 입는 용도로 제작한 우주복 RX-1.

은 PER을 적용받았다. 기업 실체의 변화는 전혀 없었다. 투자자들이 '-일렉트로닉스'라는 이름에 현혹됐듯이 그저 합병의 시너지 효과를 믿었을 따름이다.

실제 기업가치가 뒷받침되지 않은 상황에서 조악한 금융공학 논리에 의해 상승한 주가가 계속 유지될 수는 없었다. 리턴 인더스트리얼(Litton Industrial)은 복합기업의 흥망성쇠를 대표하는 기업이다. 1953년 설립 당시에는 타자기 등 전자제품을 제조하는 기업이었지만, 1958년부터 1968년까지 전자, 선박, 항공기, 방산 등 80여 개 기업을 공격적으로 인수하며 급성장했다. 이 과정에서 EPS를 꾸준히 끌어올리며 성장주 대접을 받았다. 그러나 1970년대 들어 실적 부풀리기 의혹과 금융공학 술수에 대해 연방거래위원회(FTC : Federal Trade Commission)가 실태 조사에 착수하면서 복합기업 버블은 속절없이 무너져 내렸다.

1960년대는 개념형 성장주 시대였다. 전기·전자 산업의 성장 가능성에 대한 과도한 기대에서 비롯된 집단적 투기 심리는 실질적 역량이 부족한 기업들의 주가까지 밀어 올렸다. 여기에 '합병만 하면 EPS를 늘릴 수 있다'는 미혹에 빠진 투자자들은 요식적인 M&A에 열광했고, 결국 말도 안 되는 수준의 버블이 형성되었다.

당시의 미국 증시는 빠른 템포의 음악에 즉흥적으로 몸을 내맡기던 '고고 댄스(Go-Go dance)'에 빗대어 '고고장세(Go-Go Market)'라고 불렸다. 건실하게 이익을 내는 회사가 아닌 미심쩍은 성장성으로 무장한 종목들의 주가만 차별적으로 오르는 기이한 시장이었다.

1960년대, 젊은이들이 클럽에서 고고댄스를 추며 열광하던 그때, 월가의 투자자들 역시 거침없이 성장주에 베팅하며 시장을 흔들었다. 이 뜨거운 분위기 속에서 '고고장세'가 탄생했다.

이러한 시장의 흐름은 가치투자의 대가인 워런 버핏(Warren Buffett)에게도 영향을 미쳤다. 당시 워런 버핏은 지인들의 자금을 모아 운용하는 투자조합 '버핏 파트너십'을 이끌고 있었다. 그러나 펀더멘털이 뒷받침되지 않는 종목들의 주가만 상승하는 시장에서 도저히 투자를 계속할 수 없었다. 결국 1969년, 버핏은 버핏 파트너십을 해산하고 투자자들에게 투자금과 이익분배금을 돌려줬다. 타인의 돈을 맡아 운영하기에는 시장의 질이 너무 나쁘다고 판단한 것이다.

내일을 향해 쏴라!

1970년대 우량주에서 1990년대 후반 개념형 성장주까지

개념형 성장주의 덧없음을 경험한 투자자들은 결국 우량주로 눈을 돌리게 된다. 비즈니스 모델이 탄탄하고 실제 비즈니스에서 돈을 잘 벌고 있는 기업들이 주목받았다. 이런 흐름은 1970년대 초 '니프티 피프티(Nifty Fifty)' 열풍으로 구체화되었다. 니프티 피프티는 당대의 우량주 50개 종목을 일컫는 용어로, 월트디즈니·IBM·맥도날드·코카콜라 같은 기업이 포함돼 있었다.

이들은 당시 'One-decision stock(한 번 사두면 평생 보유해도 되는 주식)'으로 불렸다. 완벽한 비즈니스 모델을 가지고 있기 때문에 한 번 사면, 팔 필요 없이 평생 보유할 가치가 있는 주식으로 평가받았기 때문이다. 니프티 피프티 종목들은 1960년대 고고장세에서 우후죽순 등장했던 날림 종목들과는 달리 현재까지도 대부분 살아남은 미국을 대표하는 우량주들이다.

우량주의 배신 : 1970년대 니프티 피프티 장세

문제는 '가격'이었다. 당시 니프티 피프티 종목들은 PER 40~90배라는 높은 가격에 거래됐다. 뛰어난 기업들이지만, 주가는 기대를 너무 과하게 투영하고 있었다.

니프티 피프티를 구성하고 있었던 카메라 제조업체 폴라로이드(Polaroid)의 PER은 97배에 달했고, 월트디즈니(Walt Disney)는 82배, 맥도

니프티 피프티 주요 종목군의 주가와 PER 변화

종목	1972년 12월 31일		1974년 12월 31일		주가 등락률(%)
	주가(달러)	PER(배)	주가(달러)	PER(배)	
폴라로이드	65.00	97	9.00	22	-85
월트디즈니	6.50	82	1.25	14	-81
에이번 프로덕트	68.00	63	14.00	14	-79
제록스	50.00	47	17.00	12	-65
코카콜라	3.00	44	1.00	16	-64
맥도날드	3.75	75	1.40	18	-61
제이씨 패니	22.50	31	9.00	17	-60
질레트	4.00	25	1.60	9	-60
아메리칸 익스프레스	16.00	38	6.50	12	-60
IBM	80.00	36	42.00	13	-48

* 자료 : 몽고메리 증권

1970년대 초 '한 번 사두면 평생 보유해도 되는 주식'으로 불렸던 니프티 피프티 종목의 주가는 고점이던 1972년 대비 2년 만에 처참하게 하락했다.

날드(McDonalds)는 75배, 프린터 제조업체 제록스(Xerox)는 47배, IBM은 36배에 달했다. 투자자들의 열광이 이렇게 높은 밸류에이션을 만들었지만, 고공권의 주가가 오래 유지되지는 못했다. 폴라로이드와 월트디즈니, 맥도날드, 제록스, IBM의 1972년 말 대비 1974년 말 주가의 등락률은 각각 -85%, -81%, -61%, -65%, -48%였다. 처참한 하락세였다.

단기간의 주가 급락도 투자자에게 큰 충격이었겠지만, 이후 주가 회복 속도도 더뎠다. 니프티 피프티 종목의 주가가 고점이었던 1972년 말 즈음에 이들 종목을 매수했던 투자자라면 당시 주가 수준을 회복하기까지 오랜 시간을 견뎌야 했다.

맥도날드는 1972년 말 기록한 주가 고점을 다시 돌파하는데 무려 13년이 걸렸다. 이처럼 아무리 훌륭한 기업이라도 지나치게 비싼 가격에 매수하면 오랜 시간 고통을 받을 수 있다.

예를 들어 맥도날드는 1972년 말의 고점 주가를 완전히 넘어서는데 무려 13년이 걸렸다. 이처럼 아무리 훌륭한 기업이라도 지나치게 높은 가격에 매수하면 장기간 고생할 수 있다.

미래에 취한 주가, 현실을 앞선 기대 : 닷컴버블

1990년대 후반 닷컴버블 때는 미국 증시에 고고장세와 니프티 피프티 장세가 혼재돼 나타났다. 돈을 벌 수 있는 비즈니스 모델 없이 '인터넷이 세상을 바꿀 것'이라는 기대감만 있는 개념형 성장주들이 난립했다. 사명을 '-닷컴(-.com)'으로 바꾸는 것만으로도 주가가 급등하는 모습은 고고장세의 판박이였다. 또한 마이크로소프트와 시스코 등과 같은 훌륭한 수익모델을 가진 종목이 존재했지만, 이들은 너무 비싼 밸류에이션으로 거래됐다.

 닷컴버블은 미국 증시를 넘어 세계 곳곳으로 유행처럼 번졌다. 한국에서 판이 벌이진 곳은 세기말의 코스닥 시장이었다. 무료 인터넷 국제전화(새롬기술) 서비스가 등장했고, 인터넷에서 광고를 보면 사용자에게 돈을 주는 희한한 사업모델(골드뱅크)도 있었다. 투자자들은 이 기업들에 열광했다.

 아직도 당시의 코스닥 광풍을 상징했던 사례로 회자되는 새롬기술(솔본으로 사명 변경)은 1999년 8월 13일에 상장된 후 7개월이 조금 못 미치는

코스닥 지수가 연일 가파르게 상승하고 있다는 내용의 신문기사(「매일경제」 1999년 5월 14일). 주가 급등을 주도하는 종목으로 골드뱅크커뮤니케이션즈(주가상승률 2216%), 한국정보통신(1870%), 한국디지탈라인(1500%) 등이 거론된다. 기사에서 한 애널리스트는 "이들 기업의 주가는 이미 분석의 틀을 벗어난 상태"라며, 시장 과열에 대한 우려를 나타냈다.

기간 동안 주가가 무려 1만 3202%(1075원 → 14만 3000원)나 급등했다. 새롬기술이 역사적 최고가를 기록했던 2000년 2월 29일의 시가총액은 2조 5900억 원으로 당시 현대차 시가총액 2조 5100억 원을 상회했다.

기대감은 컸지만 새롬기술은 성공적인 비즈니스 모델을 만들어 내지 못했고, 주가는 추락했다. 2025년 7월 말 솔본의 주가는 4345원, 시가총액은 1186억 원이다. 닷컴버블의 정점 이후 25년 조금 넘는 시간이 흐르는 동안 주가는 97% 넘게 하락했다.

골드뱅크도 1998년 10월 상장 이후 1999년 5월의 최고점까지 4156%나 급등했다. 골드뱅크는 닷컴버블 붕괴 이후 대주주가 여러 차례 바뀌었고, 사명도 변경됐지만 뚜렷한 활로를 찾지 못했다. 결국 골드뱅크는 2009년 9월 3일을 마지막으로 상장폐지됐다. 골드뱅크는 사명을 코리아텐더·그랜드포트·룩소네이트 등으로 연이어 변경했는데 상장폐지될 때의 사명은 블루멈이었다.

닷컴버블 국면이 껍데기만 그럴싸한 기업들로 가득했던 것은 아니다. 마이크로소프트라는 기업이 부상했던 시기도 1990년대 후반 닷컴버블 시기였다. 마이크로소프트는 위대한 기업이다. 마이크로소프트는 닷컴버블 국면에서 나스닥 시장 시가총액 1위 기업이었다. 이후 20년 넘는 세월이 흘러 4차 산업혁명이 대두됐던 2024년에 다시 나스닥 시장 시가총액 1위 자리를 탈환했다. AI(인공지능)가 증시를 뜨겁게 달구고

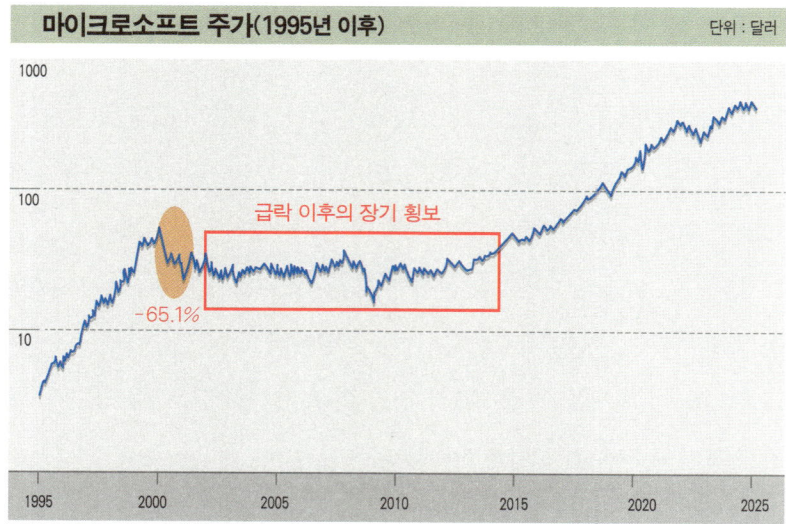

* 자료 : Bloomberg * 주 : Log 스케일로 작성
마이크로소프트 주가는 닷컴버블 붕괴 이후 10년이 넘는 기간 동안 횡보세에서 벗어나지 못했다. 같은 기간 마이크로소프트의 EPS는 연평균 10.4%씩 꾸준히 증가했다. 즉 주가는 이미 성장에 대한 기대를 한참 앞서 반영하고 있었다.

있는 2025년 7월 현재도 마이크로소프트는 애플을 제치고 엔비디아와 시가총액 1위를 다투고 있다.

그렇지만 마이크로소프트의 영광이 단선적인 경로로 이뤄진 것은 아니었다. 닷컴버블 붕괴 국면에서 마이크로소프트 주가는 한때 65% 넘게 급락했다. 더 중요한 것은 가격 조정 이후 10년이 넘는 기간 동안 횡보세에서 벗어나지 못했다는 사실이다.

버블이 꺼질 때 부실한 기업은 시장에서 퇴장하고 우량한 기업은 살아남는다. 하지만 우량주일지라도 주가는 장기간 침체기가 이어지는 경우가 많다. 미래에 대한 기대를 주가가 과잉 반영하고 있었기 때문이다. 닷컴버블이 정점에 달했던 2000년 1월, 마이크로소프트의 PER은 79.8배까지 치솟았다. 이후 11년 동안 주가는 박스권에 갇혀 있었지만, 같은 기간 마이크로소프트의 EPS는 연평균 10.4%씩 꾸준히 증가했다. 닷컴버블 국면에서의 마이크로소프트 주가에는 이 정도 성장에 대한 기대가 이미 차고 넘치게 반영되어 있었던 것이다.

거품의 역설

성장산업 육성을 위한 필요악, 집단적 열광

버블은 투자자들에게 큰 상처를 남기지만, 성장산업 육성을 위해서는 필요악으로 요구되기도 한다. 다시 닷컴버블 국면을 떠올려 보자. 당시 투자자들은 앞으로 열릴 인터넷 세상에 대한 장밋빛 꿈을 꾸고 있었다. 투자자들은 상상했다. 인터넷에서 편지도 보내고, 쇼핑도 하고, 음악도 듣는 세상을. 꿈은 현실이 됐다. 요즘 우리가 그런 세상을 살아가고 있지 않은가.

그렇다고 닷컴 주식에 투자한 이들이 모두 부자가 된 것은 아니다. 오히려 많은 이들이 닷컴버블 국면에서 치명적인 재산상의 손실을 보았다. 투자자들의 비극은 세상의 변화는 올바르게 예측했지만 당시 주식시장에 상장돼 있던 기업들이 변화된 세상의 주역이 아니었던 데 있다. 당시 투자자들은 야후와 엠파스, 라이코스 등이 인터넷 생태계의 지배자가 될 것이라고 생각했지만, 최종 승자는 구글이었다. 닷컴버블 당시 구글은 주식시장에 상장돼 있지도 않았다. 닷컴버블 국면에서 미래의 주역이 될 것으로 기대를 모았던 많은 회사가 파산했거나, 설사 살아 있더라도 존재감이 미미한 경우가 대부분이다.

새로운 성장산업의 요람, 버블

투자자들이 아주 똑똑해서 장기적으로 살아남아 향후 산업 생태계를 바꿀 기업에만 자금이 흘러 들어갈 수 있으면 좋겠지만, 이는 가능하지 않다. 특정 기업이 궁극적으로 경쟁에서 승리했더라도 그 기업이 꼭 성공에 이르러야 할 필연의 법칙이 작동하는 것도 아니다. 경쟁자들의 실수에서 반사이익을 얻었을 수도 있고, 예기치 못한 지정학적 질서 변화에서 기회를 잡았을 수도 있고, 합리적으로 설명하기 힘든 '운'이라는 요인도 무시할 수 없다. 인터넷 생태계의 지배적 사업자가 된 기업은 구글이지만, 이는 결과론일 따름이다.

새로운 성장산업을 만들어 내기 위해서는 그 산업 전반으로 막대한 자금이 유입돼야 한다. 불확실성이 큰 산업으로 투자자들을 끌어들이기 위해서는 극단적 낙관론에 기댄 집단적 열광이 필요하다. 이러한 열광은 결국 버블이라는 형태로 발현된다. 아무리 주가가 비정상적으로 올라가도, '이번만큼은 다르다'는 낙관론이 투자자들을 현혹한다. 그래야 충분한 자금이 성장산업으로 흘러 들어갈 수 있다. 이 과정에서 자본시장에서 자금을 조달한 기업의 상당수는 대체로 도태되지만, 끝내 살아남은 소수의 기업이 새로운 생태계를 구축하게 된다.

투자자들은 엄격한 기준으로 '최후의 승자'를 선별하려고 노력하지만, 그 판단은 대개 틀리는 경우가 많다. 스타트업의 성공 확률은 10% 미만이라고하지 않는가. 투자자나 자금을 유치한 기업이나 모두 선의를 가지고 열심히 노력하더라도 실패할 확률이 훨씬 높은 게임이다. 결국 10% 미만의 기업만이 성공해 세상을 바꾼다. 구글도 초창기에는 다른 많은 스타트업 기업과 비슷했을 것이다. 닷컴붐이 일지 않았다면 구글도 생존에 필요한 자금을 조달받지 못했을 수 있다. 구글이라는 신생 기업이 성장을 위한 자금을 조달할 수 있었던 데는 집단적 낙관의 산물인 버블이 기여한 바가 크다고 봐야 할 것이다.

어떤 버블이든 열광이 지나간 이후에는 상처가 남기 마련이다. 그래도 기술 버블은 상대적으로 후유증이 적다. 어쨌든 뭔가 긍정적인 유산이 남는 경우가 많기 때문이다. 닷컴버블이 정점에 달했던 2000년 3월 코스닥 시장의 시가총액 최상위 15개 기업 중 현재까지 생존해 있는 기업은 7개에 불과하다. 상당수 기업이 파산했지만, 그래도 인터넷 전용선은 남아 이후 'IT강국 코리아'의 초석이 됐다. 치명상을 입은 이들은 낙관론에 취해 끝까지 주식을 보유하고 있었던 투자자들이다.

요즘 나타나고 있는 'AI' 열풍도 과거 닷컴버블과 본질적으

자동차
라디오주

1920

모든 자산의 가격에는 사이클이 있어
열광의 강세장을 지나면
어김없이 침울한 약세장이 도래한다.
그러나 성장주 투자가 남긴 상흔은 유독 깊었다.
성장주에 대한 열광은 거의 필연적으로
'버블'을 동반하기 때문이다.
버블은 때로는 과잉 낙관의 산물로,
때로는 새로운 산업을 육성하는 과정에서
불가피하게 수반되는 필요악으로 나타나곤 했다.

로 다르지 않다. 투자자에게 '버블은 필요악'이라는 관점은 매우 중요하다. 자신의 투자가 새로운 산업을 일구는 동력이 될 수도 있지만, 그 과정에서 재산이 불쏘시개로 타버릴 수도 있기 때문이다.

가격을 잊은 투자의 위험

괜찮은 자산을 '좋은 가격'에 살 때 비로소 투자 승률이 높아진다. 지나치게 높은 가격을 지불해도 그 행위가 정당화될 수 있을 정도로 완벽한 투자 대상은 존재하지 않는다. 나보다 더 높은 가격을 지불할 용의가 있는 바보가 있다면 운 좋게 팔고 나올 수 있겠지만, 비싸게 사는 행위 자체는 투자에 수반되는 리스크를 높인다.

성장산업의 스토리는 투자자들의 기대감을 자극할 만큼 매력적이다. 하지만 그 기대감이 주가에 얼마나 반영되어 있는지를 가늠하는 건 결코 쉽지 않다. 또한 집단적 쏠림은 인기 있는 종목의 주가를 버블 수준까지 끌어올릴 가능성을 높인다. 초기 투자자가 아니라면 성장에 대한 높은 프리미엄을 지불해야 주주가 될 수 있다는 점이 성장주 투자에 내재된 가장 큰 리스크다.

개념형 성장주야 집단적 투기 열풍의 산물이라는 점에서 나름 경계선을 그을 수 있다. 물론 사후적으로 그렇다는 것이다. 대중이 미쳐 날뛰는 상황에서 독립적인 판단과 평정심을 유지하는 건 쉬운 일이 아니다. 오히려 훌륭한 기업에 대한 투자는 투자자들이 가져야 할 일말의 경계심마저 걷어내는 경우가 많아 더 치명적일 수 있다.

어떤 자산이든 비싼 밸류에이션을 주고 사는 행위는 늘 경계해야 한다. 성장에 대한 그럴듯한 스토리에 쉽게 매료되기보다는, 지금 지불하려는 가격이 과도하게 높은 건 아닌지 의심해 봐야 한다. 또한 특정 섹터에 대한 대중의 쏠림이 있다면, 그 흐름에 편승하기보다는 반대편에 서는 용기도 필요하다.

성장주 투자는 늘 나쁜 것인가. 그럴 리가 있나. 다만 성장주 투자에 내재된 게임의 규칙을 말하고 싶은 것이다. 마이크로소프트의 사례가 보여주고 있는 것처럼 매우 예외적인 성취를 이뤄낸 기업마저도 집단적 열광의 시기가 지나가고 나면 장기간 인내의 시간이 요구되곤 한다. 주식은 휴대폰 버튼 클릭 한 번으로 살 수 있지만, 실물경제에서 기업이 행하는 활동은 오랜 시간을 두고 이뤄지기 때문이다. 주가가 너무 먼 미래의 기대까지 선반영하고 있다면, 실제 기업 활동에서 높은 성장세가 이어지더라도 주가의 반응은 치명적이거나 시시할 수 있다.

어떤 이야기를 하든 '성장'이라는 개념이 투자자들을 끌어당기는 매우 강력한 힘이라는 점은 부인하기 어렵다. 그럼 이렇게 물을 수 있을 것이다. "특정 시기 시장 참여자들이 집단적으로 열광하는 성장주에 투자하고, 버블이 터지기 전에 매도하면 되는 것 아닌가?" 이 질문은 "버블이 대략적으로라도 측정 가능한가?"라는 질문으로 이어진다. 이는 다음 장에서 본격적으로 다룰 주제다.

INSIGHT **8**

버블을
측정할 수 있을까?

> 천체의 움직임은 계산할 수 있어도,
> 군중의 광기는 파악할 수 없다.
>
> _ 아이작 뉴턴(Isaac Newton)

●●● 새로운 산업이 성장하는 과정에서 버블은 필요악일 수 있다는 점을 앞에서 살펴보았다. 버블의 붕괴는 치명적인 상처를 남기지만, 버블이 부풀어 오르는 과정에서는 투자자들에게 짜릿한 수익을 안겨주곤 한다. 어쩌면 주식투자란 버블에 편승해 큰돈을 벌거나 주가가 적정가치를 심하게 밑도는 '역버블'에 휘말려 치명상을 입는 속성을 지닌 게임인지도 모른다.

버블의 추억은 외면하기엔 너무도 달콤하다. 만약 버블의 붕괴 시점을 미리 알 수 있다면 얼마나 좋을까. "달리는 마차에 올라타라. 남들보다 조금 먼저 내리면 성공할 수 있다." 헤지펀드계의 대부 조지 소로스(George Soros)의 말처럼 말이다.

거품이 부풀어 오르는 과정에 편승하되, 버블이 터지기 전에 한발 먼저 빠져나올 수만 있다면 더할 나위 없이 좋을 것이다. 이를 위해서는 먼저 버블에 대한 개념 정의가 필요하다. 버블은 가격이 가치보다 높을 때 발생한다. 다시 말해, 버블은 금융시장에서 형성되는 자산 가격과 실물경제에서 실현될 것으로 예상되는 가치의 괴리를 의미한다. 개별 기업 관점에서는 특정 기업이 앞으로 벌어들일 것으로 예상되는 현금흐름의 현재가치보다 주가가 더 높게 형성되어 있을 때, 이 초과분이 곧 버블이라 할 수 있다.

복잡하고 모호한가. 실제로 그렇다. 가격은 객관적으로 존재하는 '현재'의 값이다. 반면 가치는 불확실한 '미래'에 대한 추정치다. 아직 오지 않은 미래를 가늠한다는 것은 본질적으로 주관적인 작업이며, 다양한 가정을 전제로 한 추론에 불과하다.

앞서 기업의 가치를 미래 현금흐름의 현재가치라고 정의한 바 있다. 이를 대략적으로라도 측정하기 위해서는 몇 가지 요소가 필요하다. 먼저 현금흐름을 추정할 기간을 설정해야 하며, 그 기간 동안 발생할 것으로 예상되는 현금흐름을 예측해야 한다. 그다음으로 이 미래 현금흐름을 현재가치로 환산하기 위한 적절한 할인율을 결정해야 한다.

먼저 현금흐름의 추정 기간에 대해 논의해 보자. 일반적으로 기업의 존속기한은 영구적이라고 가정한다. 이를 '계속기업(going concern)의 가정'이라고 부른다. 무한대의 기간에 걸쳐 실적을 일일이 추정할 수는 없으니 길어도 5년 남짓의 실적을 개별적으로 추정하고, 이를 넘어서는 기간은 기업의 현금흐름이 일정한 비율로 성장한다고 가정한다. 구체적인 현금흐름의 추정에는 기업 고유의 특성, 기업이 속한 산업의 성장성, 개별 국가 또는 글로벌경제의 예상 성장률 등이 고려돼야 한다. 할인율로는 무위험 이자율인 국채수익률이나 기업의 재무적 특성이 반영된 회사채수익률이 사용되곤 한다.

결론적으로 미래에 벌어들일 이익을 기반으로 한 가치는 '정확히' 측정될 수 없다. '가치'는 많은 가정들을 딛고 서 있는 대략적인 추정치에 불과하다. 가치 자체가 불확실한 만큼 가격과 가치의 괴리를 의미하는 버블 또한 정밀하게 계측하기 힘들다. 다만 버블을 가늠하기 위한 개략적인 방법론들이 있을 뿐이다. 이번 장에서는 이러한 방법론들을 살펴보고자 한다.

뜨겁거나 차갑거나

시장의 열기를 재는 온도계, 버핏 지수와 유동성 지수

버블을 가늠하는 방법론에는 먼저 '버핏 지수'가 있다. 주식시장의 시가총액을 GDP(국내총생산)로 나눠서 산정하는 값으로, 2001년 워런 버핏이 제시했다. GDP는 실물경제 활동에서 창출된 가치의 총합이고, 시가총액은 금융시장에서 평가한 총량적 기업가치다.

현실이 된 버핏의 경고

2001년은 닷컴버블 붕괴의 초기 국면이었다. 워런 버핏은 당시 미국 GDP 대비 시가총액 비율이 사상 최고 수준에 이르렀다며, 주식시장이 지속 불가능한 버블 영역에 진입했다고 경고했다. 실제로 당시 미국

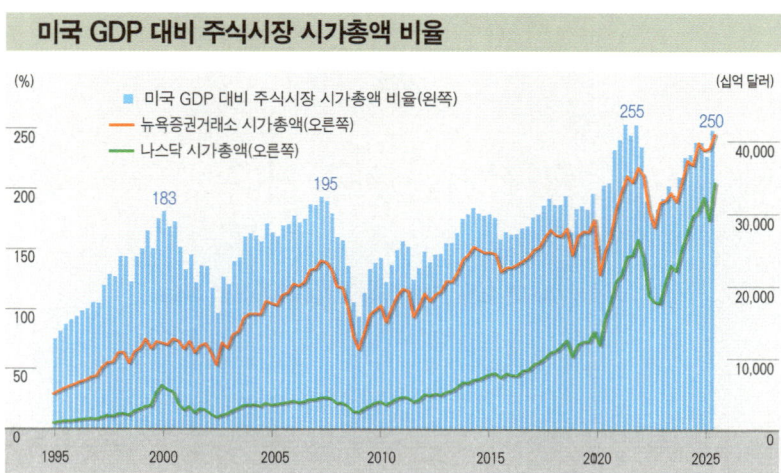

미국 GDP 대비 주식시장 시가총액 비율

* 자료 : Bloomberg, 신영증권 리서치센터 * 주 : 미국 증시 시가총액은 뉴욕증권거래소와 나스닥거래소의 합

1995년 이후 미국 주식시장의 시가총액은 GDP 대비 꾸준히 상승해 왔다. 닷컴버블 직전인 2000년에는 180%를 넘었고, 이후 버블 붕괴로 급락했다. 2008년 금융위기 때는 100% 이하로 하락했으나, 저금리와 기술주의 성장으로 2020년대 들어 급상승했다. 2021년에는 255%에 달하며 사상 최고치를 기록했고, 2025년 2분기 말 기준 250% 수준이다.

GDP 대비 시가총액 비율은 180%를 넘어서면서 사상 최고치를 기록하고 있었다. 실물경제의 성장에 비해 주식시장 가치가 지나치게 팽창했다고 판단한 버핏은, 주식시장이 심각하게 고평가되었다고 주장한 것이다.

이후 중국의 고성장과 미국 주택시장 활황을 등에 업고 나타났던 2003~2007년 강세장의 정점 부근에서 비핏 지수는 195%까지 상승했다. 코로나19 팬데믹 직후의 초저금리 국면이었던 2021년에는 255%에 달한 바 있고, 2025년 2분기 말 기준으로는 250%를 기록하고 있다. 버핏 지수라는 잣대로 보면 메인스트리트(실물경제)와 월스트리트(금융시장)의 괴리가 커져 있어 주식시장이 고평가돼 있다고 볼 수 있다.

버핏 지수는 주식시장의 과열 여부를 판단하는 대표적인 거시경제 지표다. 한 국가의 전체 시가총액을 GDP로 나누어 구하며, 금융시장의 가치가 실물경제 규모를 얼마나 초과했는가를 보여준다. 이 비율이 과하게 상승하면 주가가 실물경제에 비해 과도하게 상승한 것으로 해석되어, 시장 과열 신호로 간주된다.

버핏 지수는 매우 직관적이라는 장점이 있지만, 뚜렷한 한계도 존재한다. 무엇보다도 버핏 지수를 국가 간 비교에 사용해서는 안 된다는 점이다. 자본시장에 대한 국가별 관행에 큰 차이가 있기 때문이다.

예를 들어 미국처럼 자본시장이 중심 역할을 하는 금융시스템을 가진 국가가 있고, 독일처럼 은행에 의한 자원 배분이 더 중요한 국가들이 있다. 미국은 기업들이 주식시장 상장을 통해 증권화(securitization)를 활발히 추진하는 반면, 독일은 가족기업 중심으로 성장한 후 상장을 선택하지 않는 경우도 많다. 이에 따라 2024년 3분기 말 기준 독일의 GDP 대비 시가총액 비율은 47%에 불과하며, 미국과 큰 격차를 보이고 있다.

물론 미국 주식시장의 장기 성과가 독일보다 훨씬 우수했다는 점도 고려해야겠지만, 양국 간 증권화 수준의 차이 역시 버핏 지수 격차의 주요 원인 중 하나다. 버핏 지수는 국가 간 비교보다는 동일 국가의 시계열 추이를 통해 주식시장의 고평가 여부를 가늠하는 잣대로 활용하는 것이 바람직하다.

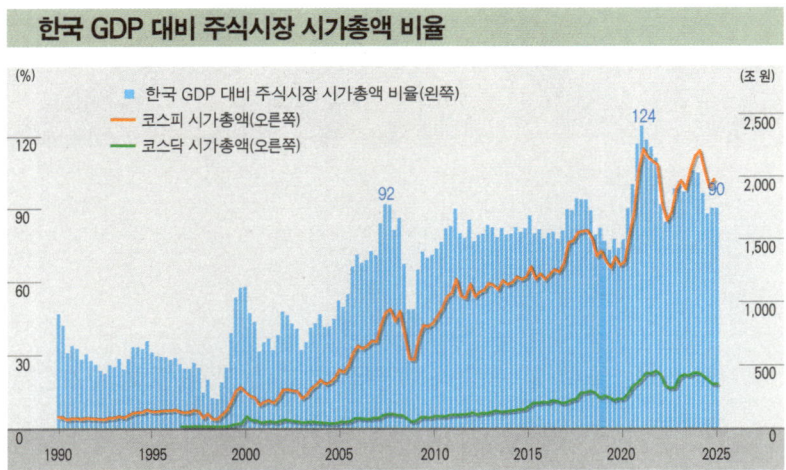

• 자료 : 신영증권 리서치센터 • 주 : 한국 증시 시가총액은 코스피 시장과 코스닥 시장의 합

1990년대 초 한국의 주식시장 시가총액은 GDP의 20~30% 수준에 불과했으나, 2000년대 들어 코스피 성장과 함께 점차 상승했다. 2007년에는 중국 특수로 92%까지 올라갔고, 2021년에는 124%로 사상 최고치를 기록했다. 이후 주식시장 장기 횡보로 조정돼 2025년 1분기에는 90% 수준을 기록하고 있다.

참고로 2025년 1분기 말 기준 한국의 버핏 지수는 90%다. 이는 코스피가 3300포인트대까지 상승했던 2021년 2분기 말의 124%보다 낮지만, 닷컴버블 당시 기록한 73%보다는 높은 수준이다. 중국의 고성장을 등에 업고 코스피가 상승했던 2007년 3분기의 92%와 비슷한 수준이다. 역사적으로 볼 때, 현재 한국 증시가 GDP 대비 결정적으로 고평가되어 있다고 보기는 어렵다.

버핏 지수의 한계를 보완하는 '유동성 지수'

버핏 지수의 두 번째 한계는 유동성에 대한 고려가 빠져있다는 점이다. 자산 가격은 해당 자산이 창출할 수 있는 미래 현금흐름이라는 '펀더멘털' 요인과 그 자산을 구매할 수 있는 돈의 양을 의미하는 '유동성' 요인의 상호작용으로 결정된다.

야구선수 류현진의 사례를 들어보자. 류현진 선수는 미국 메이저리그에서 뛰던 2023년에 2000만 달러의 연봉을 받았다. 당시 환율로 260억 원에 달하는 큰돈이다. 2024년 한국에 복귀해 한화이글스에서 받은 연봉은 25억 원으로, 여전히 큰 금액이지만 미국에서 받았던 연봉의 1/10 수준에 불과하다.

이 차이는 류현진이라는 투수의 펀더멘털, 즉 선수로서의 기량 차이로는 설명하기 어렵다. 류현진 선수가 미국에서 던질 때의 볼 스피드가

류현진 선수가 2024년 한국에 복귀해서 받은 연봉은 메이저리그 마지막 시즌 연봉의 10분의 1 수준에 불과했다. 이처럼 큰 연봉 격차는 류현진이라는 '상품'을 소비할 수 있는 시장의 크기, 즉 시장이 지불할 수 있는 금액의 차이에서 비롯된 것이다.

한국에서 뛸 때보다 10배 빨랐을 리는 없고, 명품 체인지업의 떨어지는 각도가 한국에서는 미국에서의 1/10로 완만해졌을 리도 없다. 결국 엄청난 연봉 격차는 류현진이라는 '상품'을 소비할 수 있는 시장의 규모, 다른 표현으로는 돈의 양이 한국 KBO리그보다 미국 메이저리그가 압도적으로 크기 때문에 발생한 것이다.

 2007~2008년 글로벌 금융위기 이후 중앙은행의 양적완화 등으로 세계 경제에 풀린 유동성의 규모는 과거와 비교할 수 없을 만큼 증가했다. 돈이 많으면 동일한 펀더멘털을 가진 자산이라도 시장에서 형성되는 가격이 높아질 수 있다. 경제에 풀린 돈의 양을 나타내는 일반적인 통화

미국 M2 대비 주식시장 시가총액 비율

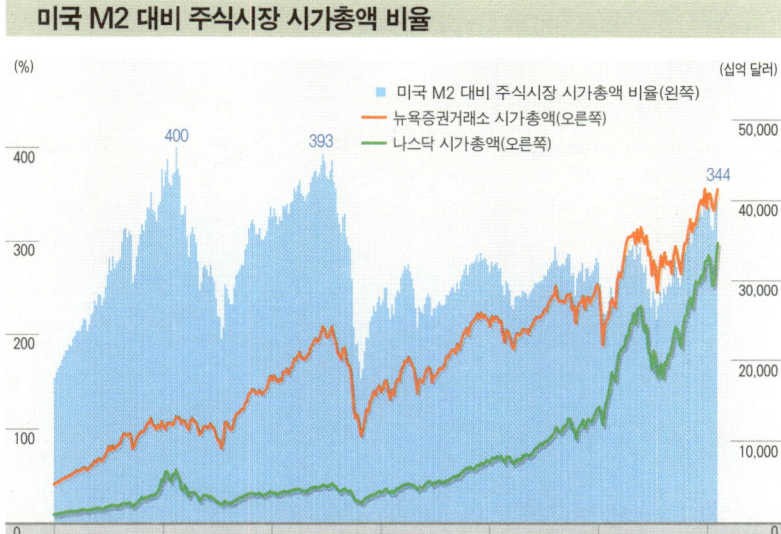

* 자료 : Bloomberg, 신영증권 리서치센터   * 주 : 미국 증시 시가총액은 뉴욕증권거래소와 나스닥거래소의 합

2025년 7월 말 기준, 미국의 유동성 지수는 344%로 집계됐다. 이는 닷컴버블(2000년) 국면의 400%와 주택시장 버블(2007년) 시기의 393%보다는 낮은 수준이다.

량 지표인 M2(총통화) 대비 주식시장의 시가총액 비율을 '유동성 지수'라고 정의해보자. 이 지표를 통해 바라보면 버핏 지수와 다른 결론이 도출된다.

미국의 경우 2025년 7월 말 기준 유동성 지수는 344%에 달한다. 이는 2000년 닷컴버블 정점의 400%와 주택시장 버블이 있었던 2007년에 기록됐던 393%보다 낮은 수준이다. 버핏 지수, 즉 실물경제에서 만들어진 가치(GDP)와 비교하면 주식시장이 사상 최고 수준으로 고평가된 것처럼 보이지만, 풀린 돈의 양과 비교하면 과거 최고 수준과는 거리가 있다.

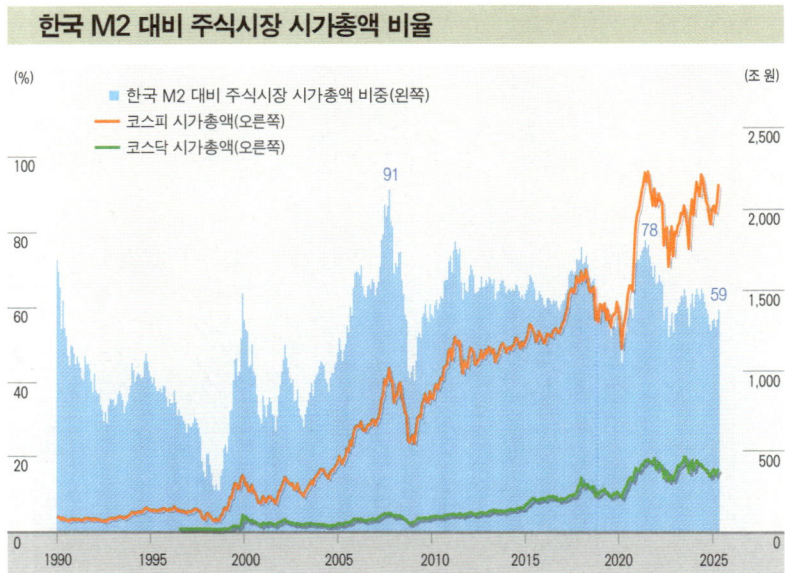

* 자료 : 한국거래소, 한국은행, 신영증권 리서치센터 * 주 : 한국 증시 시가총액은 코스피 시장과 코스닥 시장의 합
2025년 5월 말 기준 한국의 유동성 지수는 59%로, 역사상 최고 수준과는 거리가 크다.

    한국의 M2 대비 시가총액 비율도 역시 사상 최고치와는 괴리가 있다. 거시경제 관점에서의 펀더멘털과 비교하면 한국과 미국 증시 모두 고평가 혐의가 있지만, 유동성 관점에서 보면 그 부담이 한결 완화된다.

    어떤 측면에서는 2008년 글로벌 금융위기 이후 '유동성 폭증'이라고 부를 수 있을 정도로 많은 돈이 시장에 풀렸지만 그 효과가 실물경제에서는 제한적으로 나타났던(GDP의 더딘 증가) 반면 주식시장에서는 풍선효과가 극적으로 발생(주식 시가총액의 급증)했다고 볼 수 있다.

검증되지 않은 미래 대신 확인된 과거로

로버트 J. 쉴러의 CAPE

버핏 지수와 유동성 지수는 특정 거시경제 요인과 주식시장을 비교함으로써 시장에 거품이 끼었는지를 가늠하는 방법론이다. 버블은 계량화하기 어려운 현상이기 때문에, 이들 지표는 다양한 방식으로 주식시장의 고평가 여부를 저울질해 본다는 점에서 의미가 있다. 그러나 기업이익과 주가를 비교해 보는 게 시장의 버블 여부를 가늠하는 더 적확한 방법론일 것이다. 거시경제 지표는 기업뿐만 아니라 가계, 정부, 해외 플레이어들의 활동까지 모두 고려돼 산정되는 반면, 주가는 거의 기업의 상황만을 반영해 결정되기 때문이다.

기업의 주가(시가총액)와 주당순이익(당기순이익)을 비교하는 PER(주가수익비율)은 주식의 가치를 평가하는 데 가장 널리 사용되는 지표다. 직관적이고 활용이 간편하기 때문이다. PER을 계산할 때 분자인 주가는 시장에서 결정되는 객관적인 값이지만 분모인 기업 이익은 불확실한 미래 추정치를 적용하는 경우가 많다. 투자자들은 기업의 미래 이익창출능력에 관심이 있기 때문이다.

장기적 이익창출능력과 주가를 비교해 산출하는 CAPE

이에 대해 2013년 노벨경제학상을 수상한 로버트 J. 쉴러 교수는 과거의 장기 실적을 기반으로 한 'CAPE(Cyclically Adjusted Price Earnings Ratio)'라는 개념을 제시했다. CAPE는 '현재'의 주가를 '과거'의 이익으로 나눠서 산정한다. 주가와 이익 모두 추정치가 아닌 확정된 값이다.

다만 CAPE를 산정할 때 사용하는 이익은 과거 10년간의 평균 순이익이다. 10년이라는 기간은 꽤 긴 시간인데, 이를 통해 기업이 가지고 있는 장기 이익창출능력 대비 주가 수준을 평가해 볼 수 있는 것이다. 세상 대부분의 일들이 그렇듯이 기업의 이익창출능력도 경로 의존성(path dependence)을 가지곤 한다.

경로 의존성은 제도, 기술, 관행 등이 초기의 선택이나 우연한 계기로 특정 방향으로 정해진 뒤, 시간이 지나도 그 경로를 쉽게 벗어나지 못하고 지속되는 현상이다. 즉, 과거의 선택이 현재와 미래의 결정에 강하게 영향을 미치는 것이다. 신기술 개발이나 설비투자는 시차를 두고 이익 증가로 이어지는 경우가 많다. 즉 현재의 이익은 과거에 행해진 일

로버트 J. 쉴러는 행동경제학과 금융경제학 분야의 세계적인 석학으로, 자산 가격 거품과 투자자의 비이성적 행동을 연구해 효율적 시장 가설(EMH, Efficient Market Hypothesis)에 도전했다. 2013년 노벨경제학상을 공동 수상했으며, 대표 저서 『비이성적 과열』(2000)에서는 닷컴버블과 금융위기를 경고했다.

과 무관하지 않다. 이러한 점에서 과거의 장기 이익창출능력이 미래의 성과와 무관하지 않다는 인식이 CAPE에 내재된 철학이다.

쉴러 교수는 19세기 후반부터의 CAPE 값을 자신의 홈페이지에 제시하고 있다. 19세기라면 현재와 같은 회계 기준이 만들어지기 전이고 상장기업들의 이익 역시 체계적으로 집계되지 않았을 시기다. 따라서 기업 이익은 실제 수치가 아니라 쉴러 교수가 유추한 대용지표(proxy)를 사용했을 테지만, 그래도 20세기 중반 이전의 데이터를 확인할 수 있는 거의 유일한 창구이기 때문에 CAPE가 자주 이용된다.

다만 CAPE는 미래의 이익에 대한 고려가 없어 좋은 쪽이든 나쁜 쪽이든 사업 환경이 급격하게 바뀌는 상황에서는 설명력이 떨어진다는

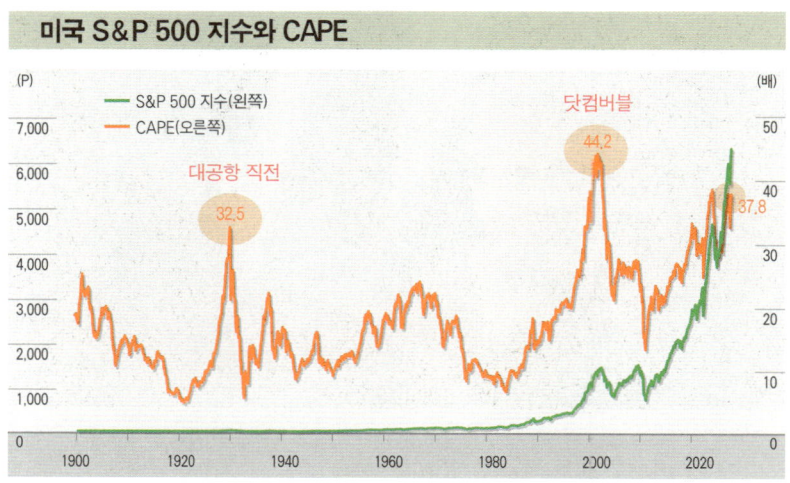

* 자료 : Shiller Data

2025년 7월 말 미국 S&P 500의 CAPE는 37.8배로, 닷컴버블(44.2배)보단 낮고 대공황 직전 (32.5배)보단 높다. 이는 시장이 검증되지 않은 미래 성장성을 주가에 많이 반영하고 있음을 보여준다.

한계가 있다. 대표적으로 AI(인공지능)를 비롯한 신성장 산업이 부각되는 국면에서는 더 큰 한계가 드러날 수밖에 없다. 이런 산업의 경우 '과거 10년의 이익'과 '미래의 이익' 사이에는 경로 의존성이 거의 작동하지 않을 것이기 때문이다.

2025년 7월 말, CAPE를 기준으로 미국 S&P 500 지수를 살펴보면 37.8배에 이른다. 이는 닷컴버블 국면의 44.2배보다는 낮지만, 대공황 직전의 32.5배보다는 높은 수준이다. 최근 미국 증시가 과거의 시간으로부터 검증되지 않은, 그 속성상 매우 가변적인 미래 성장성에 크게 의존하고 있다는 점을 시사한다.

주식과 채권 투자, 무엇이 더 매력적인가?

PER과 금리를 비교하는 일드갭

PER과 금리를 비교한 일드갭(Yield gap)은 주가의 적정성을 판단할 때 자주 활용된다. 앞서 버핏 지수와 유동성 지수를 통해 살펴본 것처럼, 주가는 펀더멘털의 함수이면서 동시에 유동성에도 큰 영향을 받는다. 일드갭은 기업의 당기순이익이라는 펀더멘털이 결부된 PER과 돈(유동성)의 가격이라고 볼 수 있는 금리를 함께 고려하기 위해 만들어진 지표다.

일드갭은 PER의 역수(=1/PER)에서 금리를 뺀 값이다. PER의 역수는 어닝스일드(earnings yield)로 불리기도 하는데, 특정 시점에서 예측하는 수익성이 미래에도 유지된다는 가정 하에 주가에 내재된 기대수익률을 의미한다.

채권 대비 주식의 상대적 매력도를 보여주는 일드갭

예를 들어 A기업의 특정 회계연도 당기순이익이 100억 원이고 시가총액이 1000억 원이라면, PER은 10배다. 당기순이익은 기업 활동에서 창출되는 각종 수입에서 비용을 차감해 결정한다. 즉 수입에서 노동자들에게 지급하는 임금, 채권자에게 지급하는 이자, 정부에 내는 세금 등을 제하고 최종적으로 주주에게 귀속되는 몫이다. 만일 A기업을 현재의 시가총액인 1000억 원을 주고 인수한 투자자라면 현재의 수익성이 유지된다고 가정할 때 즉, 매년 100억 원씩 당기순이익을 기록할 경우 10년이면 투자원금을 회수할 수 있다.

투자원금 회수에 10년이 걸린다면, 복리를 감안하지 않을 경우 A기업은 매년 10%씩 이자를 지급하는 채권에 비유할 수 있다. 물론 기업의 수익성이 일정하게 유지된다고 보는 것은 비현실적 가정이다. 그러나 PER이라는 개념 자체가 특정 기간(예를 들어 당해 년 또는 다음 해)의 순이익과 주가를 비교해 보기 위해 만들어졌다는 점을 감안할 필요가 있다. 아무튼 PER에는 순이익으로 회수할 수 있는 투자원금 회수 기간과 이로부터 도출되는 기대수익률이 내포돼 있다.

PER의 역수, 즉 어닝스일드를 금리와 비교하면 주식을 채권에 견줘 어느 정도 투자 매력이 있는지 가늠할 수 있다. 예를 들어 PER 20배에 거래되는 주식에 내재된 기대수익률은 5%(=1/20)다. 같은 시점에 사실

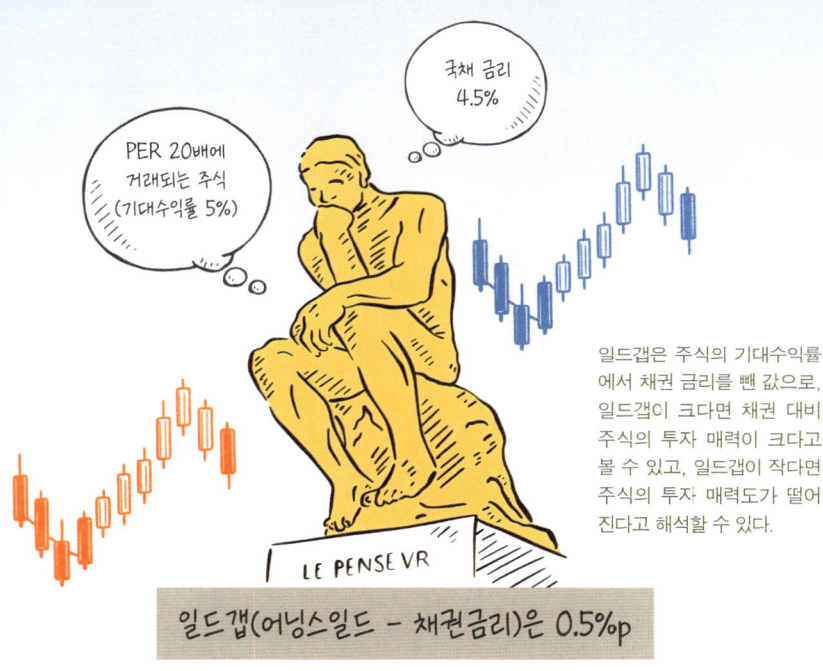

일드갭(어닝스일드 − 채권금리)은 0.5%p

상 무위험자산으로 간주되는 국채 금리가 4.5%라고 가정해 보자. 원금 손실 위험이 없는 채권으로 4.5%를 벌 수 있는데, 원금이 훼손될 수도 있는 위험자산인 주식의 기대수익률이 5%에 불과한 셈이다. 이때 이 주식의 투자 매력은 크지 않다고 볼 수 있다. 여기서 해당 주식에서 기대할 수 있는 배당은 고려하지 않았지만, 배당이 투자 의사결정에 중요한 요인이라면 배당수익률을 어닝스일드에 더한 뒤 판단하면 된다.

일드갭은 어닝스일드(주식의 기대수익률)에서 채권 금리를 뺀 값이다. 일드갭이 크다면 채권 대비 주식의 투자 매력이 크다고 볼 수 있고, 일드갭이 작다면 주식의 투자 매력도가 떨어진다고 해석할 수 있다.

일드갭으로 본 미국과 한국 증시의 투자 매력도

2025년 7월 말 기준 미국 S&P 500 지수의 PER은 23.5배이고, 여기에 내재된 주식의 기대수익률은 4.2%(=1/23.5)다. 반면 무위험자산인 10년 만기 국채수익률은 4.4%를 기록하고 있다. 주식의 PER이 상승하면서 기대수익률은 낮아진 반면, 인플레이션에 대한 우려로 금리는 크게 올랐다. 채권 이자율이 주식의 기대수익률을 웃도는 역전 현상이 발생한 것이다. 이는 현재 미국 증시가 고평가되어 있을 가능성을 시사한다.

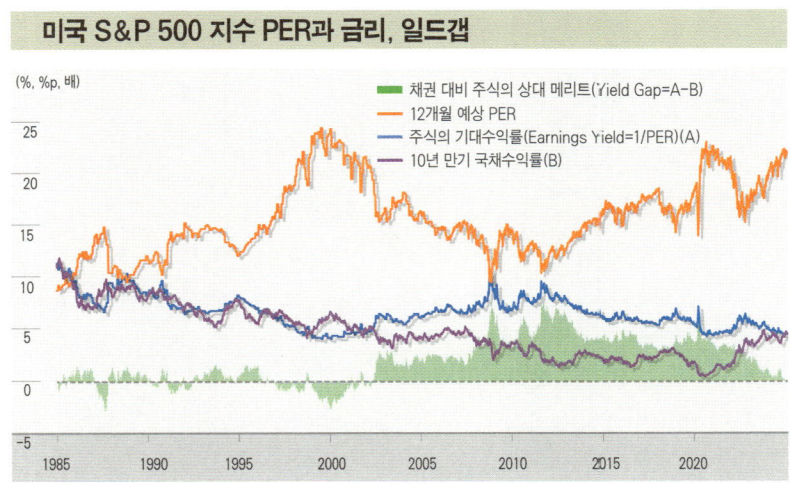

미국 S&P 500 지수 PER과 금리, 일드갭

* 자료 : Bloomberg, 신영증권 리서치센터

2025년 7월 말 기준, 미국 S&P 500 지수의 PER은 23.5배로 기대수익률은 4.2%이며, 10년 만기 국채수익률은 4.4%다. 주식의 기대수익률이 채권 이자율보다 낮아, 현재는 주식의 투자매력도가 떨어지는 상황이다.

1999~2000년 닷컴버블 때도 일드갭이 마이너스인 상태가 상당 기간 지속된 바 있다.

일드갭으로 추정해 본 한국 증시의 투자 메리트는 미국과 반대다. 역시 2025년 7월 말 기준 코스피의 PER은 10.6배로, 여기 내재된 기대수익률은 9.4%(=1/10.6)에 달한다. 3년 만기 국고채 수익률은 2.46%로, 어닝스일드(PER의 역수)에서 금리를 차감한 일드갭은 6.9%p에 달하고 있다. 카드 버블이 붕괴됐던 2003~2004년과 코로나19 팬데믹 직후였던 2020년 다음으로 높은 일드갭이다. 코스피가 3000포인트대에 올라섰지만, 주식시장의 PER과 금리를 비교해 보면 아직 주가 상승 여력이 크다고 볼 수 있다.

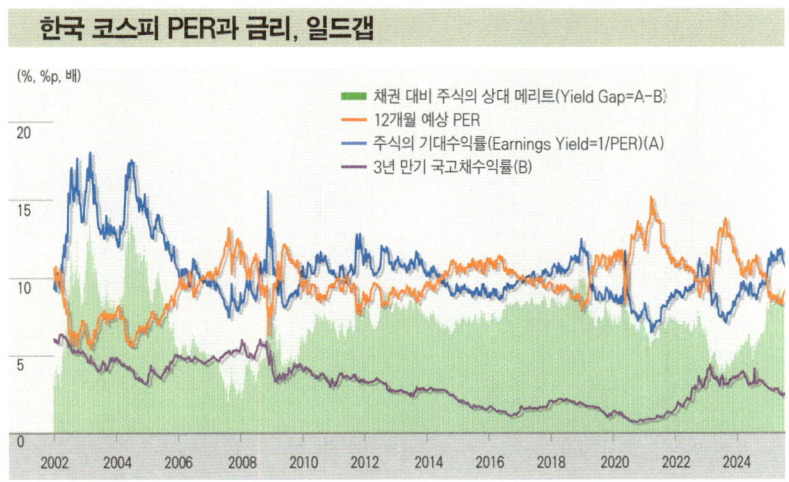

* 자료 : Wisefn, 금융투자협회

일드갭으로 추정해 본 한국 증시의 투자 메리트는 미국과 반대다. 2025년 7월 말 기준 코스피의 PER은 10.6배로 기대수익률은 9.4%에 달하며, 3년 만기 국고채 수익률은 2.46%에 불과하다.

버블을 정당화하기 위해 만들어진 지표

PSR과 PDR

PER처럼 자주 사용되지는 않지만, 성장주의 적정 주가를 가늠하는 데 종종 활용되는 지표가 PSR(Price Sales ratio : 주가매출액비율)이다. PSR은 주가를 주당매출액(SPS : Sales Per Share)으로 나누거나, 간단하게 시가총액을 매출액으로 나눠 계산한다. 주가가 매출액 대비 저평가받는지 고평가받는지를 판단할 수 있다. 그러나 PSR은 불완전한 지표다. 주주 관점에서 기업 활동의 궁극적인 목표는 높은 매출이 아니라 이익 창출이기 때문이다.

매출은 손익계산서의 출발점이기는 하지만 온전히 주주들에게 귀속되는 항목이 아니다. 매출에서 여러 가지 항목의 비용을 차감해야 주주에게 돌아가는 몫인 당기순이익이 나온다. 임금·원재료비·임대료 등은 생산 요소를 제공한 경제 주체들에게 돌아가는 몫이고, 이자 비용은 자본을 빌려준 경제 주체가 가져갈 몫, 세금은 정부가 거둬가는 몫이다.

주주 입장에서 이 모든 항목은 비용이다. 즉, 매출에는 주주뿐만 아니라 노동자, 원재료 공급자, 채권자, 정부 등 다양한 이해관계자의 몫이 혼재되어 있다. 주주에게 전적으로 귀속되지 않는 매출을 기반으로 기업의 가치를 평가하기 때문에 PSR에는 논리적 결함이 있다.

PSR이 아니면 설명할 수 없는 아마존 주가

논리적 결함에도 불구하고 PSR이 여전히 사용되는 이유는, 성장산업에 속한 신생 기업들을 평가할 수 있는 마땅한 방법론이 없기 때문이다. 미국 아마존(Amazon) 사례는 PSR의 유용성을 잘 보여준다.

아마존은 1995년 설립 이후 8년 연속 적자를 기록했다. 2003년에 이르러서야 비로소 흑자로 전환했지만, 시장에서 형성된 높은 주가를 설명하기에는 이익의 규모가 턱없이 작았다. 2025년 7월 현재, 아마존은 각 사업 영역에서 높은 시장점유율을 확보하고 있으며, 시가총액 기준으로 세계 4위에 오른 명실상부한 거대 기업이다. 그러나 현재 시점에서도 전통적인 밸류에이션 평가 방법론으로는 아마존 주가를 정당화하기 어렵다.

아마존의 2025년 예상 실적 기준 PER은 33배로, PER에 내재된 기대수익률(어닝스일드)은 3.0%에 불과하다. 전통적인 관점에서는 '버블'로 볼 수 있는 수준이다. 하지만 수년간 적자를 보더라도 끝내 해당 산업에서 승자가 되곤 했던 아마존의 역사를 보면, 현재의 수익 가치만으로 아마존을 평가하는 건 타당하지 않을 수 있다. 오히려 매출 증가 속도가 아마존의 성장 잠재력을 가늠하는 기준이 될 수 있다.

우리나라에서 PSR이라는 지표가 본격적으로 사용되기 시작한 것은 1990년대 후반 닷컴버블 때였다. 당시에는 새롭다 못해 신기한 비즈니스 모델을 가진 종목들이 우후죽순처럼 등장했다. 인터넷 광고를 보면 현금으로 보상하는 사업 모델을 가진 골드뱅크, 무료 인터넷 국제전화 서비스를 제공하던 새롬기술 등의 기업가치가 천정부지로 치솟았다. 이들 기업은 인터넷 시대의 총아가 될 것이라는 기대를 온몸으로 받았지만, 영업실적은 적자였다. 그럼에도 많은 투자자가 이들의 비즈니스 모델을 샀고, 비즈니스 모델의 성장성을 가늠하는 잣대는 '매출 발생 여부'였다.

그러나 닷컴버블 시대의 PSR 적용은 결국 비극으로 끝났다. 투자자들이 높이 평가했던 비즈니스 모델에는 허점이 많았고, 기대했던 장기 성장은 실현되지 않았다. 성장이 정체된 수준을 넘어 많은 기업이 파산했다. 당시의 PSR은 터무니없는 버블을 정당화하기 위한 도구에 지나지 않았다.

PER 등과 같은 전통적인 밸류에이션 방법론에 비해 PSR은 완성도가 떨어지는 지표이기 때문에 남용해서는 안 된다. 예외적으로 PSR을 사용할 경우에는 비즈니스 모델에 대한 깊은 이해가 전제돼야 한다. 모든 기업의 가치평가에는 '기업이 영속적으로 생존(going concern)할 것'이라는 가정이 전제되어 있다. 당장은 적자를 내고 있어도 우수한 비즈니스 모델과 압도적인 시장 지배력을 통해 언젠가는 흑자로 전환될 것이라고 기대할 수 있어야만, PSR 적용이 정당화될 수 있다.

꿈의 크기에 투자한다, PDR

마지막으로 'PDR(Price to Dream Ratio)'이라는 개념을 소개한다. 2020년쯤 한국 증시에서 새롭게 회자된 개념으로, 무려 주가 '꿈' 비율이다. 사실 PDR이라는 용어가 쓰이기 시작한 데에는 필자도 어느 정도 기여(?)한 바가 있다.

코로나19 팬데믹 직후 주가가 가파르게 상승하던 2020년 6월, 필자는 오랜 지인이었던 한 경제신문의 증권부장과 통화를 했다. 당시는 미국에서 구글과 아마존, 한국에서 네이버와 카카오 등 PER, PBR 등 전통적인 밸류에이션 지표로 평가했을 때는 너무 비싼 종목들이 거침없이 오르고 있던 때였다. 필자는 기자에게 "투자자들은 당장의 수익으로 계측하기 힘든 꿈을 사고 있는 것 같습니다"라고 이야기했다. 다음날 그 신문은 PDR이라는 신조어를 만들어 1면에 실었다. PDR에 대한 세세한 설명은 없었지만, 앞으로의 성장에 대한 기대가 투영된 꿈을 사는 행위가 대중을 주식투자로 끌어들이는 중요한 동력 중 하나라는 점을 설명해 주기에는 충분한 기사였다.

기사가 나온 후에 한 달쯤 지나자, 모 증권사 리서치센터에서 PDR을 개념화한 분석보고서를 내놓았다. PDR의 분자인 주가(P)야 시장에서 결정되는 값이니 문제가 없고 꿈(D)을 어떻게 계측할 것인가가 관건이었는데, 이들은 PDR을 다음과 같이 정의했다.

> PDR = 시가총액 / (해당 기업이 포함된 전체 시장 규모 × 점유율)

특정 기업이 속한 산업의 성장성이 크면 그 시장에서의 점유율이 주가를 결정하는 핵심 요인이 될 수 있다는 논리가 담겨있는 계산식이다. 물론 성장산업의 규모를 측정하는 건 어려운 일이고, 그 산업에서 차지하는 점유율을 제대로 예측하기도 쉽지 않다.

결과적으로 PDR은 닷컴버블기의 PSR과 같은 운명을 맞이했다. 수익성이나 자산가치라는 전통적인 기준으로 주가의 적정성 여부를 판단한 것이 아니라, 천정부지로 치솟은 주가를 정당화시키기 위한 목적으로 고안된 혐의가 짙기 때문이다.

이밖에 PER과 더불어 전통적인 밸류에이션 방법론을 대표하는 PBR(Price to Book value Ratio ; 주가순자산비율)에 대해서는 16장에서 논의할 기회가 있을 것이다.

어떤 지표를 사용하든 현재 주식시장이 버블권역에 진입했는지, 아니면 나름 정당화될 수 있는 수준인지를 대략적으로 가늠할 수는 있을 것이다. 다만 이 정도로는 충분하지 않다. 설령 주식시장이 버블권까지

기업가치(시가총액)를 꿈으로 나눈 PDR은 2020년 하반기 전 세계적인 주가 폭등을 설명하는 키워드였다. 코로나19 팬데믹 직후 전통적인 기업가치 평가 지표인 PER이나 PBR만으로는 주가 상승을 설명할 수 없는 상황이 이어지면서 등장한 개념이다.

대표적 사례가 테슬라다. 테슬라는 2019년까지 적자를 기록하고 있었지만 연간 순이익이 수십조 원에 달했던 도요타를 넘어 세계 1위 자동차 기업에 올랐다. 전통적인 PER 기준으로는 설명할 수 없는 이 과열은, 투자자들이 테슬라의 미래 성장성에 대한 기대를 가격에 선반영한 결과였다.

상승했다고 하더라도 고평가 상태가 장기간 지속될 수 있고, 반대로 저평가로 볼 수 있는 수준까지 주가가 조정을 받았더라도 제값을 받지 못하는 고난의 시간이 기약 없이 길어질 수도 있다. 이 장에서 다룬 미국 증시 사례만 보더라도 버핏 지수나 일드갭 등의 잣대로 보면 버블로 볼 수 있는 소지가 있지만, 이런 상황이 장기화되고 있다.

투자에 진정 중요한 것은 '변곡점'을 인지하는 능력 아닐까. 다소 김을 빼는 말일 수 있지만, 안타깝게도 버블이 붕괴하기 시작하는 임계점을 사전에 정확히 알아내는 방법은 없다. 버블의 붕괴를 가져오는 계기는 정말 그때그때 다르다.

다음 장의 주제는 트리거(trigger)로 시장 전환의 도화선 역할을 하는 구체적인 사건이나 계기에 대해 살펴본다.

투자에 진정 중요한 것은 '변곡점'을 인지하는 능력 아닐까.
안타깝게도 버블이 붕괴하기 시작하는 임계점을
사전에 정확히 알아내는 방법은 없다.
만유인력의 법칙을 발견한 인류의 지성, 아이작 뉴턴조차
주식투자에서는 막대한 손실을 보았다.
버블의 한가운데 있던 물리학자는 이렇게 탄식했다.
"천체의 움직임은 계산할 수 있어도,
군중의 광기는 파악할 수 없다."

INSIGHT 9

투자는
공학이 아니다

> 미래를 내다보는 것은 거의 불가능하고,
> 현재의 경향이 지속된다고 볼 수도 없다.
> 우리가 예측할 수 있는 것은,
> 미래는 끊임없이 우리의 기대를
> 저버린다는 것이다.
>
> _ 마크 뷰캐넌(Mark Buchanan)

●●● 1987년 10월 19일, 역사에 '블랙먼데이'로 기록된 그날, 다우지수는 하루 만에 무려 22%나 폭락했다. 숫자만으로도 충격적이지만, 더 놀라운 것은 이 급락을 명확히 설명할 수 있는 이유가 없다는 점이다. 프로그램 매도, 인플레이션, 금리 인상 등 다양한 요인들이 주가 급락을 불러온 원인으로 거론되지만, 사상 최악의 주가 하락을 설명하기에는 충분하지 않다. 더 놀라운 사실은 이례적인 급락세를 나타냈던 주식시장이 곧바로 반등하기 시작했다는 점이다.

시장은 무엇에 놀랐고, 무엇에 안도했을까? 단기간에 수습될 이슈였다면 애초에 시장은 왜 폭락세를 나타냈을까?

이 장에서는 인과관계로 설명되지 않는 시장의 움직임을 물리학자의 시선으로 들여다보고자 한다. 겉으로는 평온하지만, 그 안에서는 긴장과 불균형이 서서히 축적되는 세계. 그런 상태에서는 아주 작은 파동 하나가 예기치 못한 격변을 불러일으킬 수 있다.

미래를 예측하려는 인간의 본능은 번번이 어긋난다. 그렇다면 예측 불가능한 시장 앞에서 우리는 어떤 태도를 가져야 할까.

미래는 우리의 기대를 저버린다

인과관계로 설명할 수 없는 1987년 블랙먼데이

"세계가 임계상태에 있다면 탐구해 볼만한 국지적인 원인이 있고, 정치와 사회적인 힘이 여기저기서 역사적 변화를 만들어가는 것에 그럴듯하게 의미를 부여할 수 있다. 그러나 어떤 특정한 사건이 궁극적으로 어떤 일을 일으킬지는 '불안정성의 고리'가 세계를 어떻게 누비고 있는지에 달려 있다. 따라서 미래를 내다보는 것은 거의 불가능하고, 현재의 경향이 지속된다고 볼 수도 없다. 우리가 예측할 수 있는 것은, 미래는 끊임없이 우리의 기대를 저버린다는 것이다."

물리학자 마크 뷰캐넌(Mark Buchanan)의 주장이다. 뷰캐넌은 과학 분야의 세계적인 학술지「네이처(Nature)」의 편집장을 역임하기도 했으니, 과학계의 셀럽으로 부를 수 있는 인물이다. 학문적 배경은 이론물리학에 있지만, 그의 주요 관심사는 물리학의 방법론을 경제학이나 사회현상

분석에 적용하는 것이다. 주가 전망을 비롯해 지진, 산불, 전쟁 등 다양한 영역에서 이뤄지는 '예측 행위' 자체에 대해 비판적이고 통찰력 있는 견해를 제시해 왔다.

임계상태만 짐작할 수 있을 뿐 트리거는 알기 힘들다

뷰캐넌은 거대한 변화가 단순한 우연에 의해 발생하지 않는다고 주장한다. 변화에는 반드시 그를 유발하는 원인이 존재한다는 것이다. 이런 주장은 늘 인과관계를 찾고자 하는 일반적인 사고방식에 부합한다. 예를 들어 '금리 상승은 성장주에 악재다'라는 명제는 나름의 인과관계를 담고 있다. 금융시장의 화법이 대부분 이렇다. 그러나 뷰캐넌의 주장은 그리 단순하지 않다.

뷰캐넌은 '임계상태(critical state)'라는 개념을 강조한다. 임계상태는 '어떤 거대한 변화가 나타나기 위한 조건' 혹은 '큰 변화가 나타나기 직전의 팽팽한 긴장 상태' 정도로 이해할 수 있다.

1914년, 제1차 세계대전이 발발하기 직전의 유럽을 떠올려보자. 일반적으로 이 전쟁의 도화선은 사라예보에서 벌어진 오스트리아 왕세자 부부의 암살 사건으로 알려져 있다. 당시 왕세자 부부가 탄 자동차는 길을 잘못 들어 좁은 골목으로 들어섰고, 우연히 그곳에는 세르비아 민족주의 비밀결사단체 '검은 손'의 단원이 대기하고 있었다. 그는 곧바로

1914년 6월 28일, 오스트리아 제국의 황태자 부부가 보스니아의 수도 사라예보에서 세르비아 민족주의자에게 암살당했다. 이 사건은 오스트리아의 보스니아 병합에 반발하던 세르비아계 주민들의 저항이 배경이었다. 당시 보스니아에는 세르비아계, 크로아티아계, 무슬림 보스니아인 등 다양한 민족이 공존했는데 세르비아계 주민 다수는 세르비아 왕국과의 통합을 원하고 있었다. 암살은 황태자 부부가 탄 차량이 우연히 잘못된 경로로 진입하면서 발생했지만, 이를 계기로 오스트리아는 세르비아에 전쟁을 선포했고, 동맹국 간의 충돌로 이어지며 제1차 세계대전이 발발했다.
그림은 1914년 7월 12일자 이탈리아 신문 「라 도메니카 델 코리에레(La Domenica del Corriere)」에 실린 사라예보 사건을 묘사한 삽화.

충격을 가했고, 이 사건은 전 세계를 전쟁의 소용돌이로 몰아넣는 방아쇠가 되었다. 사망·실종자 수가 1700만 명에 달했던 제1차 세계대전은 정말 그날 사라예보의 '우연'에서 비롯된 것일까? 만약 왕세자 부부의 차량이 길을 잘못 들지 않았다면, 인류는 그 참혹한 전쟁을 피할 수 있었을까?

뷰캐넌은 단호하게 "노(no)"라고 주장한다. 제1차 세계대전의 직접적인 발발 원인(트리거)은 왕세자 부부 암살 사건이었지만, 당시 유럽은 이미 전쟁이 불가피한 임계상태에 놓여 있었다는 것이다. 그는 19세기 독일 통일 이후 프로이센의 확장 정책이 유럽 전역의 긴장을 극도로 고조시켰기 때문에, 사라예보의 비극이 아니었더라도 전쟁은 결국 발발했을 것이라고 주장한다.

지진도 마찬가지다. 뷰캐넌은 지각판이 서로 깊게 맞물려 임계상태에 도달해 있으면 아주 작은 자극에도 큰 지각 균열이 발생할 수 있다고 말한다. 흥미로운 사실은 그가 임계상태에서 구체적인 변화를 촉발하는 '트리거'를 사전에 알기 어렵다고 주장한다는 점이다.

주가 전망을 비롯한 대부분의 예측 행위는 트리거를 찾는 데 초점이 맞춰진다. '연준이 금리를 올리면', '물가가 너무 높게 나오면', '트럼프가 관세를 올리면' 등등의 예측들은 모두 변화를 일으키는 트리거에 집중하는 화법들이다. 그러나 뷰캐넌은 임계상태를 인지(자연과학의 경우)하거나, 유추(사회적 현상일 경우)할 수 있을 뿐 구체적인 변화를 일으키는 트리거를 정확히 알기는 어렵다고 주장한다.

지진 역시 지각판 사이에 축적된 긴장 상태를 통해 임계상태에 근접했는지는 추정할 수 있지만, 실제 지진이 언제 발생할지는 예측할 수 없다고 말한다. 어떤 경우에는 지각판 부근에 강한 물리적 충격이 가해져도 지진이 일어나지 않는 반면, 또 다른 때는 모랫더미가 무너지는 정도의 미세한 자극으로도 큰 지진이 발생한다는 것이다.

실제로 미국 지질연구소의 홈페이지에는 다음과 같은 문구가 있다. "미국 지질연구소를 비롯한 어느 과학자도 대규모 지진을 예측한 적은 단 한 번도 없다. 또한 누구라도 앞으로 얼마나 더 시간이 흘러야 지진을 예측할 수 있을지 전혀 알지 못하고, 또 그럴 가능성도 없다고 생각한다."

1987년 10월 블랙먼데이를 촉발한 '무언가'

주가를 분석하는 입장에서 뷰캐넌의 주장은 깊은 공감을 불러일으킨다. 1987년 10월의 블랙먼데이는 미국 증시 역사상 일일 주가지수 하락률이 가장 컸던 날이었다. 다우지수가 하루 동안 22%나 급락했다. 하지만 이처럼 급격한 주가 하락을 설명할 만한 뚜렷한 이유를 찾기 어렵다. 혹자는 프로그램 매매 때문이라고 하고, 혹자는 당시 불거진 인플레이션에 따른 장기금리 급등을 원인으로 지목한다. 또한 1987년 미국·일본·독일·프랑스·영국 5개국의 내수 부양 합의였던 루브르 합의 이후, 글로벌 공조 체제에 균열이 생긴 것이 배경이라고 주장하는 이도 있다.

주식시장에서는 주가가 오를 때나 떨어질 때나 그 이유를 찾아 인과관계라는 우리에게 익숙한 패턴으로 현상을 이해하려 한다. 그렇기에 사상 최악의 주가 급락 사태인 블랙먼데이를 설명하는 데 있어 권위 있는 해석이 없다는 점이 놀랍게 느껴진다.

명백한 원인이 있었지만 우리가 그것을 인지하지 못할 따름이라는 주장도 가능하다. 그러나 사상 최악의 주가 폭락 이후 미국 증시가 곧바로 상승세로 반전됐다는 사실을 감안하면, 단 하루에 주가를 22%나 끌어내릴 만큼 설득력 있는 '무언가'를 찾아내는 건 쉬운 일이 아니다. 곧바로 상승세로 반전될 '일시적 주가 교란'이 '사상 최악의 주가 폭락'으로 나타났다는 설명은, 납득하기 어렵다.

1987년 10월 19일, 이른바 '블랙먼데이'에 다우지수는 하루 만에 무려 22% 폭락했다. 미국 증시 역사상 가장 큰 일일 하락률이었지만, 당시 이를 명확히 설명할 수 있는 뚜렷한 원인은 존재하지 않았다. 마크 뷰캐넌의 관점에서 보자면, 이는 복잡계로서의 시장이 임계상태에 도달한 결과다. 시장은 겉보기에 평온해 보이더라도, 내부에 쌓인 긴장이 어느 순간 갑작스럽게 폭발하며 극적인 변화를 초래할 수 있다. 사진은 「Daily News」 1987년 10월 20일자 1면.

1987년 10월의 블랙먼데이는 프로그램 매매, 금리 상승, 루브르 합의 이후의 정책 혼선 등 다양한 원인이 거론되지만, 결정적인 원인은 규명되지 않았다. 과도한 주가 상승과 낙관론이 누적된 임계상태에서 작은 자극이 폭락을 촉발했다는 분석도 있다.

어쩌면 1987년 블랙먼데이는 앞서 언급한 여러 요인이 복합적으로 작용한 결과였을지도 모른다. 하지만 뷰캐넌의 시각으로 보자면 '작은 변화로도 주가 급락이 촉발될 수 있는 임계상태가 조성돼 있었기 때문에 주가가 폭락했고, 구체적인 원인(트리거)은 중요하지 않다' 정도로 블랙먼데이를 설명할 수 있을 듯하다.

이런 관점을 투자에 적용해 보면 우리는 주가가 격변할 수 있는 제반 상황(임계상태)에 대한 견해를 가질 수 있을 뿐, 변화를 직접적으로 불러오는 트리거는 알 수 없다. 그렇다면 블랙먼데이 직전, 시장은 어떤 임계상태에 놓여 있었을까? 1982년 이후 5년 연속 주가 상승에 따른 가격 부담과 미국 경제에 대한 과도한 낙관론이 시장 전반에 퍼져 있었다.

격변의 시그널

큰 변화 직전에 나타나곤 했던 대중의 쏠림

돌이켜 보면 전쟁이나 주가 급등락처럼 사회적 격변이 일어나기 직전에는 대중들의 과도한 쏠림이 나타나곤 했다. 제1차 세계대전 직전의 유럽이 그랬다. 보불 전쟁이 끝난 1871년부터 제1차 세계대전이 발발했던 1914년까지의 시기는 '벨 에포크(Belle Époque)'라고 불렸다. 말 그대로 '아름다운 시대'라는 뜻이다. 당시 유럽 사회에는 낙관론이 흘러넘쳤다. 무엇보다도 전쟁의 공포가 사라졌다고 믿었다. '100년 전쟁', '40년 전쟁' 등 늘 전쟁이 끊이지 않았던 유럽 땅에서 40여 년 동안 전쟁이 없었다. 유럽인의 후예들이 개척한 신대륙 아메리카에서도 1865년 남북전쟁을 끝으로 대규모 전쟁은 자취를 감췄다. 그들에게는 인류 역사상 유례없는 평화의 시대였다.

그때는 몰랐을 한여름 밤의 꿈

경제적으로는 세계화가 빠르게 진전됐다. 19세기는 '1차 세계화'의 시기로, 유럽 제국주의 국가들이 주도한 세계화였다. 개별 국가의 자율성 아래 진행된 수평적 세계화가 아니라, 무력을 동반한 수직적 세계화였다. 그럼에도 불구하고 경제적으로 단단한 분업구조가 형성되었다. 물론 유럽인들에게 수탈당한 아시아와 아프리카 민중들에게는 부당한 질서였지만, 식민지 모국에는 참으로 유리한 밸류체인이 만들어졌다. 영국은 심지어 중국에 아편까지 판매하지 않았던가.

기술적으로는 '대발명의 시대'였다. 벨 에포크 시대에 전기, 전화, 자동차, 비행기 등이 처음으로 선을 보였다. 요즘 회자되는 '4차 산업혁명'과 비교해도 손색없을 정도로, 당시의 기술혁신은 근대 문명의 기반을 뒤바꾼 위대한 전환점이었다.

등이 따시면 정신적으로도 풍요로워지는 법이다. 르누아르와 마네, 모네, 세잔 등의 화가들이 대거 등장했고, 에밀 졸라와 모파상 등이 필명을 떨쳤다. 드뷔시, 라벨, 스트라빈스키 등의 음악가 역시 이 시대를 대표하는 인물이다.

이 시기는 또한 만인지상의 왕이 지배하는 왕정이 아니라, 프랑스 대혁명 이후 자리 잡아가고 있던 공화정의 시대이기도 했다. 19세기 후반에 프랑스 공화주의자들은 연대의 표시로 자유의 여신상을 제작해 미국에 선물했다.

서구인들의 꿈은 제1차 세계대전으로 산산이 깨졌다. 결과적으로 40여 년간 이어졌던 벨 에포크는 '한때의 특수한 경험'에 불과했지만, 당시 사람들은 그것을 새로운 항구적 질서로 여겼다. 이를 두고 서구인들이 무지했다고 단정할 수는 없다. 인간이 가질 수 있는 사고의 범위는 대체로 경험칙에서 크게 벗어나기 어렵기 때문이다. 40년은 한 세대에 해당하는 시간이다. 한 세대에 걸쳐 지속된 질서는 동시대인들에게 영속적인 것으로 받아들여져도 전혀 이상할 게 없다. 벨 에포크가 짧은 '한때의 꿈'에 그쳤다는 평가는 사후적으로 내려진 결과론일 뿐이다.

1929년 대공황 직전에는 미국 경제학자 어빙 피셔(Irving Fisher)가 "미국 주가가 더 이상 떨어지지 않을 고공권에 올라섰다"라고 주장하며 강한 낙관론을 펼쳤다.

앞서 살펴본 1973년 미국 성장주의 대표주자였던 니프티 피프티가 몰락하기 직전에도 이들 종목에 대한 과도한 낙관론이 팽배했다. 이들을 'One decision stock'이라고 불렀는데, 비즈니스 모델이 너무도 탁월해서 이들 주식을 한 번 사면 팔지 않고 계속 보유해야 한다는 믿음이 반영된 명칭이었다.

닷컴버블 붕괴 직전에는 주식시장이 추가적으로 급등할 것이라고 주장한 『다우 36000(Dow 36000 : The New Strategy for Profiting from the Coming Rise in the Stock Market)』이라는 책이 나왔다. 당시 다우지수는 1만 5000포인트선이었다. 결과적으로 다우지수는 3만 6000포인트대에 도달했지만, 그 시점은 책이 나온 후 22년이 지난 2021년이었다.

1987년 블랙먼데이도 마찬가지다. 플라자합의 이후 미국 경제에 대한 자신감이 커졌던 시기에 나타났던 주가 급변이었다. 당시 미국 경제는 '사업재조정(Restructuring)·인수·합병(M&A)·구조조정(Downsizing)' 등의 기업 혁신이 활발히 이루어지며 장기 낙관론이 힘을 얻고 있었다.

모두가 한 방향을 바라보고 있고, 주가도 이를 반영해 장기간 상승했다면 그러한 흐름에 반하는 소수의견을 갖는 건 매우 어려운 일이다. 주가가 상승하는 동안 경계심을 갖고 있더라도, 주가가 조정 없이 계속 올라가면 비관론자들도 항복하고 매수에 가담하곤 한다. 그렇지만 역설적으로 비관론이 사라진 상황에서 주가는 새로운 방향으로의 운동을 예비하는 임계상태에 도달하곤 한다. 인간 세상에서 임계상태는 하늘에서 뚝 떨어지는 게 아니라 역사가 누적돼 만들어진다. '작용과 반작용', '달도 차면 기운다', '산이 높으면 골이 깊다' 같은 격언들은 임계상태가 어떻게 형성되는지, 그리고 예측할 수 없는 트리거의 발현 전과 후의 상황을 함축적으로 보여준다.

조지 소로스와 찰리 멍거가 말하는 버블

이 장에서의 논의는 자칫 잘못하면 허무주의나 체념으로 오독될 위험이 있다. 임계상태에 도달했다고 해서 곧바로 격변이 일어나는 것은 아니다. 예를 들어 주식시장에서의 임계상태는 버블의 형성이라고 말할 수 있다. 다만 버블을 정확히 계측하는 것도 불가능하고, 버블이 형성됐다고 해서 곧바로 버블이 터지는 것도 아니다. 주식시장의 버블은 몇 년간 지속될 수도 있다.

그렇다면 우리는 어떻게 대응해야 할까? 정답은 없다. 다만 지금의 상황이 무한히 지속될 것이라고 확신하기보다는 작은 트리거 하나로도 큰 변화가 일어날 수 있다는 인식을 갖는 편이 더 좋을 것이다. 또한 내 자산의 많은 부분을 임계상태가 의심되는 영역에 투자하지는 않는 게 중요하다. 이 세상에는 우리가 모르는 영역(특히 변화를 불러오는 구체적 트리거)이 존재할 수 있음을 늘 염두에 두어야 한다.

버블에 대해 대조적인 태도를 가지고 있는 두 명의 투자 거장이 있다. 조지 소로스(George Soros)는 "버블을 이용하자"고 조언하는 반면, 찰리 멍거(Charles Munger)는 "버블에 가까이 가지 말라"고 경고한다. 버블에 대한 접근 방식은 다르지만, 두 사람은 중요한 인식을 공유한다. "버블의 붕괴 여부나 시점을 미리 정확히 알 수 있다고 믿어서는 안 된다"는 점이다.

먼저 조지 소로스의 견해를 살펴보자. 앞서 버블은 '가치'를 넘어서는 '가격'이라고 논의했다. 그렇지만 소로스는 가치라는 개념 자체를 부정한다. 가격이 가치에 수렴해 있는 상태를 '균형'이라고 부르지만, 소로스는 균형이라는 개념이 금융시장에는 적용되지 않는다고 주장한다. 대신 시장은 사람들이 생각하는 '균형상태(steady state)'를 그대로 통과하여 한쪽 극단에서 다른 쪽 극단으로 움직이는 경향이 있다고 본다. 따라서 소로스는 시장에서 승자가 되고 싶다면 서서히 형성되어가는 추세를 주시하다가 그 흐름에 올라탄 뒤에 적절한 시점에 빠져나와야 한다고 말했다.

소로스가 버블에 대해 직접적으로 언급한 것은 아니지만, 자산 가격이 극단적으로 상승하는 국면은 후에 버블로 이름 붙여지곤 한다. 사실 많은 사람들이 소로스처럼 투자한다. 가격의 움직임은 그 자체로 투자자들에게 가장 큰 영향을 미친다. 문제는 소로스처럼 적절한 시점에서 빠져나오는 데 실패한다는 점이다. 상승 흐름에 올라타는 것은 쉽지만, 그 흐름에서 빠져나올 정확한 타이밍을 잡는 것은 대다수 투자자에게 어려운 일이다.

찰리 멍거의 생각은 다르다. 그는 어떤 기업이 다른 기업보다 더 나은 사업을 보유하고 있는지 판단하는 것은 어렵지 않지만, 대체로 그런 기업은 주가가 너무 높아서 주가가 적정한지 제대로 판단하는 것은 쉽지 않다고 말한다. 그래서 그는 투자 의사 결정의 98%에 대해 불가지론(不可知論)적 태도를 취한다고 밝힌 바 있다. 그가 말하는 불가지론은 '틀렸다'가 아니라 '모른다'는 인식이다. 굳이

> 조지 소로스는 시장이 본질적으로 비합리적이며, 균형보다는 극단으로 움직이는 경향이 있다고 보았다. 그는 버블을 회피하기보다는 적극적으로 활용해야 한다고 강조했다. "버블을 이용하라"는 그의 말은, 버블 속에서 형성되는 추세를 읽고 기회를 포착한 뒤, 적절한 시점에 과감히 빠져나오라는 전략적 조언이다.

모르는 영역에서, 즉 자신이 우위를 갖지 못하는 영역에서 게임을 할 필요가 없다는 것이 멍거의 생각이다.

멍거의 오랜 동반자 워런 버핏의 말도 이와 맥을 같이한다. "우리는 2미터 높이의 장대를 뛰어넘으면서 돈을 번 것이 아니라 20센티미터의 바를 실수 없이 넘으며 돈을 벌었다." 이는 잘 모르는 투자 대상에 대해서는 불가지론적 태도를 견지하고, 잘 아는 투자 대상에서 기회가 왔을 때 그것을 놓치지 말아야 한다는 주장이다.

모든 것을 아는 사람은 없다. 그리고 주식투자란 모든 것을 알아야만 이길 수 있는 게임도 아니다. 오히려 중요한 것은 자신의 앎의 한계를 인정하고, 그 한계 안에서 포지션을 잡아나가는 태도다. 아무리 생각해봐도 투자는 100% 인과율이 작동하는 공학이 아닌 것 같다. 인간이라고 하는 복잡하면서도, 불안정한 존재가 모여서 만들어지는 금융시장을 모든 경우에 들어맞는 방정식으로 환원하고자 하는 욕망은 실현되지 못할 미망으로 끝날 따름이다.

애초부터 인간의 한계와 시장의 비합리성을 염두에 둔 투자 방법론도 있다. 바로 다음 장에서 다룰 '가치투자'다.

> 찰리 멍거는 예측 불가능한 버블에 휘말리지 않기 위해 애초에 "버블에 가까이 가지 말라"고 경고한다. 그는 자신이 이해하고 우위를 가질 수 있는 영역에서만 투자해야 한다고 믿는다. 버블은 주가가 과도하게 높아져 합리적인 판단이 어려운 상태이기 때문에, 그런 환경에서는 아예 의사결정을 유보하는 것이 바람직하다는 견해다.

INSIGHT **10**

투자하지 않는 것도 투자다
: 가치투자자의 사고법

> 전문가가 아니어도 만족스러운
> 투자수익을 얻을 수 있습니다.
> 그러나 자신의 한계를 인정하고
> 자신이 잘할 수 있는 확률 높은 방법을
> 선택해야 합니다.
> 일을 단순하게 유지해야 하며,
> 일확천금을 노려서는 안 됩니다.
> 누군가 '즉시' 이익을 내주겠다고
> 약속하면 '즉시' 거절하십시오.
>
> _ 워런 버핏(Warren Buffett)

●●● '오마하의 현인'으로 불리는 워런 버핏은 가치투자를 대표하는 인물이다. 워런 버핏의 자산은 3866억 달러(이하 2025년 8월 1일 기준)로, 원화로 환산하면 498조 원에 달하는 막대한 규모다. 버핏의 보유 자산 규모는 실시간으로 확인할 수 있는데, 그의 재산이 대부분 '버크셔 해서웨이(Berkshire Hathaway)'라는 상장회사의 주식으로 구성되어 있기 때문이다. 버크셔 해서웨이의 주가는 71만 1480달러, 원화 기준으로는 한 주에 무려 9억 8845만 원에 이른다. 세계에서 가장 비싼 '황제주'이고, 시가총액은 9862억 달러로 세계 9위다. 버크셔 해서웨이의 시가총액 규모는 한국 최대 기업인 삼성전자를 네 개 살 수 있을 정도로 거대하다. 버핏은 버크셔 해서웨이의 최대주주로, 지분 36.3%를 보유하고 있다.

테슬라 대주주인 일론 머스크(Elon Musk)를 비롯해 버핏보다 더 많은 재산을 보유하고 있는 사람도 있지만, 버핏은 오직 주식투자만을 통해 부를 일궜다는 점에서 다른 부자들과 다르다. 일론 머스크와 마이크로소프트 창업자 빌 게이츠(Bill Gates) 등은 위대한 기업을 창업해 부를 쌓았지만, 버핏은 오직 주식 매수를 통해 거부가 되었다.

이번 장에서는 버핏의 사례를 중심으로, 방법론으로서의 '가치투자'에 대해 살펴볼 것이다. 단순히 '싸게 사서 비싸게 판다'는 원칙을 넘어서, '앎'에 대한 태도, 기업을 바라보는 관점, 시장에 대한 인식 등에서 버핏의 투자는 가치투자의 정수라 불릴만하다. 가치투자에 내재돼 있는 철학은 단순한 투자론을 넘어 인생을 잘 살아가기 위한 덕목으로서도 충분히 되새길만한 가치가 있다.

불완전함을 인정하는
겸손의 철학

가치투자를 관통하는 키워드

1930년생인 워런 버핏은 열두 살부터 주식투자를 시작한 이른바 '투자 신동'이었다. 증권사에서 일하던 아버지의 영향을 받아 어린 나이에 숫자와 시장에 매료되었고, 그 이후로 80년 넘는 세월을 오직 투자자로 살아왔다.

버핏에게 지대한 영향을 미친 두 인물이 있다. 한 명은 가치투자의 초석을 세운 벤저민 그레이엄(Benjamin Graham), 그리고 다른 한 명은 1957년 처음 만나 평생을 교류해 온 '소울 프렌드' 찰리 멍거(Charles Munger)다. 버핏의 투자 철학은 이 두 사람과의 만남을 통해 뼈대를 세우고, 시간이라는 연료를 통해 견고하게 다듬어졌다.

그레이엄과 버핏은 사제지간이다. 그레이엄은 투자자이면서 동시에 대학에서 강의한 교수였는데, 버핏은 그레이엄이 재직하고 있는 컬럼비

아대학 MBA 과정에 진학해 그레이엄으로부터 수업을 들었다. 또한 졸업 후에는 그레이엄이 경영하던 자산운용사인 '그레이엄-뉴먼'에서 직원으로 일했다. 버핏의 투자 스타일은 그레이엄으로부터 큰 영향을 받았다.

투자와 투기를 나누는 기준, 깊이 있는 '앎'

'가치투자의 아버지'로 불리는 그레이엄은 『증권분석』(1934)과 『현명한 투자자』(1949)라는 기념비적인 저서를 세상에 내놓았다. 그는 이 책들에서 투자와 투기를 다음과 같이 구별했다. "투자는 철저한 분석을 통해 원금의 안전과 충분한 수익을 약속받는 행위이고, 이 요건을 충족하지 못하면 투기다."

'원금의 안전과 충분한 수익을 약속받고자 함'은 투자라는 이름을 걸고 나타나는 모든 행위에 내재돼 있는 희망 사항이다. 따라서 그레이엄의 생각은 '철저한 분석'에 초점이 맞춰져 있다고 볼 수 있다. 즉 그레이엄은 투자 대상에 대한 깊이 있는 '앎'의 유무가 투자와 투기를 나누는 기준이 된다고 본 것이다.

주식투자에 있어서 앎이란 기업이 가진 내재가치에 대한 깊은 이해다. 내재가치는 그 기업이 보유하고 있는 (현재의) 자산가치와 향후 벌어들일 것으로 기대되는 (미래의) 수익가치의 조합과 다르지 않다.

그레이엄은 여기에 더해 두 가지 중요한 개념을 제시했다. 바로 '미스터 마켓(Mr. Market)'과 '안전마진(safety margin)'이다. 그는 시장이 늘 합리적으로 움직이는 것은 아니라는 점을 강조하기 위해 미스터 마켓이라는 개념을 제시했다. 미스터 마켓이라는 가상의 인물은 어떤 날은 터무니없이 높은 가격에 주식을 팔겠다고 제안하고, 어떤 날은 지나치게 낮은 가격에 팔겠다고 제안하는 일관성이 없는 존재다. 투자 대상의 본질적인 내재가치 변화와는 무관하게 말이다.

그레이엄은 불특정 다수의 대중이 모여 시장을 구성하는데, 이들 불특정 다수의 투자자는 '욕심'과 '공포'라는 감정에 휘둘리는 불완전한 존재들이라고 보았다. 따라서 시장에서 결정되는 가격에 늘 합리성이 투영돼 있는 것은 아니라고 봤다. 그는 때때로 비합리성을 표출하곤 하는 시장을 의인화해 미스터 마켓으로 표현했다.

이런 관점은 1980년대 이후 시장의 전능함을 강하게 설파했던 '합리적 기대 이론'이나 '효율적 시장 가설' 등 주류 경제학의 입장과 대척점에 서는 주장이었다. 반면 인간의 심리와 행동이 경제 현상에 미치는 영향을 탐구하는 '행동경제학'의 성과와는 조응하는 측면이 있다.

그레이엄은 조울증 환자처럼 들쑥날쑥 움직이는 주가를 맞추려고 노력하는 것은 무망한 일이라고 봤다. 그래서 가늠하기 힘든 주가가 아닌 투자 대상에 대한 깊이 있는 이해가 중요하다는 점을 강조했다. 그의 말처럼 '철저한 분석'을 통해 기업의 적정가치에 대한 확고한 의견을 가지고 있으면, 오히려 미스터 마켓을 이용할 수 있다. 시장이 울증에 빠져 주가가 과도하게 하락하면 저가 매수의 기회가 생기고, 반대로 조증에 빠져 지나치게 오르면 유리한 가격에 주식을 팔 기회를 잡을 수 있는 것이다. "타인이 두려워할 때 욕심을 부리고, 대중이 욕심을 낼 때 두려워하십시오." 그레이엄의 제자 버핏이 남긴 말로, 스승의 투자 철학을 가장 명쾌하게 요약한 표현이다.

변동성은 위험이 아니라 기회

가치투자에는 '장기투자'라는 개념이 내재돼 있다. 주가(이는 객관적 실재다)가 내재가치(이는 주관적 추정이다)보다 낮게 형성돼 있다고 판단하는 것은 투자자 스스로가 할 수 있는 영역이다. 그러나 울증에 빠져있는 다수 대중이 그 기업의 진정한 가치를 언제 알아줄 것인가라는 문제는 투자자가 알 수 없는 영역이다. 그 종목이 저평가돼 있다는 투자자들의 컨센서스가 있어야만 주가와 내재가치의 괴리가 축소될 수 있다. 하지만 불특정 다수 투자자의 총합인 미스터 마켓이 언제 그런 컨센서스를 도출할지는 누구도 알 수 없다.

따라서 가치투자에서의 '기다림'은 단지 장기투자가 좋다는 당위적인 믿음에서 비롯된 것이 아니다. 오히려 대중의 마음을 투자자가 계산할 수 없기 때문에 기다림의 시간이 필요하다고 보는 것이다. 그래서 가치투자는 주가가 올라갈수록 더 끌리는 대부분의 투자 행위, 즉 모멘텀투자와 대척점에 서 있다. 시장의 울증에 편승해 주식을 매수하는 가치투자자의 행위는 시세를 거스르는 역행적 투자에 가깝다.

변동성(volatility)에 대한 가치투자자의 관점도 주류 재무이론과는 결을 달리한다. 주류 재무이론에서는 변동성을 곧 리스크(위험)로 간주한다. 여기서 말하는 주가 변동성이란 시장(주가지수)의 등락과 개별 종목 주가 변화의 괴리 정도(분산 또는 표준편차)를 의미한다. 이러한 관점에는 시장의 전능성에 확신을 가진 효율적 시장 가설의 지적 세례가 묻어나 있다. 또한 분산이나 표준편차는 실제로 측정 가능한 값이기 때문에 재무학자들이 리스크의 대체 개념으로 채택한 측면도 있다.

효율적 시장 가설은 모든 시장 참여자의 견해가 반영된 시장은 비교적 합리적인 결정을 내리기 때문에 어떤 투자자도 장기적으로 시장을 이기기 어렵다고 본다. 따라서 완전체에 가까운 존재로 여겨지는 시장보다 더 나은 성과를 내기 위해서는 과도한 위험을 감수할 수밖에 없다고 봤다. 이러한 배경에서 효율적 시장 가설은 시장이 나타낸 성과와의 괴리를 보여주는 주가 변동성을 위험으로 해석했다.

가치투자자들 역시 주가의 등락은 사전에 알 수 없다고 본다. 다만 시장이 늘 합리적으로 가격을 결정하지는 않기 때문에 주가지수와 개별 종목 간의 수익률 편차를 위험이라고 보는 시각에는 동의하지 않는다.

오히려 변동성은 가치투자자의 친구다. 시장이 울증에 빠져서 내재가치를 크게 하회하는 가격에 주가가 형성될 경우(아래로의 변동성 확대)는 절호의 매수 기회이고, 반대로 내재가치를 크게 초과하는 주가(위쪽으로의 변동성 확대)는 차익 실현의 기회로 활용될 수 있다.

루이스 캐럴의 『거울 나라의 앨리스』에는 똑같이 생겼지만 정반대의 말을 늘어놓으며 끝없이 다투는 쌍둥이 형제, 트위들 디와 트위들 덤(Tweedle Dee & Tweedle Dum)이 등장한다. 벤저민 그레이엄이 만든 가상의 인물인 '미스터 마켓' 역시 이들과 닮았다. 미스터 마켓은 날마다 엇갈린 메시지를 들고 찾아와 투자자를 혼란에 빠뜨린다.

버핏은 이 미스터 마켓을 상대하는 법에 대해 다음과 같이 조언한다.

"미스터 마켓은 당신의 하인이지 주인이 아니다. 이 사람은 날마다 주식을 사라고 또 팔라고 제안하는데, 그가 제시하는 가격은 터무니없을 때가 많다. 미스터 마켓의 그날 기분이 가격을 바라보는 당신의 판단에 영향을 미치게 해서는 안 된다. 하지만 때로 이 사람은 주식을 싸게 살 기회와 비싸게 팔 기회를 제공하기도 한다."

Mr. Market

가치투자는 시장이 가격을 잘못 매긴 자산을 매수하거나 매도하면서 이익을 얻는 행위이기 때문에 시장 효율성에 천착하는 전통적 재무이론의 반대편에 서 있다. 가치투자자들이 생각하는 위험은 주가 변동성이 아닌 투자자금의 영구적 손실이다. 이러한 손실은 대부분 내재가치를 잘못 산정했을 때 발생한다.

가치투자자들은 투자의 핵심이 주가의 등락을 예측하는 것이 아니라, 기업의 내재가치를 정확히 추정하는 데 있다고 본다. 그렇다면 적정가치는 어떻게 추정해야 할까? 구체적인 방법론은 다양하지만, 가치투자자들은 나름의 방식으로 철저하게 분석한 적정가치조차 '확실한 답'이 될 수는 없다고 본다. 주가 전망을 비롯해 인간의 행동이 결부된 사회과학적 예측은 자연과학에서와 같은 기계적 인과율이 작동하지 않는다는 점에서 공감이 가는 주장이다. 결국 적정가치는 많은 가정들을 바탕으로 추론해 볼 수 있을 따름이다.

불완전한 인간, 불확실한 시장, 그래서 안전마진

안전마진은 가치 측정에 내재된 불확실성이 초래할 수 있는 부정적 효과를 제어하기 위해 고안된 개념이다. 아무리 주식의 적정가치 분석에 최선을 다했더라도 당연히 나의 분석에 오류가 있을 수 있다. 예를 들어 어떤 기업의 적정가치를 1만 원으로 추정했다고 하자. 내가 계산한 가치가 1만 원이지만, 이 수치는 100%의 확실성을 담보하기 힘든 미래에 대한 가정 위에 서 있다. 만일 이 기업의 주가가 8000~9000원에 형성돼 있다면, 겉보기엔 저평가된 것처럼 보이지만 가치투자자에게 좋은 투자 대상이 아니다. 왜냐하면 나의 분석에 오류가 있어 실제 적정가치가 8000원일 가능성도 배제할 수 없기 때문이다. 반면 같은 기업의 주가가 5000원이라면 적극적인 투자를 고려해 볼 수 있다. 설령 적정가치 산정에 다소의 오류가 있더라도, 현재 주가와의 차이가 충분히 크기 때문에 심하게 낭패를 볼 가능성이 낮기 때문이다.

버핏은 안전마진의 중요성을 이렇게 설명했다. "안전마진을 활용하라. 투자는 추정치와 불확실성 위에 세우는 건물과 같다. 안전마진을 폭넓게 설정하면 현명한 판단과 효과가 몇 개의 실수 때문에 모두 지워지는 것을 막을 수 있다. 앞으로 나아가려면 무엇보다 뒤로 물러서지 말아야 한다."

결국 가치투자는 '앎'에 천착하지만, 그럼에도 내가 모르는 영역이 존재할 수 있고, 나의 분석에도 한계가 있다는 것을 인정하는 겸손의 철학을 내포하고 있다. 투자 대상에 대한 깊이 있는 이해를 추구하지만, 그마저도 확실하지는 않기 때문에 안전마진을 고려하는 것이다.

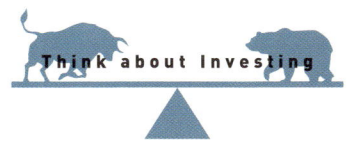

투자하지 않을 용기

하지 않는 것이 오히려 적극적인 투자

가치투자의 관점에서 보면 투자자는 생각은 많이 하고, 행동은 적게 해야 한다. 내가 잘 아는 기업을 좋은 가격에 사야 하기 때문이다. 잘 알기 위해서는 깊이 있는 학습이 필요하고, 좋은 가격이 올 때까지 인내심 있게 기다릴 줄 알아야 한다. 워런 버핏은 많은 투자자가 지나치게 부주의하게 투자하고 있다고 지적했다. 버핏은 "내 인생에 주식을 매수할 수 있는 기회가 20번으로 제한돼 있다"라는 정도의 생각을 가지고 신중하게 주식을 사야 한다고 말했다.

가치투자자의 관점에서 보면 투자자에게 유리하지 않은 환경에서는 '아무것도 하지 않는 것'도 투자다. 모르는 종목을 사는 것은 투기이고, 안전마진이 확보되지 않은 종목을 사는 행위는 투자의 승률을 현저히 낮추는 행위이기 때문이다.

확신이 설 때만 스윙하면 된다

버핏은 투자를 야구에 비유했는데, 야구에 비해 투자가 가지는 이점을 이렇게 설명했다. "야구는 스트라이크 세 개를 안치면 아웃이지만, 투자는 스트라이크를 많이 흘려보내도 타석에 서 있을 수 있다." 즉, 투자자는 확신이 설 때만 스윙하면 된다는 뜻이다.

시장에는 늘 정보가 너무 많은데, 그 정보는 대부분 투자에 도움이 되지 않는 소음인 경우가 많다. 버핏이 정보가 넘치는 월스트리트가 아닌 조용한 시골 도시 오마하에서 투자하고 있는 이유도 부주의한 행동을 유발하는 과도한 자극을 피하기 위함이라고 본다.

가치투자자는 밸류에이션이 높은 요즘의 성장주, 예를 들어 매그니피센트 7과 같은 종목들을 어떻게 바라볼까? 이들 기업이 가치투자의 대상이 될 수 없다는 뜻은 아니다. 가치투자의 기본은 '앎'이다. 투자 대상에 대한 깊은 이해가 있다면 밸류에이션이 높은 성장주들도 가치투자의 대상이 될 수 있다. 다만 이들 기업의 경우 매우 낙관적인 가정에 기반해 미래에 대한 기대를 주가에 반영하고 있는 경우가 많기 때문에 안전마진을 확보하는 것이 어려운 경우가 많다.

이 경우에도 성장주 투자가 틀렸다기보다는 내가 모르는 영역이기 때문에 투자하지 않는 것일 뿐이다. 9장에서 논의한 것처럼 찰리 멍거는 자신이 내리는 투자 의사 결정의 98%는 불가지론에 근거해 '기각'한다고 말한 바 있다. 투자에 절대적인 정답은 없다.

'성장주 투자의 아버지'로 불리는 필립 피셔(Philip Arthur Fisher)는 밸류에이션이 높은 성장주에 투자해 큰 부를 일군 사람이다. 그는 벤저민 그레이엄과 같은 시대를 살았지만, 투자 방식은 전혀 달랐다. 그레이엄은 '담배꽁초 주식'으로 불릴 정도로 내재가치 대비 극단적으로 저평가된 주식에 천착했고, 피셔는 모토롤라(Motorola)와 텍사스 인스트루먼트(Texas Instruments) 등과 같은 당대의 성장주에 투자해 부를 쌓았다.

피셔가 1958년에 낸 『보수적인 투자자는 마음이 편하다』라는 책은 흥미로운 통찰을 담고 있다. 밸류에이션이 높은 성장주 투자가가 '보수적'이라는 말이 다소 역설적으로 느껴질 수 있지만, 결국 핵심은 투자 대상에 대한 깊이 있는 앎이다. 피셔 역시 앎에 천착했다. 투자 대상 기업에 대해서는 정말 샅샅이 분석했다. 내부자들과의 인터뷰, 경쟁사들에 대한 조사, 마케팅 전략 등 다방면에 걸쳐 정보를 수집했다. 가치에 대한 확고한 분석과 믿음이 있었으니, 변동성 높은 주가의 중단기 등락에 연연하지 않을 수 있었던 것이다.

버핏은 야구를 자신의 투자 철학을 설명하는 은유로 즐겨 사용한다. 버핏은 이렇게 말했다. "야구는 스트라이크 세 개를 안치면 아웃이지만, 투자는 스트라이크를 많이 흘려보내도 타석에 서 있을 수 있다." 즉, 투자자는 모든 기회를 잡으려 애쓸 필요 없이, 확신이 설 때만 스윙하면 된다는 의미다.

가치투자의 본질은 가격이 아니라 '앎'

최근 스코틀랜드에 있는 자산운용사 베일리 기퍼드(Baillie Gifford)의 투자 방식에 깊은 감명을 받았다. 이 회사는 테슬라가 상장하기 전부터 투자하기 시작해, 한때 일론 머스크에 이어 테슬라 2대 주주로 이름을 올리기도 했다. 최근에는 테슬라 지분을 대부분 매각했지만 10년이 넘는 장기투자를 통해 펀드 가입자들의 부를 크게 늘려줬다. 이 회사는 과거 아마존 주식도 10년 넘게 보유하면서 그야말로 대박을 터뜨리기도 했다. 테슬라와 아마존은 밸류에이션이 높은 대표적인 성장주다. 그렇다고 이들 종목에 투자한 베일리 기퍼드를 가치투자자가 아니라고 평가할 수 있을까? 미스터 마켓의 변덕을 이겨내면서 성장주를 장기 보유하는 건 결코 쉬운 일이 아니다. 아마존 주가는 닷컴버블이 붕괴할 때 고점 대비 94%나 하락하기도 했다.

베일리 기퍼드는 내부 분석 인력뿐만 아니라 산업계, 학계 인사들과도 깊이 있는 네트워크를 형성하며 투자 대상을 분석한다. 그들의 분석 프로세스를 보며 부러움을 느끼는 동시에, 한 명의 애널리스트로서 부끄러운 마음이 들기도 했다.

테슬라를 산다고 해서, 아마존을 보유하고 있다고 해서 가치투자자의 범주에 포함되지 않는 것은 아니다. 물론 이들에게 '가치투자자'라는 레테르(letter)조차 필요하지 않을 테지만 말이다.

미스터 마켓이 하루하루 무작위로 결정하는 주가를 바라본들, 실체 있는 통찰을 얻기는 쉽지 않다. 시세에 몰입할수록 매수와 매도의 유혹에 휘둘릴 가능성만 커진다. 투자는 반드시 사고파는 행위만을 의미하지 않는다. 오히려 많이 공부하고, 깊이 생각하며, 가격이 적절하지 않다면 움직이지 않는 것 역시 능동적인 투자 판단일 수 있다. '행동하지 않는 용기'도 투자자에게 중요한 덕목이다.

버핏은 '깊이 있는 앎'이라는 개념을 발전시켰다. 버핏은 '능력범위'라는 표현을 자주 쓰는데, 이 말 속에는 '세상 모든 일을 알 수도 없고, 알 필요도 없다'라는 철학이 담겨있다. 대신 자신이 투자하고자 하는 대상에 대해서는 깊게 이해해야 하며, 오직 이런 분야에만 투자해야 한다는 것이다.

버핏은 말했다. "우리는 2미터 높이의 장대를 뛰어넘은 것이 아니라, 20센티미터의 바를 실수 없이 넘으면서 돈을 벌었다." 육상에서 바의 높이는 고정되어 있지만, 미스터 마켓이 출몰하는 주식시장에서는 바의 높이가 무시로 바뀐다.

 물론 버핏이 아주 낮은 20센티미터의 바만 넘지는 않았을 것이다. 찰리 멍거는 버핏을 일컬어 '학습 기계'라고 불렀다. 버핏은 지금도 매일 수백 페이지의 자료를 읽는다고 한다. 90대의 나이에 대단한 일이다. 끊임없이 학습하면서 앎의 지평을 넓히면서, 그는 남들이 20센티미터 바를 넘는 정도의 난이도로 1미터 높이의 바를 넘고 있는지도 모르겠다. 즉 학습을 통해 능력 범위를 넓히는 것이다. 1미터 높이의 바를 가볍게 넘을 수 있는 내공을 쌓게 되면, 더 많은 투자의 기회를 얻을 것이다.

 시장이 열리면 시세만 들여다보고 있는가? 미스터 마켓이 무작위로 결정하는 주가를 바라본들 무엇을 얻을 수 있겠는가? 그저 내 마음이 시세에 중독되어 매도와 매수의 유혹에 흔들리고 있는 것은 아닐까. 우리는 가격을 바라보는 시간을 줄이고, 기업의 가치를 고민하는 시간은 더 늘려야 한다. 반드시 사고파는 것만이 투자라고 생각할 필요는 없다. 많이 학습하고 생각하고 적절한 가격이 아닐 때는 움직이지 않는 것도 오히려 적극적인 투자 행위다.

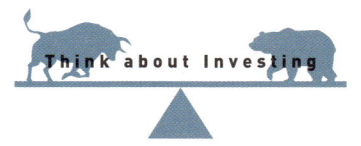

'극단적 인내력'과 '극단적 실행력'

가치투자자에 필요한 자질

가치투자 관점에서 보면 관성적인 '분산투자'도 바람직하지 않다. 주류 재무이론에 따르더라도 단순히 투자 종목수만 늘린다고 분산의 효과가 생기지 않는다. 투자 대상 간의 상관성이 낮아야 분산의 효과가 발생한다. 결국 분산의 효과를 내기 위해서도 투자 대상의 속성에 대한 깊은 이해가 필요하다. 가치투자자는 원칙 없는 분산에 대해 더욱 비판적인 시선을 가진다.

가치투자자는 주가의 상관성에는 별 관심이 없다. 주가는 어디까지나 미스터 마켓이 관할하고 있기 때문이다. 오직 깊이 있는 '앎'과 충분한 '안전마진'이 있는 투자 대상에 내 돈을 묻어야 하는데, 이런 투자 대상이 많을 리가 없다. 워런 버핏을 거부로 만들어 준 종목도 애플, 코카콜라, 아메리칸 익스프레스, 씨즈캔디 등 소수에 불과했다. 좋은 투자 대상은 드물기 때문에 적절한 투자 기회가 왔을 때 집중적으로 투자해야 한다. 찰리 멍거는 투자자에게 요구되는 자질로 '극단적 인내력'과 '극단적 실행력'을 꼽았다.

기관투자가보다 각성한 개인투자자에 더 유리한 가치투자

투자에 정답은 없지만, 핵심은 '앎'과 좋은 투자 대상을 기다리는 '인내심'이다. 베팅의 범위는 내가 얼마나 깊이 이해하고 있는지, 그리고 얼마나 충분한 안전마진이 있는지에 따라 달라진다. 다시 말하지만 좋은 기회가 자주 올 리 없다. 그럼에도 많은 이들이 너무 자주 주식을 사고팔고 있다. 주식 중개인에게는 반가운 일이지만 투자자에게는 결코 좋은 일이 아니다.

정체 모를 SNS 단톡방, 자극적인 유튜브 콘텐츠 등 당신을 부자로 만들어 주겠다는 자극이 너무 많은 시대다. 주식 계좌를 개설하면 누구나 손쉽게 주식을 사고팔 수 있지만, 장기적으로 돈을 버는 사람은 많지 않다. 충분히 잘 아는 종목을, 좋은 가격에, 시간을 이길 수 있는 돈으로 투자해야 승률을 높일 수 있다. 그리고 무엇보다 중요한 것은 '사고파는 것만이 투자'라는 강박에서 벗어나는 일이다. 도처에 널린 유혹에 반응하지 않을 수 있는 '자제력'이야말로 오늘날 투자자에게 꼭 필요한 덕목이다.

'기업의 언어'인 회계에 대한 이해, 기업가치 평가를 위한 기본적 방법론에 대한 학습, 투자 대상 기업이 속한 산업과 기업 고유의 특성에 대한 깊이 있는 이해 등은 성공적인 투자자가 되기 위한 지적 자질이다. 여기에 더해, 미스터 마켓의 변덕에 휘둘리지 않는 독립적인 태도, 기꺼이 소수의견 편에 설 수 있는 용기 같은 기질도 성공적인 투자에 필요한 자질들이다.

쉽지는 않지만, 어쩌면 가치투자는 타인의 돈을 맡아서 운용하는 전문적인 기관투자가보다 각성한 개인투자자에게 더 유리한 투자 방식일 수 있다. 가치투자가 꼭 시장의 흐름과 무관한 것은 아니지만, 가치투자에는 어느 정도의 역발상이 내포되어 있는 것도 사실이다. 가파르게 오르는 시세에 올라타기보다는, 미스터 마켓이 울증에 빠져 주가가 과도하게 낮게 평가될 때 매수한 뒤 묵묵히 기다려야 하기 때문이다. 물론 기다림의 시간이 짧기를 바라지만, 그것은 투자자가 통제하거나 예측할 수 있는 영역이 아니다.

타인의 돈을 운용하는 기관투자가는 정기적으로 자신의 투자 성과를 보고해야 한다. 기관투자가들은 절대적 수익률뿐 아니라 '벤치마크'라 불리는 주가지수의 성과에 견주어 평가받곤 한다. 그래서 대부분의 기관투자가는 벤치마크, 즉 한국의 경우 코스피와 비슷하게 움직이는 포트폴리오를 구성한다. 예를 들어 삼성전자와 현대차 등 시가총액 최상위 종목들을 우선적으로 편입한 뒤, 기타 종목에 '엣지'를 더해 초과수익을 추구하는 것이다.

　반면 가치투자자가 구성한 포트폴리오 수익률은 시장 수익률과의 상관성이 매우 낮다. 멍거가 말한 '극단적인 실행력'은 인덱스 투자보다 훨씬 압축적인 포트폴리오로 이어질 것이기 때문이다. 당연히 시장 수익률과 비교했을 때 가치투자자가 구성한 포트폴리오의 수익률 변동성이 높게 나타날 가능성이 크다.

　벤치마크와의 끊임없는 비교, 그리고 변동성을 위험이라고 보는 지배적인 인식 등을 감안하면 타인의 돈을 위탁받아 운용하는 전문 기관투자가가 가치투자의 철학을 온전히 견지하는 것은 매우 힘든 일이다. 오히려 가치투자는 자질을 갖춘 개인투자자들이 기관투자가보다 더 잘할 수 있는 투자 방법론이 아닐까 싶다. 간접투자를 통해 가치투자를 구현하고 싶다면 돈을 맡기고자 하는 기관투자자가 가진 철학과 기풍을 충분히 검토해 선택해야 한다.

　투자는 누구에게나 좋은 것일까? 적어도 개별 주식에 투자하는 행위는 단연코 그렇지 않다. 개별 주식 투자에 성공하려면 적절한 지적·성격적 자질이 뒷받침돼야 하고, 세상사 모든 일이 그렇듯 때로는 운도 따라줘야 한다. 하지만 누구에게나 좋은 투자 방법이 전혀 없는 건 아니다. 자신의 능력을 과대평가하지 않고, 오히려 부족함을 인정할 줄 아는 사람에게 적합한 투자법이 있다. 아이러니하게도, 자신을 부자로 만들어 준 투자 철학과는 전혀 다르지만, 워런 버핏 역시 이를 권했다. 바로 시장에 투자하는 행위인데, 다음 장에서 살펴볼 '패시브(passive) 투자'다.

INSIGHT **11**

패시브 투자
: 시장을 이길 수 없다면 동행하라

> 돈을 버는 왕도를 알려줄 것 같은
> 수많은 문구들이 가득한 이곳에서,
> 나는 내 자신만의 투자 철학을 알려주려 한다.
> 투자 성공의 가장 큰 비법(秘法)은 다음과 같다.
> '비밀(秘密)이 없다'는 점이 바로 그 '비법'이다.
>
> _ 존 보글(John Bogle)

●●● 워런 버핏은 누구보다 기업을 깊이 들여다본 투자자다. 기업의 내재가치를 집요하게 분석하고, 시장의 비효율성을 활용해 수익을 올려온 인물이다. 그런 그가, 시장 수익률을 그대로 따르는 인덱스 투자에 회의적인 건 당연한 일처럼 보인다.

하지만 정작 버핏은 대중에게 이렇게 말한다. "S&P 500 지수를 추종하는 인덱스펀드에 장기적으로 투자하라." 시장을 이기려 들지 말고, 시장 전체에 투자하라는 것이다.

2007년, 그는 이를 입증하기 위한 실험에 나선다. "앞으로 10년간, 단순한 인덱스펀드가 수수료를 공제한 헤지펀드 포트폴리오보다 높은 수익률을 올릴 것이다." 이 도발적인 제안에 응한 이는 프로테제 파트너스의 대표 테드 세이즈. 그는 뛰어난 펀드매니저들의 전략이 시장 평균에 밀릴 리 없다고 믿었다.

이렇게 시작된 내기. 판돈은 100만 달러, 기간은 10년. 투자자의 개입이 거의 없는 게으른 투자와 온갖 지식으로 무장한 전문가들이 운용하는 능동적인 투자의 대결, 승자는 과연 누구였을까?

무위(無爲)의 투자술

게으른 투자의 위대한 승리

2007년, 워런 버핏은 '롱벳(Long Bets)'이라는 비영리 사이트에 도발적인 제안을 올렸다. 이 사이트는 미래에 대한 상반된 예측을 모아 어느 쪽이 옳았는지를 가리는 실험의 장이었다.

버핏의 제안은 이랬다.

"2008년부터 2017년까지 10년 동안 S&P 500 지수의 수익률이 각종 수수료 등을 공제한 헤지펀드 포트폴리오의 수익률보다 더 나은 성과를 기록할 것이다."

이를 본 프로테제 파트너스(Protége Partners) 대표 테드 세이즈(Ted Seides)는 분개했다. 프로테제 파트너스는 유망한 헤지펀드를 발굴해 고객들에게 추천해 주는 '재간접펀드(fund of fund)' 사업자였다. 세이즈는 뛰어난 두뇌와 공격적인 아드레날린으로 무장한 전문가들이 운용하는 헤지펀드의 수익률이 그야말로 시장의 평균 가격에 불과한 주가지수 수익률에 미치지 못할 리 없다고 봤다.

세이즈와 버핏은 서한을 주고받으면서 내기를 하기로 합의했다. 향후 10년 동안 프로테제 파트너스가 선정한 5개의 헤지펀드와 S&P 500 지수를 추종하는 인덱스펀드의 수익률을 비교해, 진 쪽이 100만 달러(최초에는 50만 달러로 합의, 이후 100만 달러로 증액)를 자선단체에 기부하기로 한 것이다.

100만 달러를 건 10년간의 투자 내기

2017년 말 내기의 결과가 나왔다. 버핏의 완승이었다. 10년 동안 S&P 500 지수를 추종하는 인덱스펀드는 125.8% 상승한 반면, 세이즈가 선정한 헤지펀드 5개의 평균 수익률은 31.3%에 그쳤다. 5개 헤지펀드 중 최고 수익률을 기록한 펀드도 87.7% 상승에 그쳐 S&P 500 지수의 성과를 크게 밑돌았다.

10장에서 살펴본 것처럼 버핏은 단순히 시장 수익률을 추종하는 투자가 최선이라고 생각하는 사람이 아니다. 그는 끊임없는 학습으로 능력 범위를 넓히고, 인내심을 비롯해 투자에 적합한 감정적 기질을 가진 사람은 시장 흐름과 무관하게 큰돈을 벌 수 있다고 믿었다. 하지만 그런 역량을 갖추지 못한 사람들은 인덱스펀드에 투자하는 것이 차선의 선

워런 버핏과 프로테제 파트너스의 내기 : 시장 vs. 헤지펀드

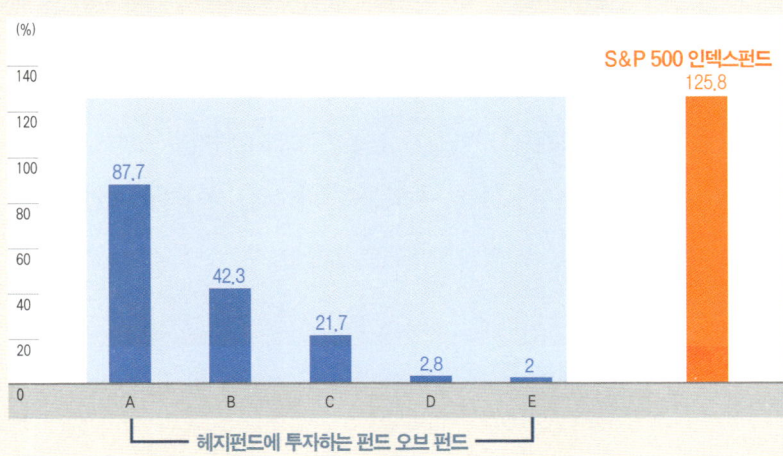

헤지펀드에 투자하는 펀드 오브 펀드: A 87.7, B 42.3, C 21.7, D 2.8, E 2
S&P 500 인덱스펀드: 125.8

워런 버핏과 프로테제 파트너스 대표 테드 세이즈는 100만 달러를 걸고 10년간의 투자 대결을 벌였다. 버핏은 S&P 500 지수를 추종하는 인덱스펀드에, 세이즈는 5개의 재간접 헤지펀드에 분산투자했다. 초반에는 버핏이 고전하는 듯했지만, 10년이 지난 후 인덱스펀드는 125.8% 상승한 반면, 세이즈가 고른 5개 헤지펀드의 평균 수익률은 31.3%에 그쳤다. 결과는 버핏의 압승이었다.

택이 될 수 있다는 것이 버핏의 주장이었다.

버핏은 프로테제 파트너스와의 내기를 통해 자신의 철학을 입증했을 뿐 아니라, 유산과 관련해서도 같은 생각을 실천하고 있다. 그는 자신이 사망하면 "유산 중 일부는 아내에게 현금으로 주고, 나머지 유산의 10%는 미국 단기국채에, 90%는 저수수료의 S&P 500 인덱스펀드에 투자하라"고 상속재산 관리인에게 전했다. 버핏의 조언은 전문 지식 없이도 신뢰할 수 있는 수익을 추구하는 이들에게 비슷하게 적용될 수 있을 것이다.

효율적인 시장을 주장했던 경제학자들의 등장

한편 버핏보다 훨씬 이전부터, 시장 수익률에 더 급진적으로 천착했던 이들도 있었다. 극히 예외적인 경우를 제외하면 장기적으로 시장 대비 초과 수익을 얻기 어렵기 때문에 주가지수를 추종하는 투자가 최우선 목표가 돼야 한다는 주장은 1950~1960년대 미국의 대학 연구실에서 시작되고 있었다.

대공황 이후 1960년대까지 서구 사회의 지적 헤게모니는 진보주의자들이 쥐고 있었다. 정부의 적극적 역할을 강조하는 케인스 경제학은 대공황과 제2차 세계대전을 거치면서 당대의 가장 권위 있는 경제 이론으로 자리 잡았다. 영국 경제학자 존 메이너드 케인스의 처방은 미국의

케인스는 시장과 정부 사이의 균형을 고민한 경제학자였다. 그는 자본주의 시스템의 자율성과 효율성을 인정하면서도, 경기 침체기에는 정부의 적극적인 개입이 필요하다고 보았다. 케인스의 경제학은 대공황과 제2차 세계대전을 거치며 당대 가장 권위 있는 경제 이론으로 자리 잡았다.

경제 정책 전반에 깊은 영향을 미쳤다. 미국 역사상 전무후무한 4선 대통령이었던 프랭클린 D. 루스벨트(Franklin Delano Roosevelt) 대통령의 후예인 민주당이 케인스주의를 적극적으로 받아들인 것은 당연한 일이었고 반대 정파인 공화당조차 케인스 경제학의 자장에서 벗어나지 못했다. 공화당 소속의 리처드 닉슨(Richard Milhous Nixon) 대통령은 1971년, "우리는 이제 모두 케인스주의자들이다(We are all Keynesians now)"라고 선언하기도 했다.

큰 정부가 시장의 효율적 자원 배분을 왜곡하고 있다는 철학을 가졌던 프리드리히 하이에크(Friedrich Hayek)와 밀턴 프리드먼(Milton Friedman) 등의 보수주의 경제학자들은 스위스 몽펠르랭에서 정례 회동을 가지면서 전의를 다졌지만, 1960년대까지는 케인스 경제학의 권위에 비할 바가 아니었다. 보수주의자들의 진정한 반격은 젊은 금융공학자들에 의해 시작되고 있었다.

해리 마코위츠(Harry Max Markowitz)는 1952년 「포트폴리오 선정」이라는 짧은 논문에서 수익은 위험과 불가분의 관계에 있다는 주장을 폈

1988년 10월 17일, 레이건 대통령 부부가 백악관 이스트룸에서 '자유훈장'을 받은 밀턴 프리드먼을 축하하는 모습.
레이건 대통령이 '신자유주의 경제학의 아버지'로 불리는 프리드먼에게 자유훈장을 수여한 것은 단순한 학문적 공로를 기리는 데 그치지 않는다. 이는 '신자유주의 시대의 개막'을 상징하는 선언이자, 케인스주의에서 시장 중심 경제학으로의 패러다임 전환을 공식화한 역사적 사건이었다.

다. 1962년 윌리엄 샤프(William Forsyth Sharpe)는 '자본자산가격결정이론(CAPM)'을 만들어내면서 위험의 개념을 세분화해 정리했다.

이러한 흐름을 집대성한 이는 보수주의 경제학의 성지인 시카고대학의 유진 파마(Eugene Fama) 교수였다. 유진 파마는 '효율적 시장 가설'을 통해 주식시장은 너무도 효율적이기 때문에 미래의 주가 예측이 무의미하다고 주장했다. 주가에는 과거와 현재, 미래의 모든 정보가 반영돼 있기 때문에 주식시장에서 초과 이익을 얻기 힘들고, 초과 이익은 더 큰 위험을 감수해야 가능하다는 주장을 폈다. 핵심은 시장의 결정이 가장 효율적이라는 것이었다.

1970년대 오일쇼크로 인한 스태그플레이션은 경기 침체와 물가 상승이 동시에 나타난 이례적인 현상이었다. 이는 실업률이 높아지면 물가는 안정된다는, 즉 실업과 인플레이션이 상반된 움직임을 나타낸다는 케인스 경제학의 핵심 전제를 무너뜨렸다. 스태그플레이션을 제대로 설명하지 못하면서 케인스주의는 점차 권위를 잃었고, 1980년대부터는 정부보다 시장에 의한 자원 배분을 중시하는 시대가 열렸다. 미국의 로널드 레이건(Ronald Reagan) 대통령은 "정부는 문제의 해결자가 아니라, 정부 자체가 문제"라는 취임사를 남기면서 1980년대를 열었다. 감세와 규제 완화, 민영화 등을 핵심 교리로 삼은 신자유주의와 효율적 시장에 대한 믿음은 동전의 앞뒷면처럼 결합돼 있었다.

인덱스펀드와 상장지수펀드의 등장

시장의 전능함을 투자의 영역에서 개척했던 마코위츠, 샤프, 파마는 모두 노벨 경제학상을 받았고, 이들의 구상은 시장을 복제하는 '패시브(passive) 투자'를 통해 현실화되었다. 투자자들은 주식시장에서 높은 수익을 얻기 위해 여러 회사를 골라 투자하지만, 이미 100% 분산투자돼 존재 자체가 효율성의 화신인 시장, 예를 들어 주식시장의 대표 지수인 S&P 500 지수의 장기 성과를 능가하기는 쉽지 않다는 인식이 대세가 되었다. 다만, 이러한 패시브 투자의 이상이 현실화되기 위해서는 컴퓨팅 기술의 진보가 필요했다. 수백 개 종목을 한꺼번에 매매하고, 일부 종목을 리밸런싱하는 일은 전산 기술의 도움 없이는 불가능했기 때문이다.

1970년대 초 컴퓨터 활용이 늘어나면서 패시브 투자는 실질적인 투자 솔루션으로 자리 잡기 시작했다. 1971년 웰스파고(Wells Fargo)은행은 미국 증시의 대표 지수를 추종하는 최초의 인덱스펀드(Index Fund)를 만들었다. 1975년에는 '패시브 투자의 전도사'로 불리는 뱅가드(Vanguard Group)자산운용의 존 보글(John Bogle)이 S&P 500 지수를 기초자산으로 하는 최초의 대중화된 인덱스펀드를 출시했다. 이어 1992년에는 자산운용사 스테이트 스트릿(State Street)이 아메리칸증권거래소와 공동으로 주식처럼 쉽게 사고팔 수 있는 상장지수펀드(ETF)를 만들었다.

요즘 투자의 대세로 떠오른 ETF는 투자의 편의성을 획기적으로 높였다. ETF로 구현하지 못하는 전략이 없다. 예를 들어 시장이 횡보할 때 콜옵션(특정 자산을 미래에 정해진 가격에 매수할 수 있는 권리)을 매도해 수익을 얻는 '커버드 콜(covered call)' 전략은 과거에는 전문가들의 영역에 속했는데, 이제는 ETF로 동일한 효과를 손쉽게 누릴 수 있다. 심지어 ETF를 활용하면, 국내에서는 금기시되지만 미국에서는 합법화된 대마(cannabis) 산업에도 간접적으로 투자할 수 있다.

액티브 ETF 유감

수동의 탈을 쓴 능동적 투자

최근 횡행하고 있는 테마 ETF 또는 섹터 ETF, 그리고 이들을 총칭한 액티브(active) ETF들은 애초에 지수 추종 투자를 고민했던 이들의 이상과는 배치된다는 점을 지적하고 싶다.

이름에 '액티브'라는 수식어가 붙어있는 것처럼 이들은 '수동적(passive) 투자자'로 남기를 거부한다. 시장 전체가 아닌 특정 종목이나 산업에 집중 투자하는 행태가 ETF라는 외피를 쓰고 등장한 셈이다. 어쩌면 이런 행태는 시장의 효율성을 강조했던 패시브 투자 창시자들이 경계했던 오류를 되풀이하고 있는 것인지도 모른다.

패시브펀드의 고안자들은 투자자들이 시장에서 분주하게 움직인다고 애써봤자, 장기적으로 시장을 이기기는 어렵다고 보았다. 시장의 전능한 능력을 전혀 믿지 않는 워런 버핏 같은 사람조차도, 복잡한 전략으로 시장에 대응하기보다는 시장 대표 지수의 수익률을 추종하는 것이 차선의 선택일 수 있다고 판단했다. 그는 이러한 생각을 바탕으로 프로테제 파트너스와의 내기에 응했다.

'생각은 깊게, 행동은 적게' 전략을 옮긴 투자

ETF는 투자의 편의성을 높였다는 점에서 분명 의미가 있다. 그러나 편의성과 투자의 성패는 반드시 비례하지 않는다. 필자가 증권회사에 입사했던 1990년대 중반만 해도 주식을 거래하려면 직접 증권사 객장에 방문하거나, 전화로 주문을 내야 했다. 이후 사이버거래가 활성화되면서 이제는 대부분의 투자자들이 휴대전화로 손쉽게 주문을 낸다. 거래는 편리해졌고, 수수료도 크게 낮아졌다. 그렇지만 휴대전화를 통한 주식매매는 주식 회전율도 비약적으로 높였다. 일반적으로 높은 회전율은 장기수익률에 부정적인 영향을 미친다. 앞서 논의했듯, 투자에 성공하기 위해서는 '생각은 깊게, 행동은 적게' 해야 한다. 편리함이라는 이름으로 제공되는 각종 자극들은 빈번한 매매를 조장해 오히려 투자자에게 해가 되는 경우가 많다.

한편 액티브 ETF는 버블을 조장하기도 한다. 미래 가치를 능동적으로 분석하기보다는 현재 시장에서 형성된 질서를 기계적으로 추종하기 때문이다. 많은 액티브 ETF는 특정 시점의 인기 테마에 편승해, 주가

흐름을 뒤따르는 방식으로 구성되곤 한다. 결국 현자의 질서를 수동적으로 추인하면서, 기존 인기 종목의 주가를 버블권까지 올려놓을 수도 있는 것이다.

무엇보다도 이런 ETF들이 투자자들로 하여금 뒷북을 치게 할 수도 있다. '메타버스', '차이나 전기차', '2차전지' 등 과거 한때 인기를 끌었던 테마형 ETF들의 장기 성과가 얼마나 참담했는지 되돌아보기를 바란다. 어떤 종류의 투자든 실패 가능성은 늘 존재하지만, 한때 인기를 끌었던 이들 ETF는 기초자산 가격이 바닥에서 한참이나 상승한 후에 출시되었다는 점에서 더욱 문제다. 투자 공학적 관점에서 액티브 ETF는 진보적일 수 있으나, 투자 철학의 관점에서는 오히려 퇴행적일 수 있다.

액티브 ETF에 투자하는 행위는 개별 주식 투자와 전혀 다르지 않다. 깊이 있는 '앎'이 있다는 전제 하에 '적절한 가격'에 사야 투자 승률을 높일 수 있다. 버핏의 유언에서 알 수 있는 것처럼 누구에게나 좋은 투자는 결국, 시장 그 자체를 사는 행위다. 시장 대표 지수에 투자하는 패시브 투자는 어떤 면에서는 '게으른 투자' 방식이다. 지적인 노력을 기울일 필요가 없고, 단지 투자에 대한 일관성(대체로 장기 적립식 투자)이 필요할 따름이다. 그렇기에 어떤 면에서는 정서적으로 더 어려울 수도 있다. 최선의 노력을 다하지 않고 해태(懈怠)하고 있다는 자의식을 가질 수 있기 때문이다.

그러나 투자에서 의도와 결과가 늘 일치하지는 않는다. 나의 부족함을 인정함으로써 오히려 평균 이상의 성과를 얻을 수 있다는 점이 패시브 투자에 내재된 장점이다. 주가지수는 시장의 평균적 성과를 나타내지만, 액티브하게 투자하는 많은 이들이 장기적으로 시장 수익률을 넘지 못한다는 연구 결과는 너무도 많다.

주식투자를 시작하기에 완벽한 시기는 없다. 유리하거나 위험한 시기를 사후적으로 확인할 수 있지만, 그것을 미리 알 수는 없다. 다만 '시장'에 대한 '적립식 투자'는 언제 시작해도 좋다고 생각한다. 시장이 조정을 받았을 때도 앞서 언급한 장기 낙관론(1~4장을 참조)을 유지하고 투자를 멈추지 않는다는 전제가 뒤따라야 한다.

그렇다면 질문 하나. 한국 증시에서도 대표 지수에 투자하는 장기 투자가 과연 효과를 거둘 수 있을까? 2025년 7월 말 코스피 종가 3245포인트는 정확히 10년 전인 2015년 7월 말 2030포인트와 비교하면 연평균 4.8% 오르는 데 그쳤다. 배당수익률을 감안하지 않은 수치지만, 한국 상장사들의 배당금 지급 규모가 크지 않다는 점을 고려하면, 위험자산인 주식에 대한 장기투자 성과로는 만족스럽지 않은 결과다. 반면 같은 기간 동안 미국 S&P 500 지수의 연평균 상승률은 11.6%에 달하고 있다.

개별 종목에 대한 직접투자는 어차피 케이스 바이 케이스다. 그러나 주식투자가 누구에게나 유효한 전략이 되기 위해서는 시장 전체에 대한 장기투자를 하면 결국 보답이 뒤따를 것이라는 논리가 뒷받침되어야 한다. 그렇다면 박스권 횡보가 장기화되고 있는 한국 시장에서도 패시브 투자가 여전히 유효한 전략일까? 다음 장에서 이 주제를 자세히 살펴보겠다.

INSIGHT **12**

장기투자는 한국 증시에서도 효과가 있을까?

> 지긋지긋한 박스피 삼성전자 쇼크로
> "강세장 지속되는 미국 증시로 떠나요".
> _「매일경제신문」 2024년 11월 10일
>
> "국장만 왜 이래?" 동학개미 박탈감,
> 1억 넣었으면 1677만 원 날렸다.
> _「머니투데이」 2025년 1월 4일

●●● 한국 증시에 장기투자해도 효과를 볼 수 있을까? 다시 말하지만, 개별 주식에 대한 투자는 일반화시켜 말하기 어렵다. 대박이 나는 경우도 있지만, 쪽박을 차는 경우도 있다. 결국 누구에게 권해도 괜찮을 투자 방식은 시장 전체에 대한 투자다. 이런 점에서 보면 한국 증시에 대한 투자는 고민이 많을 수밖에 없다. 코스피가 장기적으로 횡보세에서 벗어나지 못하고 있기 때문이다.

2025년 2분기 이후 상법 개정으로 상징되는 지배구조 개선 기대를 등에 업고, 코스피가 급등하면서 3200포인트대까지 상승하기는 했다. 주가지수의 강력한 복원력을 다시 한번 확인했다는 점은 긍정적이다. 그렇지만 2025년 7월 말 코스피 종가 3245포인트는 정확히 10년 전인 2015년 7월 말 대비 연평균 4.8% 상승해 있는 정도다. 코스피가 처음으로 2000포인트대에 올라섰던 2007년 8월 이후의 연평균 상승률은 2.9%에 불과하다. 코스피의 장기 정체에는 한국 경제의 성장 둔화가 투영돼 있다.

그렇다면 지금도 한국 증시에서 '매수 후 보유(buy & hold)' 전략이 유효한가? 그에 따른 투자 방식은 어떻게 달라져야 하는가? 이제 그 해답을 찾아보자.

박스권에 갇힌 코스피

'주식 이민'이 옳은 선택일까?

한국 증시는 과거 세 차례의 장기 강세장을 경험한 바 있으며, 이 시기들에는 모두 강력한 경제 성장 엔진이 존재했다는 공통점이 있다.

첫 번째 강세장은 1972부터 1978년까지 나타났다. 이 기간 코스피는 493.8% 상승했고, 연평균 상승률은 33.0%에 달했다. 당시 주가 상승의 동력은 중동 건설 붐에 따른 오일머니 유입이었다. 오일머니 유입 덕분에 1970년대 후반 한국 경제는 사상 처음으로 경상수지 흑자를 기록하게 된다.

두 번째 강세장은 1985부터 1988년까지 3저(低) 호황을 등에 업고 현실화했다. 저유가, 저금리, 저원화가치라는 세 가지 유리한 외부 여건 덕분에 당시 한국 경제는 '단군 이래 최고의 호황'을 구가했다. 이 시기 코스피는 무려 752.9% 상승했고, 연평균 상승률은 49.4%에 달했다.

세 번째 찾아온 강세장은 중국 특수를 누리면서 나타났다. 2003년에서 2007년까지 코스피는 285.4%(연평균 34.2%) 상승했다.

한국 경제의 펀더멘탈 약화

2010년대 이후 코스피의 장기 정체는 한국 경제의 활력 저하와 밀접한 관련이 있다. 보다 구체적으로는 중국 특수 약화가 주요 원인으로 작용했다. 한국은 독일·대만 등과 더불어 중국의 세계 자본주의 분업체제 편입 과정에서 가장 큰 수혜를 누린 국가 중 하나였다. 중국이 '세계의 공장'으로 부상하는 동안 한국은 반도체·디스플레이, 독일은 정밀기계·자동차 부품을 중심으로 중국 제조업 성장에 필수적인 중간재를 공급했다. '기회의 땅'이었던 중국에서 '차이나 리스크'라는 말이 나오기 시작했던 시기가 대략 10여 년 전쯤이다.

'중국 경제의 성장 둔화 → 인건비 상승에 따른 세계 공장으로서의 중국 위상 약화 → 시진핑 집권 이후 사회주의 이념으로의 경도 → 중국 기업의 성장과 한·중 간 경쟁 격화 → 지정학적 이슈 부각과 중국의 경제 보복 → 미·중 갈등과 글로벌 밸류체인의 재편 → 2023년 이후 한국의 대(對)중국 무역수지 적자 전환' 등은 지난 10여 년간 한국의 대중국 특수가 약해지는 일련의 과정이었다. 코스피의 장기 정체는 이런 흐름의 결과물이다.

* 자료 : 한국거래소, 신영증권

한국 증시는 과거 세 차례의 장기 강세장을 경험한 바 있다. 이 시기들에는 모두 강력한 경제 성장 엔진이 존재했다. 그러나 2003~2007년 제3차 강세장 이후 장기 횡보세에서 벗어나지 못하고 있다. 코스피가 처음 2000포인트대에 올라섰던 2007년 이후로 보면 코스피의 연평균 상승률은 2.9%에 불과하다. 코스피의 장기 정체에는 한국 경제의 성장 둔화가 투영돼 있다.

코스피의 장기 횡보는 한국 경제 펀더멘털의 약화를 반영하고 있다. 2장에서 살펴본 것처럼, 주식시장의 장기 성과는 명목 GDP 성장률에 수렴한다. 한국의 GDP 성장률은 현저하게 둔화되고 있다.

한국 시기별 연평균 명목 GDP 성장률

	1960년대	1970년대	1980년대	1990년대	2000년대	2010년대	2020년대
연평균 명목 GDP 성장률	25.9%	30.7%	17.7%	13.5%	7.8%	4.9%	4.6%

* 주 : 2020년대는 2020~2024년 * 자료 : 한국은행

한국 증시를 바라보는 몇 가지 관점들

몇 가지 시나리오를 통해 한국 증시에 대한 대처를 고민해 보자. 코스피의 장기 횡보가 경제의 성장 둔화를 반영하고 있다면 이런 부진이 일시적인 것인지 아니면 구조적인지에 관한 판단이 중요하다. 만일 성장 둔화가 구조적이라면 한국 증시에서의 '매수 후 보유(buy & hold)' 전략은 폐기돼야 한다.

성장률이 뚜렷하게 개선되지 않더라도 2010년대와 2020년대에 나타난 것처럼 완만한 성장 둔화 정도 수준으로 방어가 가능하다면 코스피는 지난 십여 년과 같은 박스권 등락을 이어갈 가능성이 크다. 이 경우

3~4년에 한 번씩의 리밸런싱을 전제로 하는 시장에 대한 적립식 투자는 효과를 볼 수 있다.

박스권 등락이 이어진다면 주가지수(대표 지수 ETF)를 활용한 단기 트레이딩 즉, '마켓 타이밍(market timing)' 전술이 개념적으로는 효과를 볼 수 있다. 마켓 타이밍이란 저점에서 매수하고 고점에서 매도해 수익을 극대화하려는 전략으로, 시장의 상승과 하락 시점을 예측해 매매 시점을 조절하는 방식이다. 하지만 이 전술을 권장하지는 않는다. 그 누구도 지속적으로 주가 흐름을 맞출 수는 없기 때문에 "싸게 사서, 비싸게 파세요" 같은 이런 식의 조언은 안 하느니만 못하다. 다만 3~4년에 한 번씩은 부분적으로라도 차익실현을 해야 한다. 이에 대해서는 뒤에서 자세히 논의할 것이다.

가장 나쁜 시나리오는 1990~2000년대의 일본처럼 경제가 역성장하고 주가지수가 장기 하락세를 보이는 경우다. 한국이 이러한 전철을 밟는다면 한국 주식에 대한 투자는 즉각 포기해야 한다. 다만 뒤에서 살펴보겠지만, 그럴 가능성은 현재로서는 낮다고 판단된다.

한편 성장과 무관하게 주가지수가 크게 변할 수 있는 경로도 있다. 바로 지배구조 개선이다. 일본 증시는 2013년 이후 지배구조 개혁을 계기로 큰 폭의 상승세를 보였다. 아베노믹스의 일환으로 일본 정부는 기업의 외부 이사 확대, 주주 가치 중시, 경영진 책임 강화 등을 중심으로 지배구조 개선에 나섰다. 일본 특유의 폐쇄적 경영 문화와 주주 경시 관행을 완화하고, 외국인 투자자 유치를 위한 제도 정비도 병행되었다.

2024년 말 기준, 국민연금의 해외주식 보유 비중은 35.5%로 국내 주식(11.5%)을 크게 웃돈다. 전체 자산 중 해외투자 비중은 2030년 42%까지 확대될 예정이다. 개인투자자들 사이에서도 글로벌 분산 투자에 대한 관심이 점차 확산되고 있다. 국내 경제 성장률 둔화, 코스피의 장기 박스권, 자산 다양화에 대한 요구 등이 맞물리면서, 한국 가계의 해외투자 수요는 앞으로도 꾸준히 증가할 것으로 전망된다.

최근 한국에서도 지배구조와 관련된 논의가 본격화되고 있다. 2024년 2월부터 밸류업(기업가치 제고) 정책이 시행된 데 이어, 2025년 7월에는 상법 개정안이 국회를 통과했다. 또한 한미약품과 고려아연 사례가 보여주는 바와 같은 2세 또는 3세 경영 승계 과정에서의 대주주 간 분쟁, 그리고 대기업 계열사 간 인수·합병에 대한 금융감독원의 개입 등은 이미 지배구조 문제가 한국 시장의 핵심 의제로 떠오르고 있음을 보여주고 있다(지배구조에 대해서는 16장에서 자세히 다룰 예정이다). 만일 향후 코스피의 구조적 레벨업이 이뤄진다면, 한국 경제의 성장 잠재력 제고가 동력이 되었다기보다는 소액주주 친화적인 지배구조 개선이 영향을 미친 결과일 것이다.

물론 한국 주식만 투자 대상으로 삼을 필요는 없다. 이미 일찍부터 글로벌 분산투자를 시작한 국민연금은 한국 주식보다 해외주식 보유 비중이 더 높다. '서학개미', '주식 이민'이라는 말이 회자될 정도로 한국 개인투자자들의 미국 주식 매수 열기도 뜨겁다. 앞으로 한국 가계의 해외투자는 더 늘어날 것으로 전망되고, 이는 바람직한 흐름이다. 하지만 해외주식 투자에도 함정이 없는 것은 아니다(이에 대해서는 13장(미국 증시)과 15장(중국 증시)에서 자세히 살펴볼 예정이다).

3~4년 주기로 리밸런싱을 전제로 한 적립식 투자는 효과적

코스피가 구조적으로 한 단계 레벨업될 정도로 한국 경제가 활력을 되찾기는 쉽지 않아 보인다. 물론 이 책의 목적은 한국 경제 자체를 논하는 데 있지 않다. 다만 잠재성장률이 둔화되고 있다는 한국은행 등의 분석은 충분히 받아들일 만하고, 2025년(1.0%)과 2026년(1.8%)의 GDP 성장률이 사상 처음으로 2년 연속 1%대에 머물 것이라는 금융시장의 컨센서스를 그대로 수용하면 당장 한국 경제가 눈에 띄는 회복세를 보이기는 어려울 것이다.

크게 보면 한국 경제는 선진국들이 걸어간 길을 답습하고 있는 것 같다. 경제의 규모가 커질수록 경제적 자원의 투입 대비 산출의 효율이 현저히 떨어진다. 이는 한국 경제가 한계생산 체감 국면에 접어들 만큼 자본 스톡(stock)이 축적되었음을 시사한다. 성장률 둔화는 어느 정도 불가피하게 받아들여야 할 현실이다. 기술혁신과 배타적 통상정책 등으로 잠재성장률이 개선되고 있다는 평가를 받는 미국과 성장 잠재력이 심하게 훼손된 후 아직 회복하지 못하고 있는 일본의 사례는 예외로 본다. 사회·경제적 토대는 완전히 다르지만 GDP의 장기 궤적으로만 놓고 보면 한국은 성장세가 기조적으로 둔화되고 있는 유럽을 두세 걸음 뒤에서 쫓아가고 있는 듯한 모습이다.

완만하지만 지속적인 성장 둔화는 코스피에 대한 장기 '매수 후 보유' 전략이 유효하지 않다는 점을 시사한다. 복잡한 분석에 앞서 이미 2007년 이후 지속되고 있는 코스피의 장기 횡보가 이를 웅변적으로 보여주고 있다. 다만 코스피의 하방경직성이 유지된 가운데 2010~2011년, 2016~2017년, 2020~2021년, 2023년에는 코스피가 강력한 반등세를 나타내기도 했다. 시간이 지나고 나면 다시 상승분을 반납하고 제자리로 돌아오는 허탈한 흐름을 반복했지만, 그래도 그 과정에서 적지 않은 이익을 안겨주는 상방 변동성 장세가 나타나곤 했다.

다음 페이지 그림은 주가지수에 투자하기 결코 좋은 시점이 아니었던 글로벌 금융위기 직전의 고점이었던 2007년 10월부터, 한국 주식시장을 대표하는 KODEX 200 ETF에 매월 10만 원씩 투자한 적립식 투자의 누적 수익률 변화를 보여준다. 2007년 10월부터 2024년 12월 말까

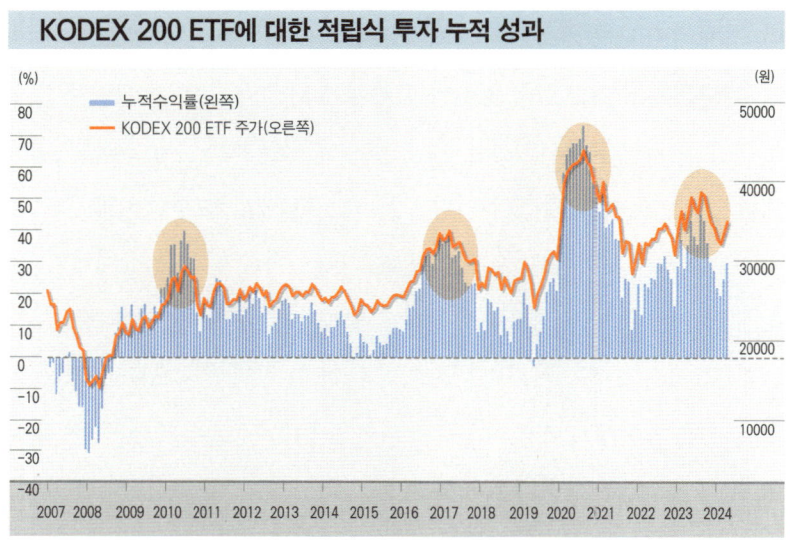

KODEX 200 ETF에 대한 적립식 투자 누적 성과

* 주 : 매월 말 종가로 10만 원씩 적립식 투자   * 자료 : Wisefn, 신영증권

2007년 10월부터 2024년 12월까지 KODEX 200 ETF에 매월 10만 원씩 투자했다면 코스피 상승률 16.2%에 비해 긍정적인 성과를 얻을 수 있었다. 경제 비관론 속에서도 주식시장은 일정 부분 상승하며 투자자들에게 기회를 제공해 왔다.

지 코스피 상승률은 16.2%(2064 → 2399포인트)로 참담한 수준이었다. 그러나 매월 말 종가 기준으로 KODEX 200 ETF에 적립식 투자를 지속했다면, 주기적으로 성과를 낼 수 있었다. 다만 이 경우에도 주가가 상승할 때 일정 부분 차익을 실현하는 전략이 필요했기 때문에, 패시브 투자의 핵심이라 할 수 있는 '게으른 투자'에 전적으로 부합하지는 않았다. 그럼에도 불구하고 경제 비관론이 팽배했던 시기에도 주식시장은 완전히 무너지지 않았고, 이따금 상승세를 나타내면서 투자자들에게 기회를 제공해 왔다.

한국 증시의 일본화 가능성

'잃어버린 20년'의 전철을 밟을 것인가

한국 증시에서 리밸런싱을 전제로 한 적립식 투자가 효과를 볼 수 있었던 것은 주식시장이 지루했을 따름이지, 일본의 '잃어버린 20년' 때처럼 무너지지 않았기 때문이다. 일본 증시를 대표하는 니케이 225 지수는 1989년 12월의 고점 3만 8915엔에서 2009년 3월의 저점 7054엔까지 무려 81.8%나 급락했다.

2008년 이후의 한국 증시가 대체로 지루한 횡보장세였다면, 1990~2009년의 일본 증시는 처참한 하락 장세였다. 일본도 중간중간 강력한 반등이 있었지만, 고점에서의 일시적 매도 기회를 놓치면 재차 무기력한 하락세에 노출될 수밖에 없었다. 지나고 나면 '그때가 고점이었음'을 알 수 있지만, 그 시점에서 매도 타이밍이라는 걸 인지하기란 쉽지 않았을 것이다. 반면 한국 증시는 하방경직성이 유지되는 가운데, 3~4년에 한 번씩 이익 실현의 기회가 왔다. 일본은 한 번의 기회를 놓치면 나락이었지만, 한국은 실기를 해도 기다리면 다시 기회가 주어졌다.

장기 하락의 원인이 다르다

한국 주식시장의 일본화 가능성은 낮다고 본다. '잃어버린 20년'을 보냈던 일본 증시와 우리 주식시장의 내적 환경은 전혀 다르다. 거시경제 전반의 흐름은 일본과 유사한 측면이 있지만, 1990~2000년대 당시 일본보다는 여건이 훨씬 낫다.

일본 주식시장이 장기간 하락했던 가장 중요한 원인은 1980년대 말 주가에 지나치게 큰 거품이 끼어 있었기 때문이다. 1989년 12월에 기록됐던 버블 장세의 고점에서 니케이 225 지수의 PER은 70배에 달했다. 어떤 자산이든 지나치게 높은 가격에 매수하면 그 후유증은 오래간다는 점을 다시 한번 강조하고 싶다.

1980년대 말 일본은 미국을 넘어 세계 1위 국가가 될 것이라는 기대에 부풀어 있었다. '도쿄의 땅을 팔면 미국 전체를 살 수 있다'는 허세도 회자됐다. 주식시장의 밸류에이션도 일본에 대한 여러 기대를 반영했을 테지만, PER 70배는 지속 가능한 수준은 아니었다. 1989년 12월 니케이 225 지수의 PER에 내재된 주식의 기대수익률(=PER의 역수)은 1.4%(=1/70)에 불과했다. 공정할인율로 불렸던 일본은행의 기준금리가 4%에 달했

일본 니케이 225 지수 : '잃어버린 20년'

* 자료 : Bloomberg, 신영증권

2008년 이후의 한국 증시가 대체로 지루한 횡보장세였다면, 1990~2009년의 일본 증시는 처참한 하락 장세였다. 일본도 중간중간 강력한 반등이 있었지만, 고점에서의 일시적 매도 기회를 놓치면 재차 무기력한 하락세에 노출될 수밖에 없었다.

기에 일드갭은 마이너스였다.

    일본 주식시장 장기 하락의 단초는 기업 펀더멘털로 설명하기 힘들 정도로 높은 주가에 있었다. 반면 한국 증시는 상황이 전혀 다르다. 이른바 '코리아 디스카운트'가 지속되는 시장으로, 중후장대형(철강·조선·중화학 등 대규모 설비와 자본이 필요) 산업에 대한 높은 의존도, 소액주주 친화적이지 않은 지배구조 등 디스카운트를 정당화할 수 있는 요인들이 분명 존재한다. 역으로 가격 부담은 거의 없는 수준이다. PER이 10배 내외에서 움직이고, PBR이 자주 1배를 하회하는 시장에서 버블의 징후를 찾기는 어렵다. 시원하게 오르지는 못하지만, 쉽게 떨어지지도 않은 시

1980년대 일본은 세계 경제를 선도하며 기술과 자본의 중심에 섰다. 전자, 자동차, 반도체 산업에서 일본 기업들이 글로벌 시장을 장악했고, 미국 사회는 일본을 미래의 상징처럼 인식했다. 이러한 분위기 속에서 제작된 SF영화 〈블레이드 러너(감독 리들리 스콧, 1982)〉는 미래 도시를 일본풍 간판, 일본어 광고, 스시 바 등으로 묘사하며 당시 일본의 경제적 위상을 시각적으로 반영했다. 그러나 거침없던 상승세는 결국 자산시장에 거대한 거품을 형성했다.

장, 지금의 한국 증시는 그런 모습에 가깝다.

한편 한국 경제의 '일본화'는 이미 진행되고 있는 게 아닌가 싶다. 취약한 내수, 수출 경쟁력 약화, 급속한 고령화 등은 이미 일본의 잃어버린 20년과 비슷하게 전개되고 있다. 특히 GDP 성장률의 추세적 저하는 이런 흐름을 대표한다. 그렇다고 해서 한국 경제가 일본의 잃어버린 20년 때처럼 나쁘다고 말하는 건 지나친 과장이다. 당시 일본은 명목 GDP의 감소가 빈번하게 나타나고 있었기 때문이다.

2장에서 살펴본 것처럼, 주가지수는 장기적으로 경제 규모의 성장과 함께 우상향하는 경향이 있다. 일본은 1990~2000년대에만 7개년에 걸쳐 명목 GDP가 마이너스 성장을 기록했다. 반면 한국은 1960년대 이후

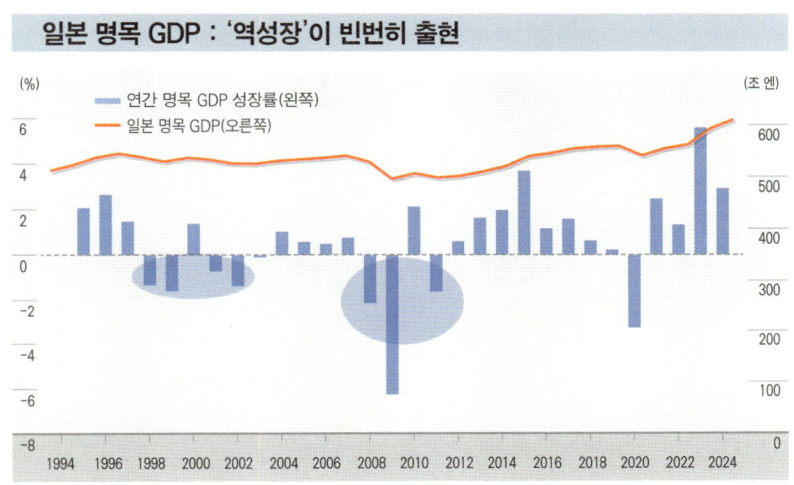

* 자료: 일본 재무성, 신영증권

1990~2000년대 일본은 명목 GDP가 7개년도에서 마이너스를 기록할 만큼 장기 침체에 빠졌다. 선진국 중에서도 극히 이례적인 성장 정체였다.

명목 GDP가 마이너스였던 때가 IMF 외환위기 때 단 한 차례(1998년), 미국은 제2차 세계대전 이후 1949년(군비 지출 축소), 2009년(글로벌 금융위기), 2020년(코로나19 팬데믹) 등 단 세 차례에 불과했다. 일본은 이보다 훨씬 짧은 기간에 마이너스 성장이 일곱 번 기록된 매우 예외적인 사례로 봐야 한다.

리처드 쿠의 시각으로 한국 주식시장 보기

잃어버린 20년 동안 일본이 겪은 예외적인 경기 침체는 디플레이션의 산물이었다. 디플레이션은 물가가 구조적으로 하락하고, 물가 하락에 대한 기대심리가 경제 주체 전반에 고착화된 상황을 의미한다. 주가는 물가상승률로 조정하지 않는 명목(nominal) 값이기 때문에, 이를 비교하려면 GDP 또한 명목 GDP를 기준으로 삼아야 한다는 점은 앞에서 논의한 바 있다. 명목 GDP는 '실질 GDP 성장률 + (소비자)물가지수 상승률'로 계산되는데, 디플레이션에 시달렸던 일본은 물가상승률이 자주 마이너스를 기록(디플레이션)하면서 명목 GDP 규모를 낮췄다.

일본의 잃어버린 20년을 상징하는 디플레이션은 성숙한 자본주의 국가 중에서 유일하게 일본에서만 나타났던 현상이다. 글로벌 금융위기 이후 미국, 유럽, 한국 등에서도 디플레이션에 대한 우려가 제기되었지만, 이는 경제가 디플레이션을 지향(deflationary)하고 있는 데서 비롯됐던 걱정이지, 일본처럼 물가가 실제로 장기간 하락한 적은 없었다. 글로벌 금융위기 이후 선진국에서 나타났던 현상은 물가가 오르기는 하지만, 상승률이 점차 둔화되는 '디스인플레이션(dis-inflation)'이었다고 봐야 한다. 일본과는 전혀 달랐다.

일본이 예외적으로 경험했던 디플레이션은 자산시장의 붕괴와 무관하지 않았다고 본다. 1980년대 후반 일본의 자산시장은 논란의 여지가 없는 버블이었다. 모든 버블이 그렇듯이 터지고 나서 알게 됐지만 말이다. 앞서 언급한 주식시장뿐 아니라, 부동산시장 역시 과열 양상이 심각했다. 노무라 종합연구소의 이코노미스트였던 리처드 쿠(Richard C. Koo)는 자산 버블 붕괴에서 비롯된 일본의 장기 침체를 '대차대조표 불황'

이라는 개념으로 설명했다. 부동산은 대개 금융권으로부터 차입을 해 구매한다. 그런데 1990년대 부동산시장이 붕괴하면서 자산가치는 급락했지만, 금융권에 진 채무는 줄지 않았다. 기업과 가계가 부채 상환을 우선시하면서 투자 축소와 소비 위축이 이어졌고, 그 결과 경제 활동의 구조적 침체가 장기화되었다는 설명이다.

리처드 쿠의 앵글로 한국을 보면 주식시장의 버블 우려는 크지 않다. 부동산은 필자의 전문 영역은 아니지만, 일본의 1990년대와 같은 전면적인 가격 하락이 현실화되고 있지는 않다. 다만 장기적으로 경계심을 가지고 관찰할 필요는 있다. 종합적으로 한국 주식의 장기 성과가 크게 악화되기는 했지만, 일본 증시가 1990~2000년대에 겪었던 장기 침체의 길을 그대로 따라갈 가능성은 크지 않다고 판단된다.

일본 증시가 패배자의 오명을 벗고 극적으로 반등한 2013년 이후의 이야기는 지배구조와 관련된 논의(16장)에서 살펴보도록 하겠다. 한국 주식시장이 일본의 잃어버린 20년의 전철을 밟지 않는다면 다행스러운 일이겠지만, 한국 경제의 성장 둔화가 이미 주식시장에 반영되어 장기 정체를 보이고 있다는 점은 그 자체로 가볍게 넘길 문제가 아니다.

이를 해결할 방법 중 하나는 해외자산에 대한 포트폴리오 다변화다. 이런 흐름은 이미 우리에게 다가온 현실이다. 한국 증시의 장기 정체에 지친 투자자들은 점점 해외로 눈을 돌리고 있다. '국장 탈출은 지능순'이라는 말까지 회자되고 있지 않은가. 한국 가계 해외투자 자금의 80% 이상이 몰리는 미국 증시에 대한 이야기가 다음 장의 주제다.

INSIGHT **13**

늘 불패인
자산은 없다

> 국장 탈출은 지능순
> (2024년, 어디에서나 들을 수 있었던 말)
>
> 성장하는 중국에 네 재산을 묻어라
> (2007년 모 증권사 투자설명회 광고)
>
> 아직도 거래소시장에 투자하고 계세요?
> (1999년 12월 「한국경제신문」)

●●● 최근 몇 년 사이, 한국 개인투자자들 사이에서 해외주식 투자 열풍이 거세게 일고 있다. 국내 증시의 장기 부진 속에 '서학개미'라는 신조어가 등장했고, 많은 자금이 미국 빅테크 기업과 고위험 레버리지 ETF로 몰리고 있다. 이는 한국에만 국한된 현상이 아니다.

전 세계적으로 투자자들은 기대수익률이 높은 자산을 좇아 국경을 넘는다. 한국인들의 투자 대상이 해외자산으로 다변화되고 있다는 점은 바람직한 일이다. 글로벌 분산투자는 리스크를 줄이는 동시에 기회의 지평을 넓히는 일이다.

하지만 어떤 시장이든 끝없는 상승은 없다. 역사적으로 번영의 정점에서 자산시장은 과열됐고, 그 끝엔 조정이 따랐다. 미국 주식 역시 예외일 수는 없다.

역사적으로 보더라도 시장 간 인기와 소외는 번갈아 교차되고 있다. 1980년대는 한국 주식의 성과가 미국보다 나았고, 1990년대는 미국 증시의 성과가 탁월했다. 2000년대에는 한국이 미국 증시의 수익률을 압도했고, 2010년대 이후에는 미국 증시의 독주와 한국 증시의 답답한 횡보세가 나타났다.

2025년 들어 반전의 조짐이 나타나고 있다. 미국 증시의 성과도 좋지만, 한국 증시의 수익률이 훨씬 더 높다. 이런 흐름이 앞으로도 더 이어질까?

자산의 국경을 넘어

글로벌 분산투자를 통한 리스크 헤지

투자자들 사이에서 회자되는 '한국 증시 탈출은 지능순'이라는 말이 더 이상 우스갯소리로만 들리지 않는다. 한국 증시가 장기 횡보세에서 벗어나지 못하고 있는 반면 미국을 비롯한 해외증시는 강세를 나타내면서 한국인들의 해외주식 투자가 빠르게 증가하고 있다. 한국 개인투자자들의 해외주식 투자는 코로나19 팬데믹 직후 초저금리 투자 환경이 만들어졌던 2020년부터 본격화되었다. 저금리로 국내에서 마땅한 투자처를 찾기 어려워진 투자자들이 더 높은 수익을 좇아 해외로 이동하기 시작한 것이다. '서학개미'라는 신조어가 등장한 것도 이때다. 한국예탁결제원에 따르면 2020년 이후 한국인들의 해외주식 순매수 규모는 총 604억 달러, 원화 환산으로는 약 73조 원에 달하고 있다.

세계는 넓고 투자할 곳은 많다

지능이 높은 사람들부터 해외주식을 매수하는지는 알 수 없지만, 해외 투자가 늘어나고 있다는 사실 자체는 바람직한 일이라고 본다. 어느 나라 투자자나 자국 자산에 대한 '편향적 투자(home bias)'가 나타나게 마련이다. 그러나 해외자산을 편입해 포트폴리오를 다변화하면 투자 성과를 개선할 수 있다. 한국도 이제 글로벌 경제의 중추 국가 반열에 올랐지만 한국 너머의 세상은 넓고, 투자할 곳도 많다. 2024년 기준 세계 GDP에서 한국이 차지하는 비중은 1.8%에 불과하며, 2024년 7월 말 기준 세계 주요 증시 시가총액에서 한국 증시의 비중은 1.4%에 그친다.

또한 최근 해외투자가 빠르게 늘어나고 있기는 하지만, 전체 가계 금융자산에서 해외자산이 차지하는 비중은 여전히 낮은 수준이다. 2024년 말 기준 한국 가계가 보유 중인 해외 금융자산은 원화 환산 178조 원이다. 이 중 해외주식이 148조 원, 해외채권이 28조 원으로 주식 비중이 압도적으로 높다. 해외 금융자산은 2020년 이후 연평균 50.9%라는 무서운 속도로 증가했지만, 아직 전체 가계 금융자산 5472조 원에서 해외자산이 차지하는 비중은 3.2%에 불과하다.

국민연금은 한국에서 가장 선도적으로 글로벌 자산 배분을 실천하고 있는 투자 주체다. 2025년 3월 말 기준, 국민연금 포트폴리오에서 해외자산이 차지하는 비중은 42.5%에 달한다. 가계가 전문적 투자자인

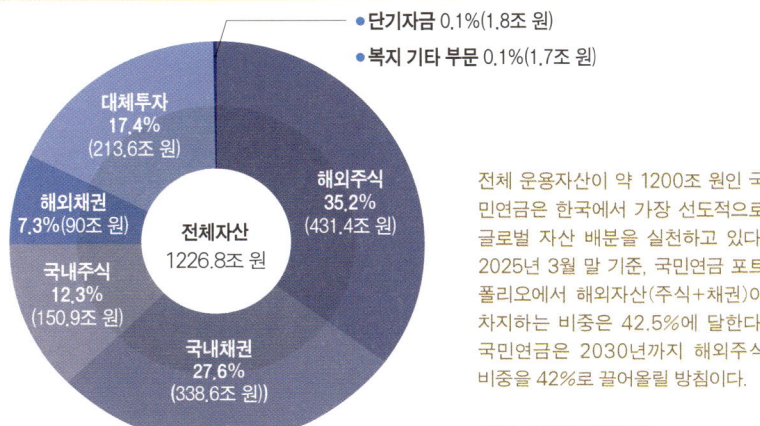

 국민연금 수준으로 해외자산 보유 비중을 늘리기는 어렵겠지만, 장기적으로는 양질의 해외자산에 대한 투자를 적극적으로 확대해 나갈 필요가 있다.

 대한민국의 성장 속도는 현저히 둔화되고 있다. 1996년에 취업한 필자가 직장생활을 했던 시기의 대부분은 GDP 성장률이 3~6%에 이르는 중속성장의 시대였는데, 이제는 1%대 성장이 노멀이 되는 저성장 시대의 문턱에 서 있는 듯하다.

 실물경제의 성장 둔화는 금융투자의 성과에도 영향을 준다. 한국 주식시장이 지난 수년간 장기 박스권에서 벗어나지 못했던 이유도 경제의 성장 둔화와 무관하지 않다. 글로벌 투자는 이 땅에서 나타나고 있는 성장 둔화와 투자 수익률 저하를 돌파할 수 있는 수단이다. 한국 경제의 성장은 둔화되고 있지만, 이 땅에는 그동안 고성장 과정에서 축적해 온 가계 금융자산이 5천조 원을 넘어서고 있다. 내 금융자산이 국경을 넘어 투자됨으로써 기회의 폭을 확장할 수 있다.

해외투자 자체는 환영할 만한 일이지만, 특정 자산에 대한 과도한 쏠림은 경계해야 한다. 세상은 넓고 투자할 곳은 많다. 대부분의 투자 행위가 그렇듯이 해외자산에 대한 투자도 당대의 가장 인기 있는 자산에 대한 극심한 쏠림 현상으로 나타나는 경우가 많다. 요즘과 비교하면 투자 규모는 작지만, 2014부터 2015년 사이에 홍콩 증시를 통해 중국 본토 주식을 매수할 수 있는 '후강퉁(상하이·홍콩 증시 교차거래)' 제도가 도입됐을 때 한국 개인투자자들 사이에 중국 주식 매수 붐이 일었다. 이 시기 전체 해외주식 순매수액 4억 7000만 달러의 93%인 4억 4000만 달러가 홍콩 주식 순매수였다. 또한 2007~2008년 신흥국의 성장 스토리가 달콤하게 다가왔을 때는 중국을 비롯한 브릭스(BRICs : 브라질·러시아·인도·중국) 증시와 베트남 증시 투자 열풍이 불기도 했다.

미국 주식시장도 늘 불패는 아니었다

요즘 한국인들에게 가장 인기 있는 투자처는 단연 미국 주식이다. 2020년 이후 전체 해외주식 순매수 금액 604억 달러 중 미국 주식이 571억 달러, 94%의 비중을 차지하고 있다.

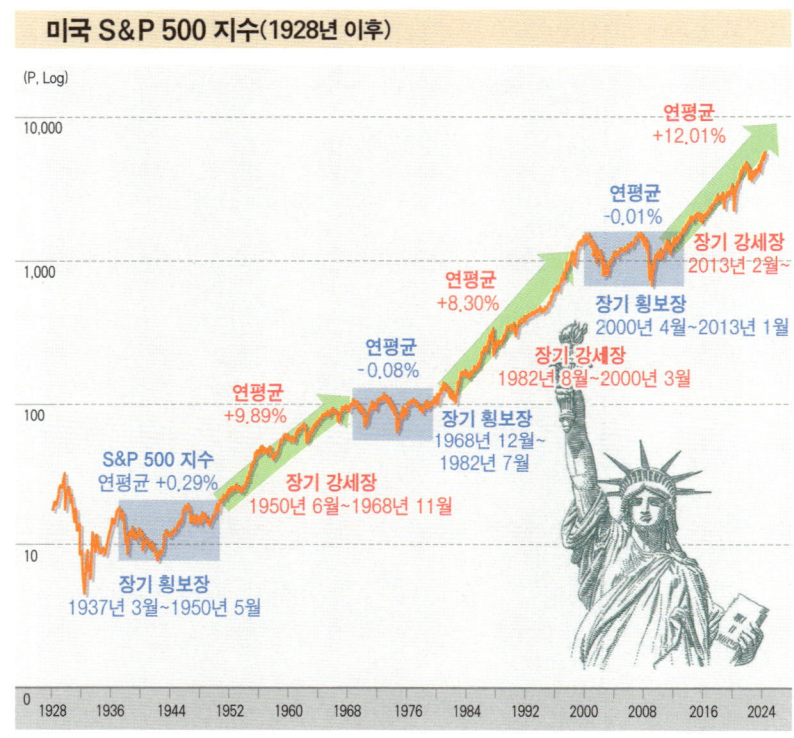

*주: 로그스케일로 작성 *자료: Bloomberg, 신영증권

미국 증시가 늘 불패라는 믿음은 위험하다. 최근 십여 년간 성과가 압도적으로 좋았던 것은 사실이지만, 역사적으로 언제나 그랬던 것은 아니다.

돈은 수익률을 따라 흐른다. 장기간 부진한 한국 증시에 지친 개인투자자들이 미국 증시로 투자의 물꼬를 돌렸다고 봐야 한다. 최근 십수 년간 미국 증시의 성과가 압도적으로 좋기도 했지만, 확고한 재산권 보호, 압도적인 원천 기술력 보유, 기업들의 혁신, 주주 친화적인 투자 문화 등 미국 증시가 지닌 강점은 분명하다. 한국 투자자들이 미국 증시로 투자 시야를 넓히는 것은 장기적으로 바람직하다고 본다.

다만 미국 증시는 늘 불패라는 맹신은 경계할 필요가 있다. 어떤 자산 가격이건 오르고 내리는 사이클을 가지게 마련이고, 많이 오른 자산일수록 가격의 운동 방향이 바뀔 때 충격도 크다. 이는 자산의 절대적 퀄리티에 대한 '좋고, 나쁨'의 문제가 아니다. 우량한 자산일수록 투자자들의 쏠림이 생기고, 그만큼 높은 가격에 거래된다. 고평가 혹은 버블이 생기는 것이다. 고평가된 자산 가격은 언젠가는 제 자리로 돌아온다. 8장에서 살펴본 바와 같이 최근 미국 증시의 밸류에이션 부담은 결코 가볍지 않다.

역사적으로 보더라도 미국 증시의 성과가 늘 좋았던 것은 아니다. 대공황과 제2차 세계대전이 맞물렸던 1940년대 내내(1937년 3월~1950년 5월, S&P 500 지수 연평균 등락률 +0.29%) 시장이 박스권에 머물렀다. 인플레이션이 엄습했던 1970년대(1968년 12월~1982년 7월, -0.08%)와 IT버블이 붕괴됐던 2000년대 초반의 10여년(2000년 4월~2013년 1월, -0.01%)도 장기 성과가 부진했다. 최근 십수 년의 한국 증시가 보여주고 있는 박스권 장세와 비슷한 사례들을 미국 증시에서도 어렵지 않게 찾아볼 수 있다.

제국이 쇠할 때 나오는 신호들

자의식 과잉이 불러온 침체

미국 증시의 장기 횡보장은 그에 앞서 나타났던 장기 강세장의 그림자로 나타나곤 했다. F. 스콧 피츠제럴드(F. Scott Fitzgerald)의 소설 『위대한 개츠비』에 묘사된 '열광의 1920년대'가 지나간 뒤 주식시장은 긴 침체에 접어들었고, '자본주의 황금기'로 불렸던 1950~1960년대 장기 호황이 끝난 후 1970년대의 부진한 장세가 이어졌다. 또한 '인터넷 혁명'으로 대표되는 기술 낙관론이 풍미했던 1990년대가 끝난 직후에도 미국 증시는 장기 횡보장세에 접어들었다.

횡보장세 직전에 나타났던 기록적인 장기 강세장에는 일반화시킬 수 있는 몇 가지 공통된 특징이 있다. 대공황 직전인 1920년대는 수집할 수 있는 경제 데이터가 충분하지 않아 비교가 어렵지만, 1960년대와 1990년대의 활황기, 그리고 요즘의 미국을 비교해 봤다. 세 시기는 기시감을 느낄 만큼 공통점이 많다.

경제 쇠퇴 국면의 징후들

먼저 세 시기 모두 기록적인 경기 팽창이 나타났다. 글로벌 금융위기 이후의 최근 십수 년은 미국 경제의 전성기로 불리기에 부족함이 없다. AI 혁명을 미국 기업들이 주도하고 있고, 글로벌 밸류체인 역시 자신들의 입맛에 맞게 재편하고 있다.

중산층이 광범위하게 확대되면서 '아메리칸 드림'이 현실화됐던 제2차 세계대전 이후 1960년대까지를 1차 황금기, 동서냉전 종식과 IT혁명을 바탕으로 고성장을 이룬 1990년대를 2차 황금기, 그리고 글로벌 금융위기 이후 최근까지의 시기를 3차 황금기로 구분할 수 있을 것이다.

전미경제연구소(NBER)에 따르면 미국 건국 이후 경기가 100개월 연속 확장세를 나타냈던 경우는 단 세 차례뿐인데, 바로 이 세 번의 황금기가 그에 해당한다. 세 국면 모두 미국 주식시장은 상승 기간이 짧은 순환적(cyclical) 상승세가 아니라 주가가 큰 굴곡 없이 장기간 상승하는 구조적(secular) 상승세를 나타냈다.

과거 미국 경제의 장기 확장세는 과잉 낙관 속에서 저물어 갔다. 그 쇠퇴 국면에는 몇 가지 공통적인 징후들이 나타났다. 인플레이션, 재정적자, 전쟁, 소프트파워의 훼손 등이 그것이다. 이들 요인은 상호 밀접

미국 주요 경기 확장 사례들

	경기 확장 기간	시기	경기 확장의 동력
1	128개월	2009년 6월~2020년 2월*	사상 초유의 저금리, AI혁명(주식시장 장기 강세)
2	120개월	1991년 3월~2001년 3월	동서냉전 종식·세계화, IT혁명(주식시장 장기 강세)
3	106개월	1961년 2월~1969년 3월	전후 자본주의 팽창기(주식시장 장기 강세)
4	92개월	1982년 11월~1990년 6월	레이건 신자유주의 개혁, 금리 하락
5	80개월	1938년 6월~1945년 2월	제2차 세계대전 특수
6	73개월	2001년 11월~2007년 12월	저금리와 주택 버블
7	58개월	1975년 3월~1980년 1월	제1차 오일쇼크 직후 기술적 경기 반등
8	50개월	1933년 3월~1937년 5월	대공황 직후 뉴딜정책
9	46개월	1861년 6월~1865년 4월	남북전쟁 특수
10	45개월	1949년 10월~1953년 7월	한국전쟁 특수

* 코로나19로 인한 경기 침체는 2020년 3~4월 단 2개월에 끝났다.
* 자료 : NBER, 신영증권

미국 건국 이후 경기가 100개월 연속 확장세를 나타냈던 경우는 단 세 차례뿐이다. 세 국면 모두 미국 주식시장은 상승 기간이 짧은 순환적 상승세가 아니라 주가가 큰 굴곡 없이 장기간 상승하는 구조적 상승세를 나타냈다.

하게 연관돼 있다. 여기에 다섯 번째 공통점으로 주식시장에서의 성장주 강세를 덧붙일 수 있다.

인플레이션은 기본적으로 호황의 산물이다. 과잉 수요가 존재하지 않으면 지속적인 물가 상승이 나타날 수 없다. 경제가 정상 속도를 넘어 과속 성장할 때 인플레이션이 발생하는 것이다. 이때 정부의 재정 지출이 확대되면서 물가 상승은 더욱 가속화된다. 여기에 전쟁까지 벌어지면 정부는 지출을 줄일 수 없게 되고, 그 결과 재정 적자와 인플레이션이 동행하는 모습이 나타나게 된다.

1960년대, 1990년대와의 섬뜩한 데자뷔

제2차 세계대전 이후 1960년대까지 이어진 미국의 호황이 꺾이는 과정을 복기해 보자. 출발은 민주당 정부의 과욕에서 비롯됐다. 대공황 이후 1960년대까지 자본주의 주류 경제학은 경제 운용에 있어 정부의 적극적 개입을 강조하는 '케인스주의'였다. 그야말로 진보의 시대였다.

케네디(John F. Kennedy) 대통령 서거 이후 대통령에 오른 존슨(Lyndon B. Johnson) 대통령은 민주당적이었는데, 존슨 행정부는 '위대한 사회(Great Society)'라는 슬로건을 내걸고 대대적인 복지 정책을 추진했다. '위대한 사회'는 케인지안들의 원대한 포부가 축약된 구호였다. 정부는 복지 확대를 명분으로 재정 지출을 늘리기 시작했고, 그 결과 재정 적자가 확대되면서 인플레이션이 서서히 고개를 들기 시작했다.

이 와중에 미국은 베트남 전쟁이라는 수렁에 빠지게 된다. 전비 지출로 재정 적자는 더 늘어나고, 이어 1970년대의 두 차례 원유 파동까지 맞물리며 인플레이션은 장기화된다. 이후 1980년대 초반까지 미국은 일본과 독일 등에 밀리는 이류 국가 취급을 받게 된다.

한편 전쟁은 미국이 보유했던 소프트파워의 후퇴를 가져오기도 했다. 파시즘과 나치즘에 맞서 세계를 구했던 미국은 한때 자유의 상징이었다.

그러나 1960년대 후반 베트남에서 미군이 저지른 양민 학살이 폭로되면서 상황은 달라졌다. '양키 고 홈(Yankee Go Home)'이라는 반미 구호가 곳곳에서 터져 나오기 시작한 것이다.

미국 경제의 제2차 황금기가 끝나갈 무렵 나타났던 모습도 비슷하다. 출발점은 역시 재정 적자였다. 1980년대에 들어서면서 케인스주의

역사적으로 보면,
미국이 장기 호황을 구가하며
가장 자신감에 차 있을 때마다
재정 및 군사적 과잉 팽창이 뒤따랐고,
이는 도리어 미국의
경제적 패권 상실로 귀결되곤 했다.

는 퇴조하고, 시장에 의한 자원 배분을 절대적으로 신봉하는 보수주의 경제학이 주류로 부상한다. 작은 정부, 규제 완화, 민영화, 감세 등이 당시의 시대정신이었다. 2000년대 초의 재정 적자 확대는 공화당 부시(George W. Bush) 행정부의 파격적인 감세 정책에서 비롯됐다.

이후 '테러와의 전쟁'이라 이름 붙여진 대규모 군사작전이 아프가니스탄과 이라크에서 전개된다. 이 시기 미국의 소프트파워는 또 한 번 바닥까지 추락한다. 네오콘(신보수주의자)이 장악했던 부시 행정부는 국제사회에서 불통의 상징처럼 불렸고, 특히 이라크 침공을 앞두고는 전통적 우방인 유럽과 미국의 대립이 격화됐다.

재정 지출 확대나 감세는 각각 복지 확대와 경기 부양을 추구하는 나름의 선의를 가진 정책이었을 테고, 전쟁 역시 미국의 가치를 구현하는 수단이었을 것이다. 그러나 결과적으로는 과잉을 불러왔다. 1960년대는 진보주의자들, 2000년대는 보수주의자들의 과욕이 재정 적자를 키우고 인플레이션을 자극했다. 미국이 벌였지만 궁극적으로 원하는 목표를 달성하지 못했던 베트남 전쟁·아프카니스탄 전쟁·2차 이라크 전쟁 등도 자국의 이해관계가 세계 어디서든 관철돼야 한다는 자의식 과잉의 산물로 봐야 할 것이다.

역사적으로 보면, 미국이 장기 호황을 구가하며 가장 자신감에 차 있을 때마다 재정 및 군사적 과잉 팽창이 뒤따랐고, 이는 도리어 미국의 경제적 패권 상실로 귀결되곤 했다. 최근 상황을 보면 기시감이 느껴진다. 지난 수년간 바이든(Joe Biden) 행정부의 과욕은 정부 지출 증가로 이어져 GDP의 7%에 달하는 재정 적자를 만들어 냈다. 동시에 바이든 행정부 때 미국은 우크라이나와 이스라엘, 두 개의 전선에서 벌어지는 전쟁에 간접 개입했다. 한편 집권 초부터 '보호무역'이라는 칼을 휘두르고 있는 트럼프(Donald Trump) 대통령은 미국의 소프트파워를 구조적으로 해체시키고 있다고 봐도 무방하다.

미국 경제 장기 호황기의 특징과 변곡점에서 나타났던 변화들

	1960년대	1990년대	최근
패권 국가 미국	자본주의 블록의 맹주 나치즘과 파시즘으로부터 세계를 지킨 구세주	동서 냉전의 종식과 부동의 원 탑	글로벌 금융위기 이후의 승자
위기의 징후	재정 적자와 인플레이션 존슨 행정부의 '위대한 사회' 정책 베트남 전쟁 참전	재정 적자와 인플레이션 부시 행정부 대규모 감세 아프가니스탄과 이라크 전쟁	재정 적자와 인플레이션 바이든 정부 대규모 지출 트럼프 정부의 대규모 감세 두 개(우크라이나·이스라엘)의 전쟁
소프트 파워 약화	베트남에서 양민 학살로 반미 분위기 확산	부시는 불통의 상징, 이라크전은 유럽이 반대	강압적 밸류체인 재편 트럼프의 MAGA (Make America Great Again: 미국의 산업·일자리·군사력을 되살려 과거의 위상을 회복하자)
성장주 강세	니프티 피프티 버블	닷컴버블	매그니피센트 7 버블?

아무 걱정 없어 보일 때가
가장 위험한 순간

과잉 낙관에 주가가 반응하는 과정

달도 차면 기우는 법이고, 가장 빛나 보일 때가 실은 새로운 변화로 가는 변곡점인 경우가 많았다. 번영하던 제국이 황혼으로 물들 무렵 주식시장에서는 성장 가치로 무장한 종목들이 거품을 형성하곤 했다. 1차 황금기(제2차 세계대전 이후부터 1960년대)가 끝날 무렵에는 '니프티 피프티'로 불린 성장주 버블이 있었고, 2차 황금기(1990년대) 중반부에는 닷컴버블이 뒤따랐다. 최근 미국 증시에서도 매력적인 7개 종목(Magnificent 7)으로 불리는 대형 기술주로 구성된 성장주 강세가 나타나고 있다.

가장 빛날 때가 새로운 변화가 시작되는 변곡점

한국 개인투자자들의 미국 주식투자는 이들 성장주에 집중되고 있다. 2025년 7월 말 기준 한국 개인투자자들의 총 해외주식 보유액은 1373억 달러에 달하며, 이 가운데 92.7%인 1273억 달러가 미국 주식에 투자되어 있다.

종목별로는 테슬라에 대한 선호가 압도적이다. 테슬라 단일 종목에 197억 달러가 몰려 있으며, 테슬라 주식을 기초자산으로 한 레버리지 ETF도 25억 달러를 보유하고 있다. 이밖에 엔비디아(148억 달러)·팔란티어(52억 달러)·애플(40억 달러) 등도 한국 투자자들의 최선호 종목에 이름을 올리고 있다.

상위 10대 보유 종목 중 일곱 개는 밸류에이션이 높은 성장주들이다. 매그니피센트 7 종목 중 아마존(보유 순위 16위)과 메타 플랫폼스(18위)를 제외한 다섯 개 종목이 모두 상위권에 포진되어 있다. 방위산업에 특화된 AI 기업 팔란티어(3위)와 양자컴퓨팅 기업 아이온큐(10위)가 2024년 하반기 이후 떠오르고 있는 인기 종목들이다. 팔란티어는 2025년 예상 실적 기준 PER이 236배에 이르고, 아이온큐는 적자가 지속되는 기업으로 매그니피센트 7 종목들보다도 고평가 부담이 훨씬 크다.

상위 10대 보유 종목 중 나머지 세 개는 ETF다. 이 가운데 두 개가 나스닥 시장을 추종하고 있고, 한 개는 테슬라 개별 주식에 대한 레버리지 ETF이기 때문에 사실상 미국 성장주에 투자하는 것과 다르지 않다.

한국인들의 미국 주식투자는 밸류에이션이 높은 빅테크 기업과 지수 변동 폭의 2~3배를 추종하는 레버리지 ETF에 집중되어 있다. 높은 기대수익률과 높은 위험을 동반하는 종목군들에 대한 쏠림이 강하게 나

한국 투자자 보유 해외주식 상위 10대 종목

순위	종목명	보유금액 (억 달러)	비고
1	테슬라(Tesla)	197.0	-
2	엔비디아(NVIDIA)	148.9	-
3	팔란티어 테크놀로지스 (Palantir Technologies)	52.4	-
4	애플(Apple)	40.0	-
5	마이크로소프트(Microsoft)	35.6	-
6	인베스코 QQQ ETF (INVESCO QQQ TRUST SRS 1)	29.6	나스닥 100 지수 추적 ETF
7	프로셰어즈 울트라프로 QQQ ETF (PROSHARES ULTRAPRO QQQ)	28.9	나스닥 100 지수 추종 3배 레버리지 ETF
8	알파벳(ALPHABET CLASS A)	28.1	구글의 모회사
9	디렉션 데일리 테슬라 불 2X SHARES (DIREXION DAILY TSLA BULL 2X)	25.0	테슬라 주가 추종 2배 레버리지 ETF
10	아이온큐(IONQ)	24.5	-

* 주 : 2025년 7월 31일 기준 * 자료 : 한국예탁결제원

타나고 있어 걱정이다. 미국의 빅테크 기업들은 탁월한 경쟁력을 가지고 있지만, 아무리 뛰어난 기업이라도 그 기업의 미래가치가 이미 주가에 충분히 반영되어 있다면 좋은 투자 대상이 아니다.

주식시장에서는 최고의 기업에 투자하고도 큰 손실을 보는 경우가 자주 있다. 이는 과잉 낙관에 대해 주가가 반응하는 과정이다. 아무리 훌륭한 기업일지라도 낙관적 기대가 주가에 충분히 반영되어 있다면 그 종목은 더 이상 좋은 투자 대상이 아니다. 장밋빛 미래에 대한 매혹적인 스

번영하던 제국이 황혼으로 물들 무렵 주식시장에서는
성장 가치로 무장한 종목들이 거품을 형성하곤 했다.
1차 황금기가 끝날 무렵에는
'니프티 피프티'로 불린 성장주 버블이 있었고,
2차 황금기 종반부에는 닷컴버블이 뒤따랐다.
최근 미국 증시에서도 매력적인
7개 종목(Magnificent 7)으로 불리는
대형 기술주로 구성된 성장주 강세가 나타나고 있다.

토리는 투자자들을 들뜨게 하지만, 이미 이런 기대를 넘치게 반영하고 있는 주가는 뒤늦게 매수에 가세한 투자자들을 실망시키곤 한다.

아무 걱정이 없어 보일 때가 실은 투자자들에게 가장 위험한 순간일 수 있다. 필자가 증권사 신입사원이던 1999년, 한 경제신문은 "아직도 거래소에 투자하세요?"라는 헤드라인을 단 기사를 실었다. 코스닥 시장의 대표 종목인 새롬기술의 시가총액이 현대차를 앞지르고 있을 때였다. 밀레니엄의 주역인 코스닥 기업 주식을 사지 않고 전통산업에 속한 종목이 많은 거래소 주식을 사는 건 현명한 선택이 아니라는 세태를 반영한 기사였다. 이후의 결과는 우리가 아는 그대로다.

버블은 계산할 수 없다. 그렇다고 해서 상승 중인 자산을 무작정 외면하는 게 항상 옳은 해법도 아니다. 다만 한없이 올라가기만 하는 자산은 존재하지 않기에 이미 많이 오른 자산에 투자할 때는 늘 경계심을 곤추세우고 있어야 한다.

다음 장에서는 최근 7~8년간 미국 증시에서 관찰된 매우 이례적인 현상들을 살펴보고자 한다. 한편으론 자사주 매입으로 대표되는 '주주 환원 극대화'였지만, 다른 한편으로는 자본주의의 총아인 기업들이 자본(capital)을 스스로 파괴하는 '자본 없는 자본주의'였다. 이는 한국 증시에도 시사하는 바가 크며, 충분히 고민해 볼 가치가 있다.

INSIGHT **14**

자본 없는
자본주의

> 자사주 매입은 사회적 불평등을 강화시키고,
> 경영진과 주주들의 배만 불린다.
> 자사주 매입에 1% 세율을
> 부과하는 것만으로는 충분하지 않다.
> 세율을 4%로 인상해야 한다.
>
> _ 2023년 바이든(Joe Biden) 미국 대통령

●●● 전통적으로 기업의 부를 가늠하는 핵심 척도는 기업에 쌓여 있는 '자기자본'의 규모다. 자기자본이란 기업이 벌어들인 순이익 중 자사주 매입이나 현금배당 등 주주환원으로 사용한 부분을 차감하고 기업 내부에 쌓아온 유보액을 의미한다.

그런데 미국 초우량 기업들이 자기자본을 계속 줄이고 있다. 애플의 자기자본은 2017년 9월 말 1340억 달러에서 2024년 569억 달러로 57% 줄어들었다. 이러한 현상은 애플만의 이야기가 아니다. 맥도날드, 스타벅스, 필립모리스 등 S&P 500 지수에 포함된 31개 기업은 현재 자기자본이 마이너스 상태다. 이들은 자사주 매입·소각과 배당을 통해, 벌어들인 이익보다 더 많은 금액을 주주에게 환원하면서 자기자본을 지속적으로 줄여왔다.

기업들은 예비적 동기로 자기자본을 보유한다. 주기적인 설비투자가 필요한 기업들은 일정 규모 이상의 자기자본을 유지할 필요가 있고, 심각한 경제 위기가 닥칠 때 기업에 쌓여 있는 자기자본은 파산을 막는 완충작용을 할 수 있다.

그렇다면, 왜 미국의 우량 기업들은 자발적으로 자기자본을 줄이는 선택을 하고 있는 것일까?

Think about Investing

미국 우량 기업의 자본 파괴

공격적인 주주환원 정책

많이 버는 것도 부자의 조건이지만, 재산을 많이 쌓아두고 있어야 진짜 부자라고 할 수 있다. 기업도 마찬가지다. 한국에서 가장 부유한 기업은 삼성전자다. 최근 어려움을 겪고 있지만 그래도 삼성전자를 능가할 기업은 없다. 기업의 주인인 주주들에게 귀속되는 몫으로 쌓여 있는 부(富)를 '자기자본'이라고 하는데, 2025년 3월 말 기준 삼성전자의 자기자본은 무려 406조 원이나 된다. 최근 5년 동안 52%나 증가했다. 같은 기간에 당기순이익 누계액이 175조 원에 달할 정도로 돈을 잘 벌었으니, 주주들에게 돌려준 배당을 제외하고도 상당한 자금이 곳간에 차곡차곡 쌓여 있는 것이다.

일반적으로 우량 기업은 돈을 잘 벌고, 번 돈의 일정 부분을 사내에 유보하면서 꾸준히 자기자본을 늘려나간다. 하지만 이런 상식은 요즘 미국을 대표하는 기업들에는 적용되지 않는다.

왜 애플의 자기자본은 삼성전자의 1/5에도 미치지 못할까

애플은 전 세계에서 시가총액이 세 번째로 큰 기업으로 타의 추종을 불허하는 초우량 기업이다. 2024년 9월 말 기준(애플은 9월 결산 법인) 애플의 자기자본은 569억 달러로, 원화로 환산하면 74조 원(당시 원·달러 환율 1314원 적용)이다. 이는 같은 시점 삼성전자의 자기자본 규모(386조 원)의 5분의 1에도 못 미치는 수준이다.

흥미로운 사실은 애플의 자기자본이 계속 감소해 왔다는 점이다. 애플의 자기자본은 2017년 9월 말 1340억 달러를 정점으로 기록한 이후에 2024년까지 57%나 감소했다.

일반적으로 자기자본 감소는 부실기업에서 흔히 나타나는 현상이다. 기업이 적자를 낼 때 자기자본이 줄어들기 때문이다. 하지만 초일류기업 애플이 적자를 낼 리 있겠는가. 2020~2024년까지 5년 동안 애플이 벌어들인 순이익은 4426억 달러로, 원화로 환산하면 553조 원에 달한다. 이는 같은 기간 삼성전자가 벌어들인 순이익의 3.3배나 되는 어마어마한 규모다. 그렇다면 왜 애플은 자기자본이 삼성전자보다 훨씬 적을까?

애플의 자기자본 감소는 공격적인 주주환원 정책의 산물이다. 기업이 벌어들인 당기순이익에서 주주환원 규모를 뺀 금액이 '유보'라는 명목으로 자기자본에 더해지는데, 애플은 당기순이익보다 더 많은 금액을 주주에게 돌려줬기 때문에 자기자본이 줄어들 수밖에 없었다. 실제로 애플은 지난 5년 동안 4938억 달러를 자사주 매입과 배당을 통해 주주들에게 환원했다. 같은 기간(2020~2024년) 벌어들인 순이익(4426억 달러)보다 더 많은 금액이다.

특히 배당보다는 자사주 매입에 더 많은 돈을 썼다는 사실이 중요하다. 전체 주주환원액 4938억 달러 가운데 자사주 매입으로 쓴 금액이 4202억 달러에 달했다. 배당은 주주들에게 당장 쓸 수 있는 현금을 지

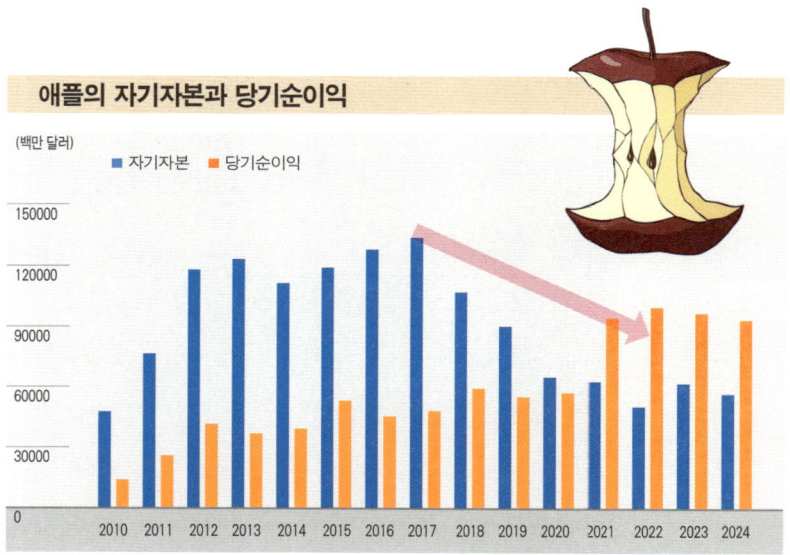

• 자료 : SEC

애플은 전 세계 시가총액 3위 기업으로 타의 추종을 불허하는 초우량 기업이지만 자기자본은 삼성전자의 5분의 1에도 못 미치는 수준이다. 애플의 자기자본은 2017년 9월 말 정점을 찍은 이후 계속 감소하고 있다. 애플은 지난 5년 동안 4938억 달러를 자사주 매입과 배당을 통해 주주들에게 환원했다. 같은 기간 벌어들인 순이익(4426억 달러)보다 더 많은 금액이다.

급하는 행위이고, 자사주 매입은 회삿돈으로 자사의 주식을 매입한 뒤 소각함으로써 유통주식수를 줄여 기존 주주들의 지분율을 높여주는 행위다.

배당은 일회적 성격을 가진다. 우량 기업들은 대체로 매년 배당을 실시하지만, 과거의 배당금 지급 이력이 미래의 배당 정책에 직접적으로 영향을 미치지는 않는다. 반면 자사주 매입 후 소각을 통한 발행주식수 축소는 항구적으로 지속되는 현상이다.

자본주의는 욕망을 숭배한다. 욕망하지 않는 자본은 자본이 아니다. 자본의 욕망은 자기증식에 있다. 자본의 인격화된 표현인 자본가들이 흔히 탐욕스럽게 그려지는 것도 이 때문이다. 혹자는 말한다. "그렇게 벌었으면 됐지, 왜 더 욕심을 내지?" 자본의 속성을 모르고서 하는 말이다. 애초에 욕망이 없었더라면 그 정도 벌 수도 없었을 것이다.

그런데 흥미로운 점은, 이러한 자기증식의 속성을 지닌 자본이 초우량 기업 애플에서는 정반대의 양상으로 나타난다는 사실이다. 애플은 스스로 자본의 규모를 줄여가고 있다.

S&P 500 지수 편입 종목 가운데 31개가 자본잠식

애플보다 더한 회사들도 많다. 미국의 우량주 상당수는 아예 자기자본이 마이너스이기 때문이다. 맥도날드와 도미노피자, 보잉, 스타벅스, 베리사인 등 S&P 500 지수에 속해 있는 종목 가운데 31개가 자기자본이 마이너스다. 회계적으로는 부채가 자산보다 큰 완전자본잠식인 셈이다.

일반적으로 자본잠식은 적자가 누적되는 부실기업들에서나 볼 수 있는 모습이다. 그런데 미국을 대표하는 S&P 500 지수에 속한 기업들 중 다수가 자본잠식인 것이다.

애플과 마찬가지로 공격적인 주주환원이 이런 모습을 만들었다. 애플은 그동안 쌓아놓은 자기자본을 헐어서 주주들에게 돌려주고 있지만, 맥도날드와 스타벅스 등은 벌어들인 이익에 더해 그동안 유보해 놓은 자금까지 모두 주주들에게 돌려준 후 빚을 내면서까지

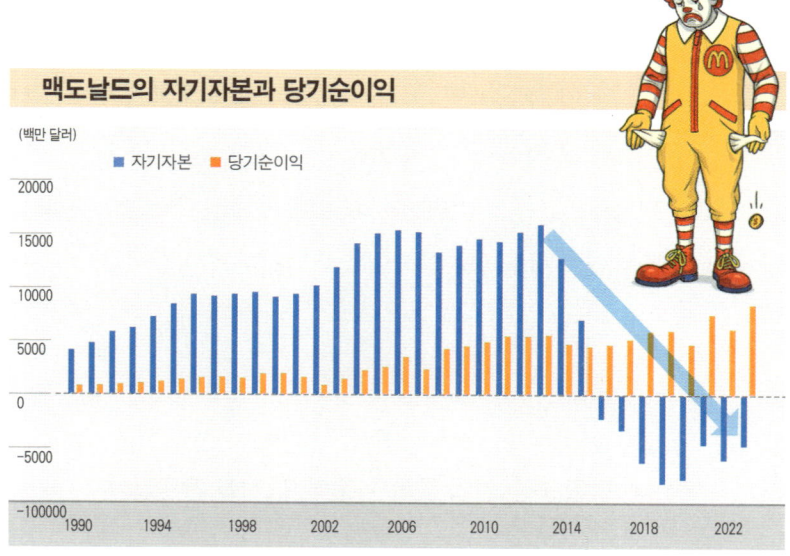

*자료 : SEC

S&P 500 지수에 속해 있는 종목 가운데 31개가 자기자본이 마이너스다. 부실기업에서나 볼 수 있었던 완전자본잠식이 미국을 대표하는 우량 기업들에서 나타나고 있다. 40년 연속 흑자기업인 맥도날드 역시 자기자본이 마이너스다.

주주환원을 했기에 자기자본이 마이너스인 것이다. 자본주의 경제의 총아인 미국 우량 기업들에게 자본이 존재하지 않는 아이러니가 나타나고 있다.

'자본 없는 자본주의'는 무형자산이 가지는 중요성을 보여준다. 오늘날의 기업활동에서는 브랜드, 데이터, 네트워크 등과 같은 무형자산의 가치가 점점 더 커지고 있다. 그러나 현행 회계 기준은 이러한 무형자산의 개념을 충분히 포괄하지 못하고 있다. 대체로 회계 처리가 화폐가치로 측정할 수 있는 유형자산 중심으로 이루어지다 보니 기업이 가진 중요한 경쟁력이 재무제표에서 누락되고 있다고 볼 수 있다. 완전자본잠식 상태인 맥도날드를 부실기업으로 보는 사람은 없다. 오히려 40년 연속 흑자를 기록한 맥도날드가 지닌 막강한 브랜드와 운영 역량 등 중요한 무형자산이 회계적으로 드러나지 않고 있다고 보는 것이 타당하다.

기업들은 예비적 동기로 자기자본을 보유한다. 주기적인 설비투자가 필요한 기업들은 일정 규모 이상의 자기자본을 유지할 필요가 있고, 심각한 경제 위기가 닥칠 때 기업에 쌓여 있는 자기자본은 파산을 막는 완충작용을 할 수 있다. 스타벅스와 맥도날드처럼 자기자본이 마이너스인 기업들은 대규모 설비투자가 필요 없고, 영업에서 안정적인 현금 유입이 이뤄지고 있기 때문에 기업 내부에 부를 쌓아두기보다는 주주들에게 즉각 돌려주고 있다고 볼 수 있다. 미국 우량 기업의 자본 파괴는 역설적으로 이들의 비즈니스 모델이 출중하다는 점을 보여준다.

S&P 500 상장사 중 자본잠식 기업 목록

종목	업종
맥도날드	패스트푸드 레스토랑
필립모리스	담배 생산 및 라이선싱
로우스	건축 자재 및 소재 유통
부킹	온라인 여행사
보잉	항공기 제조
알트리아	담배 생산 및 라이선싱
스타벅스	커피 체인
매케슨	의료용품 및 의료 S/W 제공
트랜스다임	항공기 부품 제조
메리어트	호텔 운영
에이온	보험 중개 컨설팅 및 서비스 제공
오라일리	자동차 부품 및 악세서리 유통
힐튼	호텔 및 리조트 체인
오토존	자동차 부품 및 액세서리
포티넷	네트워크 보안 솔루션
오티즈 월드와이드	건물 제어 시스템 서비스
MSCI	지수 분석 서비스
페어 아이삭	분석 소프트웨어 및 솔루션 서비스
휴렛팩커드	컴퓨터 하드웨어 제조 및 판매
얌! 브랜즈	패스트푸드 레스토랑 프랜차이즈
메틀러 톨레도	의료 장비 및 물품 유통
카디널 헬스	건강관리제품 제조 및 판매
SBA 커뮤니케이션스	무선통신 인프라 소유 및 운영
씨게이트테크놀로지	컴퓨터 하드웨어 제조 및 판매
베리사인	도메인 등록 서비스 등 인터넷 인프라 제공
도미노피자	피자 레스토랑 프랜차이즈
윈리조트	호텔 및 카지노 리조트 운영
매치	데이팅 서비스
배스 & 바디웍스	향수, 바디케어 및 목욕제품 유통
엣시	온라인 마켓플레이스
아메리칸 에어라인스	항공사 운영

*자료 : 2024년 6월 말 기준, Bloomberg

자기자본 (백만 달러)	시가총액 (백만 달러)	비고
-4,707	187,031	44년 연속 흑자
-9,446	167,053	18년 연속 흑자
-14,254	136,402	38년 연속 흑자
-2,744	133,354	21년 연속 흑자
-17,228	110,640	1980년 이후 44년 동안 5개년 적자, 최근 4년 연속 적자
-3,490	84,731	1987년 이후 37년 동안 1개년만 적자, 최근 4년 연속 흑자
-7,988	84,035	33년 연속 흑자
-1,490	75,029	19년 연속 흑자
-1,978	69,720	20년 연속 흑자
-647	69,718	1997년 이후 27년 동안 2개년만 적자, 최근 3년 연속 흑자
-742	65,160	32년 연속 흑자
-1,739	60,548	33년 연속 흑자
-2,347	54,760	2010년 이후 14년 중 1개년만 적자, 최근 3년 연속 흑자
-4,350	49,990	34년 연속 흑자
-463	44,408	16년 연속 흑자
-4,720	39,911	7년 연속 흑자
-740	39,497	19년 연속 흑자
-688	39,161	36연 연속 흑자
-1,069	36,579	1980년 이후 44년 동안 1개년 적자, 최근 10년 연속 흑자
-7,858	36,136	26년 연속 흑자
-150	28,962	26년 연속 흑자
-2,851	23,212	1993년 이후 31개년 동안 2개년만 적자
-5,171	22,697	8년 연속 흑자
-1,199	21,728	2001년 이후 23년 동안 3개년만 적자
-1,581	17,788	15년 연속 흑자
-4,070	14,305	24년 연속 흑자
-1,101	9,356	2006년 이후 18년 동안 3개년만 적자
-19	9,296	2010년 이후 14년 동안 1개년만 적자, 최근 7년 연속 흑자
-2,205	8,641	1986년 이후 38년 동안 1개년만 적자, 최근 4년 연속 흑자
-544	7,444	2017년 이후 7년 동안 1개년 적자
-5,202	6,941	1997년 이후 27년 동안 11개년 적자

S&P 500 지수에 포함된 종목 중 31개 기업은
자기자본이 마이너스 상태, 즉 자본잠식 상태에 놓여 있다.
일반적으로 자본잠식은 적자가 누적된 부실 기업에서나 나타나는 현상이다.
그러나 이들의 자기자본 감소는 배당, 자사주 매입과 소각 등
공격적인 주주환원 정책의 결과다.
맥도날드와 스타벅스 등은 벌어들인 이익은 물론 그동안 쌓아둔
자기자본에 빚까지 내서 자사주를 매입하고 있다.
그렇다면 왜 미국의 우량 기업들은 자발적으로 자기자본을 줄이는 것일까?
ROE(자기자본이익률)는 자본의 효율성을 나타내는 지표로,
당기순이익을 자기자본으로 나누어 계산된다.
이들 기업은 자기자본을 줄이는 방식으로 ROE를 끌어올려
자본효율성을 극단적으로 높이고 있다.

과도한 주주환원이
불러온 희비극

누구를 위한 효율 개선인가

　기업의 자본 파괴는 저성장이라는 위기를 돌파하기 위한 '자본주의의 변종'처럼 느껴지기도 한다. 자본은 일정 규모를 넘어서면 대체로 효율 저하라는 문제에 직면하게 된다. 자본이 쌓여 일정 임계치를 넘어서게 되면 추가적인 자본 투입에 따른 산출 효율이 떨어지게 된다. 자본 스톡의 규모가 큰 선진국의 성장률이 신흥국보다 낮은 이유도 여기 있다. 주류 경제학에서는 이를 '한계생산 체감의 법칙'으로, 마르크스 경제학에서는 '이윤율의 경향적 저하'로 설명했다.

　미국 경제도 큰 틀에서 성장률 둔화가 나타나고 있지만, 주식시장은 예외적으로 활황장세를 이어가고 있다. 글로벌 금융위기 이후 미국 증시는 사상 유례없는 장기 강세장을 구가하고 있다. 2009년 3월 이후 S&P 500 지수는 무려 844% 상승했으며, 상승 기간은 197개월에 달한다. 상승률과 상승 기간 모두 미국 증시 150년 역사상 압도적인 1위다.

주가가 이토록 많이 올랐지만 같은 기간 동안 미국의 연평균 실질 GDP 성장률은 고작 2.0%에 불과했다. 고유가에 따른 스태그플레이션이 나타났던 1970년대의 평균 성장률 3.2%는 물론 1980년대와 1990년대에 기록됐던 3.4%에도 크게 못 미치는 수준이다. 제2차 세계대전 이후 가장 낮은 성장률을 보이는 이 저성장의 시대에, 미국 주가는 오히려 치솟고 있는 것이다.

성장 둔화 시대에 탄생한 '자본주의의 변종'

미국의 초일류 기업들은 총량적인 성장 둔화의 시대에 자본을 파괴함으로써 자본의 효율성을 높이고 있다. ROE(자기자본이익률)는 자본의 효율성을 보여주는 지표다. 당기순이익을 자기자본으로 나눠서 산출한다. 이익이 증가하거나 자기자본이 감소하면 ROE가 상승하게 된다. 이익을 늘려 ROE를 높이는 방식은 오랫동안 봐온 익숙한 전략이고, 자기자본을 줄여 ROE를 끌어올리는 방식은 낯선 광경이다. 미국의 초우량 기업들은 이익도 많이 늘어났지만, 자기자본을 줄임으로써 자본효율성을 극단적으로 끌어올리고 있다.

앞서 언급한 애플이 대표적인 사례다. 애플은 지속적으로 자사주를 소각해 왔다. 그 결과 10년 전 234억 주에 달했던 유통주식수가 최근에는 151억 주로 줄어들었다. 자사주 소각으로 자기자본도 1115억 달러에서 569억 달러로 줄어들었다. ROE 계산에서 분모에 해당하는 자기자본이 줄어들면서, 2024년 9월 말 결산 기준 애플의 ROE는 157%라는 초현실적인 수치를 기록하고 있다.

'주주환원'이라는 이름으로 포장된 우량 기업들의 자본 파괴는 메인스트리트(실물경제)와 월스트리트(주식시장) 사이의 괴리를 더욱 심화시켰다. 메인스트리트는 총량적인 성장이 중요하지만, 월스트리트는 자본의 효율성 즉 주당 가치를 중시한다.

예를 들어 기업이 창출한 다양한 계정의 이익들이 사회에 기여하는 정도는 그 절대 규모에 좌우된다. 매출총이익에는 제조 과정에서 원재료와 노동을 제공한 이들에게 제공한 대가가 녹아들어 있다. 영업이익은 자본을 빌려준 채권자들에게 돌아갈 이자비용의 원천이고, 세전이익은 정부에 납부할 세금의 재원이 된다. 즉, 기업이 사회에 기여하는 바는 노동자에게 지급한 임금, 원재료 공급자에게 지급한 매입비용, 정부에 납부한 세금, 주주들에게 지급한 배당금의 총액 그 자체다.

반면 주가는 주당 가치를 반영해 결정된다. 기업이 벌어들인 당기순이익으로 자사주를 매입·소각하면 유통주식수가 줄어들고, 결과적으로 주당순이익(EPS)을 높일 수 있다. 이 과정에서 이익을 보는 이는 오직 '주주들'뿐이다.

가령, 어떤 기업이 자사주를 50% 소각해 발행주식수를 대규모로 줄였다고 가정해 보자. 이로 인해 주당순이익이 두 배로 증가할 수 있지만, 이는 총량적 기업가치의 증가를 의미하지 않는다.

자사주 매입을 통해 발행주식수를 50% 줄여 주당순이익을 두 배로 높인 회사가 있다고 가정해 보자. 두 배로 늘어난 주당순이익은 오직 주주들에게만 의미가 있을 뿐이다. 사회 전체의 부가 늘어난 것도 아니다. 오직 주당 가치만 개선됐을 따름이고, 이는 전적으로 주주들에게만 혜택을 준다.

최근 10년(2014~2023년) 동안 미국 S&P 500 기업들은 자사주 매입으로 6.7조 달러, 현금배당으로 5.0조 달러를 지급하면서 총 11.7조 달러를 주주들에게 돌려줬다. 이는 같은 기간 동안 이들이 벌어들인 당기순

기업이 벌어들인 당기순이익으로 자사주를 매입·소각하면 유통주식수가 줄어들고, 그 결과 주당순이익(EPS)은 상승하게 된다. 이 과정에서 이익을 얻는 것은 오직 주주들뿐이다. 그러나 경제 구성원 전체의 삶을 풍요롭게 만드는 것은 '주당 지표'의 개선이 아니라, '총량적 성장'이다.

이익 누계 14.6조 달러의 80%에 해당하는 규모다. 또한 총주주환원액 11.7조 달러는 같은 기간 동안의 설비투자 총액인 10조 달러를 넘어섰다. 미국의 주요 기업들은 벌어들인 이익의 80%를 주주들에게 돌려주고 있고, 설비투자보다 주주환원을 더 많이 하고 있는 셈이다.

미국처럼 주식투자가 대중화된 국가에서도 여전히 주식에 투자하지 않는 인구가 더 많다. 이런 상황에서 실물경제와 주식시장 간 괴리가 심화될수록 자산 불평등은 더욱 확대된다. 온갖 정책이 뒤섞였던 바이든 행정부의 인플레이션 방지법안(IRA : Inflation Reduction Act)에 자사주 매입에 대한 규제가 들어간 것도 이 같은 문제 의식에서 비롯되었다. 특정 규모 이상의 자사주 매입에는 1%의 세금이 부과된다.

경제 구성원들의 삶을 풍요롭게 만드는 것은 '총량적 성장'이지, '주당 지표' 개선이 아니다. 과거에는 성장의 파이를 키우는 것이 자본효율성을 높이는 방식이었지만, 오늘날 미국 자본주의는 자본을 줄임으로써 효율을 높이고 있다. 이러한 변화에 대한 역풍이 자사주 매입에 대한 과세로 나타나고 있는 것이다.

과도한 주주환원이 불러온 희비극

과도한 자사주 매입과 소각은 기업의 자본건전성을 훼손시키기도 한다. 항공기 제조업체 보잉의 사례가 대표적이다. 보잉은 코로나19 팬데믹 보잉은 한때 혁신과 기술력을 앞세운 항공기 제조업체였다.
그러나 2005년, GE 출신의 짐 맥너니(James McNerney)가
CEO에 취임한 이후, 경영의 무게추는 기술에서 재무로 옮겨갔다.
이후 주주환원과 단기 실적에 집중한 결과, 2013년부터 2019년까지
자사주 매입과 배당에만 약 600억 달러를 투입했다.
같은 기간 R&D 지출은 매출 대비 3~4% 수준에 머물며 정체됐고,
안전 투자는 점차 후순위로 밀려났다.
그 여파로 1997년 129억 달러에 달했던 보잉의 자기자본은
2018년 말 4억 달러까지 쪼그라들었다.
1998년부터 21년 연속 흑자를 이어오던 보잉은
2019년 6억 3000만 달러의 적자를 기록하며 파산 위기에 몰렸다.
단 한 해의 실적 부진만으로도 위기에 처한 것은,
기술보다 재무를 우선시한 경영 전략이 기업의 체력을 약화시키고,
위기 대응을 위한 안전망까지 무너뜨렸기 때문이다.

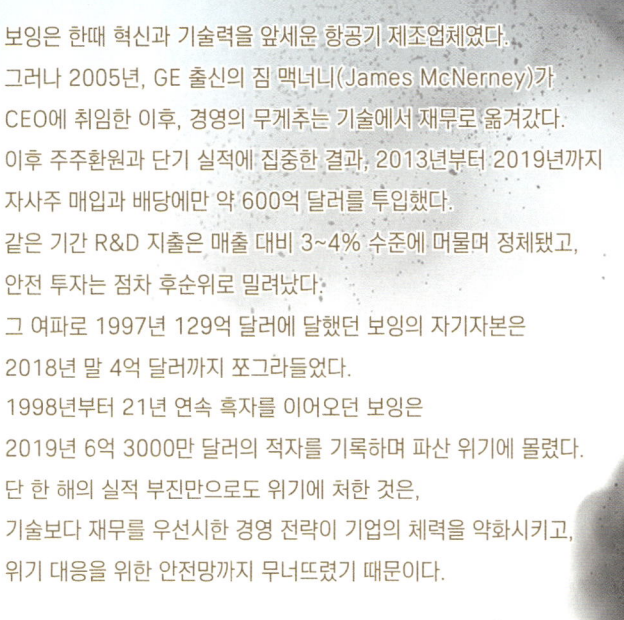

국면에서 파산 직전까지 몰렸다가 미국 정부의 긴급 지원으로 가까스로 살아났다. 기업의 흥망은 늘 있는 일이지만, 보잉의 몰락에는 상식에 반하는 점이 많았다.

보잉은 코로나19 팬데믹 직전인 2019 회계연도에 6억 3천만 달러의 적자를 기록했다. 당시 주력 생산 기종이었던 737맥스의 잇단 추락 사고와 코로나19 확산에 따른 실적 저하 우려가 커지고 있었다. 하지만 보잉은 한두 해의 어려움으로 파산 위기에 내몰릴 정도로 취약한 기업은 아니었다.

실제로 보잉은 2019년에는 당기순이익이 적자였지만, 1998년부터 2018년까지 21년 연속 흑자를 기록했으며 이 기간 누적 당기순이익만 해도 746억 달러에 달했기 때문이다. 장기간 흑자 기조를 유지한 것을 생각하면 단 한 해의 실적 부진으로 보잉이 파산 위기에 내몰렸다는 점은 상식적이지 않다.

보잉의 문제는 그동안 벌어놓은 돈이 회사에 남아 있지 않았다는 데 있었다. 보잉의 몰락은 일시적인 영업 부진에서 비롯된 것이 아니라 우량 기업으로 불리며 돈을 잘 벌었던 이전 20여 년 동안에 잉태됐다. 연속 흑자 행진이 시작되기 직전이었던 1997년 말 보잉의 총부채는 250억 달러였다. 이후 21년 동안 연속 흑자를 기록했지만 2018년 말에는 총부채가 1169억 달러로 증가했다. 반면 같은 기간 동안 자기자본은 129억 달러에서 4억 달러로 줄어들었다. 이상하지 않은가? 연속 흑자를 낸 21년 동안 부채는 네 배 넘게 늘었고, 자기자본은 96%나 쪼그라든 것이다.

이런 비상식적인 결과는 과도한 주주환원에서 비롯됐다. 보잉은 벌어들인 돈을 모두 주주들에게 돌려줬다. 배당금을 계속 지급했고, 자사주를 매입해 소각했다. 이익만 자사주 매입에 사용한 것이 아니라 빚까지 내면서 자사주를 사서 소각했다. 자본효율성을 높이기 위한 전략이었지만 그 결과는 자기자본의 과도한 축소로 귀결됐다. 증식을 추구하는 자본의 속성과 정면으로 충돌하는 행태가 주주환원이라는 이름으로 행해졌던 셈이다.

자기자본은 위기 상황에서 기업이 의지할 수 있는 최후의 안전망이다. 그러나 이 안전망이 취약해진 보잉은 21년 연속 흑자를 기록하고도 2019년 단 한 해의 손실로 나락으로 떨어졌다. 몰락 한 해 전인 2018년 보잉의 ROE는 무려 985%였다. 자기자본이 지나치게 줄어든 탓에 ROE가 비정상적으로 부풀려졌던 것이다. 1000%에 육박하는 ROE가 희극이었다면 한 해 만에 부도 위기에 내몰린 21년 연속 흑자기업의 추락은 참담한 비극이었다.

자사주 매입은 주가가 내재가치보다 낮고, 회사가 더 나은 투자처를 찾지 못할 때에만 시행되어야 한다. 내재가치보다 높은 가격에 자사주를 매입하면 주식을 계속 보유하고자 하는 장기투자자들의 부가 주식을 팔고 떠나는 트레이더들에게 이전되는 결과를 초래한다. 자사주 매입의 기대수익률(PER의 역수)이 세후 이자수익률 또는 자사주 매입을 위한 신규 부채의 세후 비용보다 높은 경우에만 자사주 매입이 기업의 주당 가치를 개선시킬 수 있다.

자사주 매입에 대한 과세가 아니더라도 미국의 극단적인 주주환원은 지속되기 어려울 것으로 보인다. 초저금리 시대가 지나가 버렸기 때문이다. 빚까지 내면서 자사주를 매입해 자본을 줄이는 행태는 금리가 극단적으로 낮은 환경에서나 가능했다. 이미 미국 상장사들의 자사주 매입 규모는 금리가 본격적으로 오르기 시작했던 2022년을 정점으로 둔화되고 있다.

한국과 같은 주주환원 결핍의 나라에서 미국의 과도한 자사주 매입 등을 비판하는 것은 사치처럼 보일 수도 있다. 그러나 최근 수년간 미국 증시가 보여준 모습은 분명 '주주환원 과잉'이었다. 미국처럼 주주 친화적인 문화가 정착된 곳에서도 당기순이익보다 더 큰 규모의 주주환원이 일반화된 것은 2016~2017년쯤부터였다. 실물경제보다 훨씬 앞서 달려온 미국 증시의 지난 10여 년의 상승세는 지나친 면이 있었다고 본다. 미국 주식시장은 자본 파괴를 통해 자본효율을 높이는 자본주의의 변종을 낳았지만, 지속가능한 모습으로 보이지는 않는다.

이로써 두 개의 장에 걸쳐 미국 증시에 대해 살펴봤다. 요즘은 미국 주식투자가 대세이지만, 한국 투자자들의 해외투자 역사는 신흥국 시장에서 시작됐다. 다음 장에서는 한국 투자자들에게 한때 매력적인 기회의 땅으로 비췄던 '애증의 시장', 중국 증시에 대해 논의할 예정이다.

INSIGHT **15**

중국 증시
: 왜 주가가 성장을 배반할까?

"

앞으로 20년 동안 가장 유망한 시장은 중국이다.
중국 주식시장에서 큰 돈을 벌 기회가 있을 것이다.
최근 중국 증시가 조정을 받았지만
포기해서는 안 된다.
중국 증시의 상승장은 이제 시작일 따름이고,
성장통을 참아내야 과실을 딸 수 있다.

_ 2008년 짐 로저스(Jim Rogers)

"

●●● 요즘 해외투자의 중심은 미국 주식이지만, 불과 10여 년 전만 해도 상황은 달랐다. 2000년대 중반부터 2010년대 중반까지 중국은 한국인들에게 가장 매력적인 해외 투자처로 각광받았다. 고성장하는 중국 경제에 대한 기대는 중국 본토와 홍콩 증시에 대한 투자로 이어졌고, 관련 펀드들은 국내에서 선풍적인 인기를 끌었다.

하지만 기대와는 달리, 중국 주식시장은 높은 경제성장률을 주가에 제대로 반영하지 못했다. 이는 단순한 경기 침체나 타이밍의 문제가 아니라, 신흥국 증시 전반이 안고 있는 구조적 한계에서 비롯된 것이다. 과도한 주식 공급, 불투명한 지배구조, 정치적 리스크 등은 고성장이 곧바로 주가 상승으로 이어지지 못하는 근본 원인이다.

이번 장에서는 이러한 성장과 수익률 간의 괴리를 초래한 중국 증시의 구조적 문제를 들여다보고자 한다. 중국 증시뿐만 아니라 신흥국 증시에 투자할 때 꼭 고려해야 할 요인들이다.

공급에는 장사 없다

중국 증시는 왜 기대에 부응하지 못했나

해외 주식투자의 중심에는 이른바 '서학개미'가 있다. 한국예탁결제원에 따르면 2020년부터 2024년까지 한국 개인투자자의 해외주식 순매수 금액 중 약 90%가 미국 주식에 집중됐다. 그래서 이들을 '서학개미'라 부른다.

그러나 한국인들의 해외 주식투자 초기였던 2006~2008년에는 상황이 달랐다. 당시에는 중국 증시에 대한 투자가 대세였고, 중국 기업에 투자하는 주식형 펀드들이 선풍적인 인기를 끌었다. 이후 2014~2015년에도 홍콩을 통해 중국 본토 주식에 투자할 수 있는 '후강퉁' 제도가 시행되면서, 중국 투자 열풍이 다시 한번 불기도 했다.

중국 주식에 대한 투자는 한때 한국인들을 들뜨게 했지만, 장기적인 성과는 기대에 미치지 못했다. 2025년 7월 말 현재 중국 본토의 상하이종합지수는 3573포인트를 기록하고 있는데, 이는 2007년 10월의 역사적 최고치인 6124포인트는 물론 2015년 6월의 고점인 5178포인트에도 크게 못 미치는 수준이다. 홍콩 증시에 상장된 중국 본토 기업들로 구성된 H지수 역시 2025년 7월 말 종가는 8882포인트로, 2007년 10월의 고점인 2만 609포인트와는 큰 격차를 보이고 있다.

2008년 이후의 중국 증시와 1990년대 한국 증시의 데자뷔

투자자들이 중국을 주목했던 이유는 고성장하는 중국 경제에 편승해 수익을 올릴 수 있으리라는 기대 때문이었다. 중국 증시는 이러한 기대에 부응하지 못하고 장기간 부진한 성과를 보여줬지만, '중국이 고성장할 것'이라는 판단 자체가 틀렸던 것은 아니었다.

미국과 비교하면 이 괴리는 더욱 두드러진다. 글로벌 금융위기 이후 승자라고 평가받는 미국이지만 2009년부터 2024년까지 실질 GDP 성장률은 연평균 2.0%, 주식시장에 좀 더 직접적인 영향을 주는 명목 GDP 성장률은 연평균 4.5%에 불과했다. 같은 기간 중국의 실질 GDP 성장률은 6.9%, 명목 GDP 성장률은 9.3%에 달했다.

기업의 이익증가율 또한 중국 상하이 증시 상장사들이 뉴욕증권거래소 상장사들보다 더 높았다. 그러나 주식시장의 성과는 정반대였다. 미국 증시는 사상 최고치를 연일 경신하고 있는 반면, 중국 증시는 현재 역사적 고점의 절반 수준에 머물고 있다.

한국과 중국 증시 비교

구분		1차 급등기	횡보 조정기	재상승기
한국	시기	1986~1988년	1989~2002년	2003~2024년
	연평균 명목 GDP 성장률	16.3%	12.8%	5.3%
	연평균 코스피 등락률	58.9%	-2.6%	6.3%
중국	시기	2005~2007년	2008~2024년	-
	연평균 명목 GDP 성장률	18.6%	9.8%	-
	연평균 상하이 종합지수 등락률	60.7%	-2.6%	-

• 자료 : Bloomberg, 신영증권

이와 같은 경제 성장과 주가 간의 괴리를 어떻게 해석해야 할까. 한국의 1980~1990년대에서 시사점을 찾을 수 있다. 당시 한국 경제는 요즘과 비교하면 훨씬 더 역동적이었지만 주식시장이 지속적으로 상승했던 시기는 1985~1988년의 3저호황 국면이 유일했다. 대체로 나머지 시기는 코스피 500~1000포인트의 박스권에서 오랫동안 벗어나지 못했다. 1989년 3월 처음 1000포인트를 돌파한 뒤 네 자릿수 지수대에 완전히 안착한 것은 무려 16년이 지난 2005년이었다.

왼쪽 표를 보면 경제성장률이 꽤 높았음에도 코스피가 오히려 약세를 면치 못했던 1989~2002년의 한국 증시와 2008년 이후의 중국 증시가 쌍둥이처럼 닮아 있음을 알 수 있을 것이다.

1990년대의 한국이나 최근의 중국 모두 고성장에도 불구하고 주가가 이를 제대로 반영하지 못했다. 그렇다고 해서 '성장이 주가와 관련 없다'는 결론은 현상에 대한 오독이다. 성장이 주가 상승을 보장하는 충분조건은 아니라는 점을 이해할 필요가 있다. 성장과 주가 사이의 괴리는 '과도한 주식 공급'과 '지배구조 리스크'에서 그 원인을 찾아야 한다고 생각한다.

과도한 주식 공급이 성장과 주가의 괴리를 불러와

고성장 국면의 경제에서는 과도한 주식 공급이 주식시장의 수급 균형을 깨뜨리는 경우가 많다. 경제성장률이 높다는 것은 기업이 돈을 벌 기회가 많다는 점을 의미하고, 이는 기업의 투자 수요 증대로 귀결된다. 기업은 투자를 늘리기 위해 신규 상장(IPO)을 포함한 유상증자를 통해 주식시장에서 자금을 조달한다.

이런 과정은 기업의 '자금조달 창구'라는 주식시장 본연의 기능이 잘 작동하는 것이지만, 만성적인 공급 물량 확대는 오히려 주가를 끌어내리는 힘으로 작용한다. 어떤 자산이건 공급에는 장사가 없는 법이다.

반면 경제가 성숙기에 접어들면 성장률이 어느 정도 둔화되면서 기업의 투자 수요도 점차 줄어들게 된다. 이때는 기업들이 주식시장에서

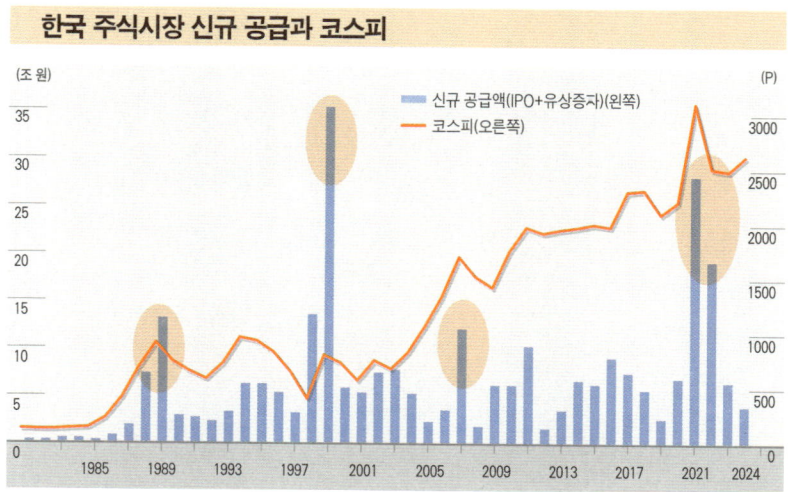

* 자료 : 금융감독원, 신영증권

대규모 주식 공급이 이뤄진 뒤에는, 과도한 물량이 시장에 부담을 주며 주가 하락을 초래하는 악순환이 되풀이됐다.

자금을 조달하는 것이 아니라, 오히려 배당 확대와 자사주 매입 등을 통해 보유하고 있는 자금을 주식시장에 투입한다. 성숙기의 경제에서는 주식시장이 기업의 자금조달 창구로 기능하기보다는 오히려 기업이 보유 중인 자금을 빨아들이는 블랙홀로 작용하게 된다.

기업의 이런 모습에 대한 비판도 많지만, 주식시장에서 기업이 더 이상 주식의 '공급자'가 아니라 자사주를 사들이는 '수요자'로 전환되었다는 점은 어쨌든 주주들에게는 긍정적이다. 기업이 자사주를 매입함으로써 시장의 수요를 늘리고, 주당 가치를 높이며, 기존 주주에게 더 많은 이익과 자산가치 상승을 안겨주기 때문이다. 이는 최근 미국 증시에서

중국 상하이 증시 신규 공급과 상하이종합지수

* 자료 : CEIC, 신영증권
과도한 주식 공급이 주가를 끌어내리는 현상은 중국 증시에서도 동일하게 반복되고 있다.

뚜렷하게 관찰되는 현상이며, 14장에서 자세히 다뤘다.

1980~1990년대의 한국 증시에서도 주가가 상승하기만 하면 포스코와 한국전력, KT 등 이른바 '국민주 공모'라는 이름의 대규모 주식 공급이 이뤄졌고, 이렇게 늘어난 물량이 주식시장을 압박하는 악순환이 반복됐다. 코로나19 팬데믹 직후에 상승세를 보이던 한국 증시가 한풀 꺾였던 2021년에도 주식 공급이 크게 늘어났다. LG에너지솔루션을 비롯한 초대형주들의 IPO가 연이어 진행되면서, 주식시장도 고점을 치고 반락하기 시작했다.

2021년의 주식 신규 공급(IPO+유상증자) 규모는 34.2조 원에 달했으며, 이는 1999년 IMF의 권고로 '부채비율 200%'를 맞추기 위해 기업들이 주식시장에서 대규모로 자금을 조달했던 이래 최대 규모였다.

과도한 주식 공급은 신흥국에서 경제 성장과 주가의 괴리를 불러오는 주된 요인이다. 중국에서도 기업들이 끊임없이 상장하고, 유상증자를 통해 자금을 조달하면서 만성적 공급 부담이 시장을 억누르고 있다. 2024년 중국 정부가 내놓은 증시 부양책 중에서는 '신규 상장 일시 금지' 조치도 있었다. 주식 공급 억제를 통해 주가 부양을 도모하기 위한 목적으로 봐야 한다.

성장의 과실을
주주들에게서 빼앗는 시스템

지배구조 리스크

고성장 경제에서 주가가 부진한 두 번째 이유는 취약한 지배구조에서 찾을 수 있다. 주식을 사면 누구나 기업의 주인인 주주가 될 수 있지만, 실제로 주주가 경영에 직접 참여하는 경우는 거의 없다. 결국 회사를 운영하는 임직원들이 주주의 부를 잘 지켜줘야만 주식이 제값을 받을 수 있다.

고성장 국면에서는 기업이 준수한 이익을 올릴 가능성이 높지만, 그 과실이 주주에게 온전히 돌아가기 위해서는 이를 뒷받침할 사회적·제도적 시스템이 필요하다. 이러한 시스템의 존재 유무는 기업의 이익이 실제로 주주의 수익으로 이어질 수 있는지를 결정짓는 핵심 변수다. 제도가 부실하면 기업이 아무리 성과를 내더라도 그 과실은 소수에게 집중되고 주주는 소외된다.

지배구조가 취약할 때 성장이 투자자를 배신

1980~1990년대의 한국 경제는 높은 성장에도 불구하고, 기업들이 벌어들인 부가 주주들에게 제대로 이전되지 못했다. 회계 부정과 대주주의 전횡이 심했고, 정치권력의 간섭도 심했다.

1999년 2대 재벌이었던 대우그룹이 분식회계로 파산한 사건은 이 시대 지배구조의 병폐를 단적으로 보여준다. 대우는 수출 주도형 성장 전략과 공격적인 해외 확장을 통해 외형상 거대한 글로벌 기업으로 성장했지만, 내부적으로는 막대한 부실을 감추고 있었다. 지배주주와 경영진은 금융기관과 투자자들을 속이기 위해 회계 장부를 조작했고, 이 과정에서 외부 감사와 감독 기능은 사실상 무력화됐다. 지배주주와 결탁한 일부 내부자들이 자행하는 분식회계가 기업의 경제적 실체를 가리는 상황에서 '소유주의 권리'를 말하는 건 사치였다.

국제그룹 해체는 기업이 정치권력에 대해 전혀 자율성을 가지지 못할 때의 폐해를 생생히 보여주는 사례였다. 1985년 10대 재벌이었던 국제그룹이 돌연 해체되었다. 국제그룹은 1980년대에 21개 계열사를 거느린 대기업으로 성장했지만, 정권의 미움을 사면서 급작스럽게 해체되었다. 당시 양정모 회장이 "자고 일어나니 그룹이 해체돼 있었다"고 회고할 만큼 해체 작업은 이례적으로 신속하고 일방적이었다. 표면적으로는 부실 경영이 원인이었지만, 실상은 정권과의 갈등이 결정적이었다. 당시 국제그룹은 무리한 확장과 차입 경영으로 부채가 많았지만, 다른 재벌들도 상황이 크게 다르지 않았다. 정부는 부실 경영을 빌미로 삼아 '행정지도'를 통해 해체를 밀어붙였고, 계열사들은 흩어지거나 다른 기업에 흡수됐다. 국제그룹 해체는 경제 위에 군림하던 정치권력의 위세를 상징적으로 보여주는 사건이었다.

한편 취약한 주주권은 지배주주의 횡포를 견제할 수 없었고, 극심한 정보 비대칭성에 기댄 소위 '작전(불공정거래 행위)'은 주주들의 부를 파괴했다. 이런 환경에서 꾸준한 주가 상승을 기대하기는 어렵다. 지배구조가 취약할 때 성장은 투자자들을 배반한다.

주주 친화적이지 못한 중국의 지배구조

중국 증시의 장기 부진도 주주 친화적이지 못한 지배구조에서 찾아야 한다고 생각한다. 특히 시진핑 정부 출범 이후 리스크가 커지고 있다. 한때 중앙정부와 지방정부가 보유 중인 지분을 시장에서 매각함으로써 기업 운영을 민간에 맡기려 했던 '국유주 개혁'은 2012년 시진핑 정권 출범 이후 자취를 감추었다.

2019년 시진핑은 '공동부유(소수의 부자 중심 성장에서 벗어나 국민 전체의 균형 있는 부의 분배를 지향)'라는 국가 비전을 내세우기도 했다. 이는 사회주의 정체성을 강화하려는 정책 기조로, 중국 정부가 선택할 수 있는 방향이지만 주주가치 측면에서는 부정적인 영향을 미친다. 기업이 이윤 창출 외에도 지나치게 큰 사회적 책무를 떠안게 되었기 때문이다. 이미 빅테크를 비롯해 사교육, 차량 공유 등 여러 산업에 걸쳐 강한 규제가 이어졌고, 이는 전반적으로 주가에 부정적인 영향을 미쳐왔다.

경기 침체가 장기화되자 2024년 하반기부터는 중국 정부가 유화적인 태도로 돌아서는 모습이 포착되기도 한다. 사실상 정치권력에 의해 축출됐던 알리바바 창업자 마윈(馬雲)도 오랜만에 공개석상에 모습을 드러냈다. 그러나 2025년 초에 만난 마윈은 우리가 알고 있던 그 마윈이

2024년 하반기부터 장기화된 경기 침체의 여파로
중국 정부가 강경 일변도의 정책 기조를 누그러뜨리고,
유화적인 태도로 전환하려는 조짐이 나타나기 시작했다.

아니었다. 과거 중국 정부의 과도한 규제를 비판했던 마윈은 중국 지도부의 방침에 순응하는 예스맨의 모습으로 돌아왔다.

중국이든 베트남이든 브라질이든, 성장하는 국가에 내 재산을 '묻어두는' 순진한 접근은 실망스러운 결과로 귀결될 가능성이 높다. 내 자산을 장기간 묻어두는 장기투자는 재산권 보호에 대한 신뢰 인프라가 잘 갖춰진 나라의 금융시장에서 해야 하는 게 아닌가 싶다. 신흥국 시장에 대한 투자는 '매수 후 보유'의 장기투자 전략보다 1~2년 정도의 변동성을 이용하는 트레이딩 관점에서 이뤄져야 한다.

이번 장에서는 지배구조에 대해 간략히 언급했지만, 이 주제는 결코 가볍게 다룰 수 있는 내용이 아니다. 지배구조는 주식투자에 있어 본질적으로 중요한 부분이고, 한국 증시가 장기적으로 도약할 수 있을지 여부를 결정할 가장 중요한 요인이기도 하다. 실제로 이웃나라 일본 증시가 지배구조 개혁을 등에 업고 활활 날아오르기도 했고, 한국의 밸류업 정책 역시 궁극적으로는 지배구조와 관련돼 있다. 지배구조에 대해 보다 심도 있는 논의가 필요하며, 이는 다음 장의 주제가 될 것이다.

INSIGHT **16**

지배구조
: 주주자본주의
과잉과 결핍 사이에서

> "이사회가 M&A나 기업분할 등 중요한 결의를 할 때마다
> 모든 주주의 이익을 보호하는 것은 현실적으로 불가능하다."
>
> — 한국경제인협회 관계자, 「동아일보」
>
> "이사의 충실의무가 입법화되면 경영이 저해된다니,
> 주주 수탈하는 재미로 경영하고 있다는 말인가."
>
> — 김규식 변호사, 前한국기업거버넌스 포럼 회장

●●● 2025년 7월 상법 개정안이 국회를 통과했다. 골자는 '이사의 충실의무 대상을 회사에서 주주로 확대', '전자주주총회 의무화', '사외이사 명칭을 독립이사로 변경', '감사위원 선출 시 3%룰 보완 적용' 등이다. 모두 지배구조와 관련된 이슈들이다. 지배구조는 기업에 이해관계를 가지고 있는 지배주주, 소액주주, 경영진, 채권자, 직원 등의 역학관계를 총칭하는 단어다. 기업이 사업에 자원을 배분하고, 영업 활동을 하고, 벌어들인 이익을 어떻게 분배할 것인가를 결정하는 일련의 과정들이 지배구조에 영향을 받는다.

지배구조와 관련된 문제는 기업의 소유주가 실제 경영 활동에는 참여하지 않는 경우에 대두된다. 자영업처럼 스스로가 출자해, 직접 노동력을 투입해 장사하는 경우는 지배구조의 문제가 발생하지 않는다. 일반적으로 상장기업들이 지배구조와 관련된 이슈에 노출되곤 한다.

누구든 증권거래소에 상장된 기업의 주식을 매수함으로써 지분율에 해당하는 만큼의 소유권을 가지게 되지만, 대부분의 주주는 기업의 경영 활동에 관여하지 않는다. 2024년 말 기준 삼성전자의 주주수는 516만 명이다. 이들 중 절대다수는 주가 상승과 배당을 기대하면서 삼성전자 주식을 매수한 투자자일 따름이지, 삼성전자의 일상적 활동에 참여하지 않는다.

기업의 활동은 회사에 고용된 임직원들이 수행한다. 이들이 기업의 소유주인 주주들의 이해관계에 부합하는 활동을 하도록 독려하고, 감시하는 역할을 맡은 이가 바로 '이사(director)'다. 그래서 이사는 주주총회에서 선출한다. 많은 나라에서 지배구조의 문제는 회사 소유주는 아니지만 실질적으로 운영을 담당하는 경영진(임직원)과 주주(이사회)의 역학관계를 지칭하는 경우가 많다.

한국의 지배구조는 독특하다. 기업의 주주들 가운데 극히 일부가 기업 활동에 참여하는 경우가 있는데, 이들은 '지배주주' 또는 '오너'라고 불린다. 경영진도 사실상 지배주주가 임명하기 때문에, 한국의 지배구조 이슈는 실질적으로 회사를 지배하는 지배주주와 다수 소액주주의 이해 상충으로 나타나는 경우가 많았다. 인수·합병 과정에서의 합병비율, 물적분할 후 동시 상장, 알짜기업의 헐값 공개매수와 상장폐지 등의 의사 결정이 지배주주 편향적으로 이뤄지면서 소액주주들이 피해를 본 사례들이 너무나 많았다.

누구는 상법 개정이 '비정상의 정상화'를 통해 고질적인 코리아 디스카운트 완화의 계기가 될 수 있다고 말하고, 누구는 반기업적인 법안이 한국 기업들의 글로벌 경쟁력을 훼손할 것이라고 말한다.

오늘날 한국은 '기업의 주인은 누구인가'라는 근본적인 질문을 다시 마주하고 있다.

회사의 주인이 주주라는 거짓말

이름뿐인 주인

우리는 자본주의사회를 살아가고 있다. '자본'이 얼마나 중요한 개념이기에 무려 '주의(主義)'라는 단어가 붙었을까. 자본은 영리활동에 필요한 '사업밑천'에 다름 아니며, 영리활동은 대체로 기업이 수행한다. 기업이 최초에 사업자금을 조달하는 방식은 외부로부터의 차입과 주주들의 출자로 나뉜다. 즉, 기업에 자본을 공급하는 주체는 여윳돈을 빌려주는 채권자들과 동업자의 형태로 돈이나 현물을 제공하는 주주들인 셈이다.

주식이 채권보다 역사가 짧은 이유

'채권(bond)'은 자금 대여자와 차입자 간 거래 내역을 기록한 증서로, 돈을 빌려준 채권자는 기업에 대해 제한적인 이해관계를 가진다. 채권자들이 기업에 대해 가지는 이해는 정해진 이자와 원금을 수취하는 데 한정된다. 기업이 크게 흥한다고 해서 채권자들의 수입이 더 늘어나는 것은 아니고, 반대로 기업이 어려워지더라도 이자와 원금을 지급할 정도만 된다면 채권자들이 손해를 보지 않는다.

반면 주주는 기업의 흥망성쇠가 곧바로 자신이 투자한 자본의 증식 여부와 결부돼 있다. 기업에 자본을 공급한다는 점에서는 채권자와 주주가 비슷한 역할을 수행하지만, 주주들의 이해관계는 기업 활동의 궁극적 성패와 직결돼 있다는 점에서 채권자들과 큰 차이가 있다. 또한 기업이 청산할 때도 주주들이 가장 큰 위험을 진다. 회사가 문을 닫더라도 노동자에게는 밀린 임금을, 협력 업체에는 납품대금을, 채권자에게는 원리금을 지불해야 한다. 이를 다 제하고 최종적으로 남은 몫이 주주들에게 귀속된다. 즉 주주는 '잔여재산의 최종 청구권자'이기 때문에 유사시에 기업의 다른 이해관계자들보다 더 큰 위험을 부담한다. 이런 맥락에서 우리는 흔히 주주들을 '기업의 주인'이라 부른다. 한편 '주식(equity)'은 기업에 대한 출자 사실을 입증하는 증서다.

채권과 주식은 일종의 권리 또는 소유권에 대한 증서임과 동시에 인류 역사상 가장 오래된 자산 형태 중 하나다. 채권과 주식을 제외한 다른 자산들에 대한 투자를 모두 '대체투자(AI : Alternative Investment)'라고 부르는 데서 알 수 있듯이, 주식과 채권은 대표적인 기업의 자금조달 수단이자 핵심 투자자산으로 기능해 왔다.

주식과 채권 중 더 오랜 역사를 가진 자산은 채권이다. 기원전 3000년경 바빌로니아 시대 문헌에서 채권의 원형이 확인될 만큼, 채권의 역사는 5000여 년에 달한다. 반면 주식회사의 시초는 1602년 설립된 네덜란드의 동인도회사로, 주식의 역사는 400여 년에 불과하다.

주주의 이익이 뒷전인 이유

채권이 주식보다 역사가 긴 이유는 구조가 훨씬 단순하기 때문이다. 자금 대여자, 차입자, 만기일, 이자율 정도가 채권 투자에 필요한 모든 것이다. 개인 간에 작성하는 차용증 역시 채권의 일종으로 간주할 수 있다.

반면 주식이 채권보다 복잡한 것은 소유와 경영의 분리에서 비롯되는 지배구조 때문이다. 최초의 주식회사인 동인도회사를 예로 들어보자. 동인도회사의 소유권은 회사에 출자한 주주들에게 있지만, 주주들이 동인도회사의 구체적인 기업 활동에 직접 개입한 것은 아니었다. 아시아로 항해해 향신

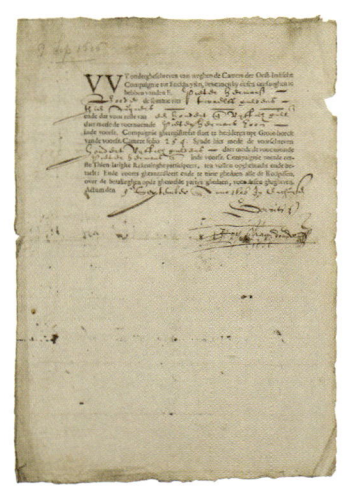

1606년 9월 9일자로 발행된 세계에서 가장 오래된 주식 증서. 네덜란드 동인도회사의 엔크하위젠(Enkhuizen) 지부에서 발행한 것이다. 위트레흐트대학교 역사학과 학생이 2010년 베른의 기록보관소에서 발견했다.

료 등을 싣고 돌아오는 일은 주주들이 아니라 회사에 고용된 선장과 선원들이 담당했다. 이들이 아시아에서 싣고 오는 각종 물품을 빼돌리거나, 감추는 것은 주주들의 부를 파괴하는 행위다.

따라서 주식투자가 성과를 내기 위해서는 기업을 실질적으로 운영하는 임직원들이 소유주인 주주들의 부를 잘 지켜줘야 한다. 이를 보장하기 위한 장치 중 하나가 바로 '공시(disclosure) 의무'다. 상장된 회사들은 주요 경영 사항을 외부에 알릴 의무가 있는데, 공시는 경영진에 대한 감시 장치 역할을 한다. 회사의 중요한 일을 감추지 말고, 기업의 주인인 주주나 투자를 고려하고 있는 잠재적 주주들에게 투명하게 알리라는 것이 공시 제도의 목적이다.

현대 자본주의에서도 주주는 명목상 기업의 주인이지만, 실제로 주주들이 경영에 직접 참여하지는 않는다. 특히 주식시장이 활성화되어 주식을 쉽게 사고파는 대중 투자의 시대가 열린 이후에는 더 그렇다.

주식투자에 있어서 지배구조는 대단히 중요하다. 지배구조는 기업에 이해관계를 가지고 있는 지배주주, 소액주주, 경영진, 채권자, 직원 등의 역학관계를 총칭하는 단어다. 기업이 특정 사업에 자원을 배분하고, 영업활동을 하고, 벌어들인 이익을 어떻게 분배할지를 결정하는 일련의 과정들이 지배구조의 영향을 받는다.

1980년대의 한국, 최근의 중국처럼 권위주의적 정치체제 하에서는 외부의 힘이 기업의 의사결정에 영향을 미친다. 기업이 정치권력으로부터 가지는 자율성이 극히 취약하기 때문에 기업이 벌어들인 부가 배분되는 과정에는 애덤 스미스(Adam Smith)가 『국부론』에서 말했던 것과는 전혀 다른 맥락에서의 '보이지 않는 손'이 작동하곤 한다.

최근 수년간 삼성전자는 어려움을 겪고 있고, 대만의 TSMC는 약진하고 있다. 두 회사 모두 글로벌 IT 생태계에서 일가를 이룬 기업이지만, 양사의 이사회 멤버 구성은 극명하게 대조된다. 삼성전자 이사회에는 법조인과 학계 인사 등이 대거 포진해 있는 반면, TSMC는 명망 있는 공학자들이 이사회의 주류를 이루고 있다.

이는 삼성전자만의 문제가 아니다. 한국 대기업의 이사진, 보다 정확히는 사외이사들의 면면은 삼성전자와 크게 다르지 않다. 이는 기업이 본연의 경제 활동뿐만 아니라 정치권력과의 관계도 중요했던 과거 시대의 유산이라 할 수 있다. 정치권력이 경제를 압도하는 사회에서는 일종의 '대관(代官) 업무' 역시 중요한 역량이었으니, 이를 구태라고 비판하면 기업 입장에서는 억울할 수도 있을 것이다. 그러나 이런 환경에서 기업들이 주주가치를 최우선으로 고려할 가능성은 거의 없다. 다만, IMF 외환위기 이후 한국 기업들이 정치권력으로부터 보다 높은 자율성을 확보하게 된 점은 긍정적으로 평가할 수 있다.

주주자본주의의 균형점

과잉된 미국 vs. 결핍된 한국

    기업이 외부로부터의 간섭에 자유로워지면, 지배구조와 관련된 이슈는 소유와 경영의 괴리라는 문제로 집중된다. 최근 미국의 사례는 매우 흥미롭다. 미국에서는 소유와 경영의 분리, 패시브(passive) 투자의 확산으로 경영에 대한 주식 소유주들의 무관심이 강화되고 있다.

    미국 기업들의 과도한 주주환원은 지배구조와 무관하지 않다. 미국 주요 상장사들에서 한국과 비슷한 소위 '오너'가 존재하는 경우는 드물다. 회사 운영에 설립자가 여전히 큰 영향력을 발휘하고 있는 아마존과 테슬라 정도가 예외인데, 아마존은 설립자 제프 베이조스(Jeff Bezos)가 지분 9.0%를 보유한 최대주주이고, 테슬라도 일론 머스크가 지분 12.7%를 보유한 1대 주주다.

주인 없는 미국 기업들

미국 증시에서 시가총액이 가장 큰 빅3 종목들인 애플과 엔비디아, 마이크로소프트의 주요 주주 구성은 거의 비슷하다. 애플의 경우 뱅가드(지분율 9.2%)와 블랙록(7.4%)이 1·2대 주주이고, 3대 주주가 스테이트 스트릿(3.9%)이다. 마이크로소프트의 1~3대 주주도 뱅가드(9.2%), 블랙록(7.7%), 스테이트 스트릿(3.9%)으로 애플과 동일하다. 엔비디아 역시 1대 주주 뱅가드(8.6%), 2대 주주 블랙록(7.7%), 4대 주주 스테이트 스트릿(3.9%) 등이 주요 주주로 이름을 올리고 있다. 설립자가 최대주주인 아마존과 테슬라에서도 2~4대 주주에 뱅가드, 블랙록, 스테이트 스트릿이 나란히 이름을 올리고 있다.

   뱅가드(Vanguard)와 블랙록(BlackRock), 스테이트 스트릿(State Street) 등은 모두 ETF를 주력으로 하는 대형 기관투자가들이다. ETF로 대표되는 패시브 투자는 기본적으로 기업에 대한 적극적인 주주권 행사에 관심을 가지지 않는다. 종목을 하나하나 분석해 선별 투자하는 바텀업(bottom-up) 방식의 액티브(active) 투자와 달리, 패시브 투자는 시장 또는 지수에 투자하는 형태로 이뤄진다. 개별 종목은 투자한 지수를 구성하고 있는 종목군의 한 구성원일 따름이다. 예를 들어 뱅가드 등에서 운용하는 ETF는 애플을 직접 골라서 매수한 것이 아니라 미국 증시를 대표하는 S&P 500 지수나 미국의 기술주들로 이루어진 지수에 포함된 종목

미국 증시 주요 종목들의 대주주 구성

지분율 순위	애플	엔비디아	마이크로 소프트	아마존	테슬라
1	뱅가드 9.2%	뱅가드 8.6%	뱅가드 9.2%	제프 베이조스 9.0%	일론 머스크 12.7%
2	블랙록 7.4%	블랙록 7.7%	블랙록 7.7%	뱅가드 7.5%	뱅가드 7.5%
3	스테이트 스트릿 3.9%	FMR LLC 4.1%	스테이트 스트릿 3.9%	블랙록 6.0%	블랙록 6.2%
4	FMR LLC 2.2%	스테이트 스트릿 3.9%	Capital Group 3.3%	스테이트 스트릿 3.3%	스테이트 스트릿 3.4%
5	GEODE Capital Management 2.0%	젠슨 황 3.5%	FMR LLC 3.0%	FMR LLC 3.1%	GEODE Capital Management 1.9%

* 주 : 2024년 말 기준   * 자료 : SEC

미국 증시에서 시가총액이 큰 주요 기업들은 뱅가드, 블랙록, 스테이트 스트릿 등 ETF를 주력으로 하는 대형 기관투자가들이 1~5대 주주 사이에 포진해 있다. 이들 대형 기관투자자는 주주권 행사에 소극적이다.

을 매수하다 보니 결과적으로 애플의 대주주가 된 것이다.

주식시장은 '1인 1표'의 민주주의가 아닌, '1주 1표'의 주주자본주의의 원칙이 관철되는 장이다. 주식을 많이 보유할수록 더 많은 발언권을 가지는 것이다. 그런데 패시브 투자의 확산으로 주주권 행사에 관심이 높지 않는 기관투자가들이 대규모로 주식을 보유하게 되면서 문제점이 나타나고 있다.

경영진이 감시를 받지 않고 과도한 권한을 행사하는 전횡이 벌어지는 것이다. 자신의 보수를 과도하게 인상하고, 배당과 자사주 매입 등 단기적인 주가 부양 수단에 경영진의 인센티브를 연동시켰다. '주인 없는 기업'에 자리를 잡은 경영진들의 단기주의(short-termism)가 횡행하고 있다. 미국에서 주주행동주의는 경영진의 폭주에 대한 견제라는 외피를 쓰고 나타나고 있다.

오너, 한국적 지배구조의 특수성을 대표하는 단어

한국의 지배구조는 미국과 전혀 다르다. '오너(owner)'로 불리는 분명한 소유주들이 존재한다. 한국의 소유주들은 낮은 지분율로 기업에 대한 경영권을 전유하고 있다는 특징도 있다. 미국에서의 지배구조 이슈가 '경영진 대 주주'라는 구도로 전개된다면, 한국에서는 '소수 지배주주 대 다수 소액주주'의 이해관계 불일치가 지배구조 논쟁의 축을 이루고 있다.

이런 점에서 미국과 같은 주주환원은 우리가 추구해야 할 모델이 아니다. 무엇보다도 산업구조가 다르다. 한국, 일본, 중국 등 동아시아 기업들은 구조적으로 미국과 같은 주주환원을 할 수 없다. 대규모 설비투자가 필요한 장치산업이 주력이라 높은 수준의 사내 유보(자기자본)를 유지해야 하기 때문에 미국과 같은 방식의 주주환원은 애초에 불가능하다. 한국 등의 동아시아 기업들은 자기자본을 무겁게 가져가니 자기자본이익률(ROE)로 측정되는 자본효율성도 미국보다 낮을 수밖에 없다. 또한 14장에서 살펴본 것처럼 당기순이익을 넘어서는 과도한 주주환원은 본받기보다는 오히려 경계해야 할 관행이다.

그렇지만 한국 상장사들의 주주환원이 일본이나 중국보다 미흡하다는 사실은 어떻게 받아들여야 할까. 2024년 코스피 상장사들의 배당성향은 28.9%였다. 배당성향은 기업의 당기순이익에서 주주들에게 지급한 배당금의 비율인데 2024년 대만 증시의 배당성향은 56.6%, 중국(상하이)과 일본은 각각 49.2%와 34.7%에 달했다. 역시 지배구조에서 원인을 찾아야 한다. 일본, 중국과 비교해 봐도 한국 기업들의 오너십은 매우 강한 편이다. 일본 기업들의 지배구조는 다양하지만, 그래도 대기업 집단에는 오너가 없는 경우가 많다. 일본도 제2차 세계대전 때까지는 한국과 비슷하게 확실한 오너가 존재하는 기업집단으로서의 재벌이 존재했다. 하지만 패전 이후 일본에 들어온 미국 군정은 재벌을 해체했다. 일본 재벌이 제2차 세계대전을 일으킨 군부의 물질적 토대 역할을 했다는 판단에서 비롯된 조치였다.

현존하는 일본의 대기업 집단은 자연인으로서의 오너가 존재하지 않고, 기업들 간의 상호지분 보유를 통해 지배구조를 형성하고 있다. 예를 들어 일본 증시 시가총액 1위 기업인 도요타자동차의 최대주주는 도요타자동직기, 도요타방직 등 도요타 그룹으로 통칭되는 관계사들이다. 이들이 보유한 지분 합계는 24.8%에 달한다. 상호지분 보유로 묶인 일련의 기업집단을 '계열'이라고 부르는데, 오너는 존재하지 않는다.

한편 중국은 사회주의 국가이기 때문에 국영기업 비중이 높고, 화웨이를 비롯한 주요 민간 기업들조차 실질적으로는 중국 공산당의 지배 아래 있다는 의혹을 받고 있다.

결국 '오너'로 불리는 지배주주의 막강한 권한은 한국적 지배구조가 가진 중요한 특징이다. 오너 경영 그 자체는 가치중립적이다. 신속한 의사결정과 장기적 관점에서의 경영 등 오너 경영이 가진 미덕도 많다. 다만 기업의 주요 의사결정이 지배주주 편향적으로 이뤄졌다는 점도 부인하기 어렵다. M&A 과정에서의 합병비율, 물적분할 후 동시 상장, 알짜 자회사의 헐값 공개매수와 상장폐지 등은 소액주주에게 피해를 준 대표적인 사례들이다. 일본과 중국에 비해서도 취약한 주주환원 역시 지배주주들이 절대 다수 지분이 아닌 소수 지분으로 경영권을 행사하는 한국식 지배구조의 산물이라는 점을 부인하기 어렵다.

'주인 없는' 미국식 경영이 최선이 아니듯이, 한국식 오너 경영을 만악의 근원으로 폄훼하는 것은 온당하지 않다. 주주만을 바라보는 주주자본주의 과잉의 미국과 주주조차 홀대받는 주주자본주의 결핍의 한국 사이에서 균형점을 찾아야 하지 않을까 싶다. 이를 위해서는 상법 개정 등을 통한 소액주주의 권한 강화는 반드시 필요한 과정이라고 본다.

단기주의에 경도될 수 있는 주주들의 요구와 이에 따른 장기적 기업가치 훼손 가능성을 지적하는 견해도 본질에서는 옳다. 필자 역시 주주자본주의에 내재된 단기주의적 편향을 인정한다. 하지만 한국에서는 주주권 강화로 얻을 편익이 더 크다는 의견을 가지고 있다. IMF 외환위기 직후 외국인 투자가들의 영향력이 커지면서 한국 상장사들의 지배구조가 전반적으로 개선됐다는 점은 부인하기 어렵다. 경영권이 직접 공격 받았던 사례들도 결과적으로 긍정적인 변화로 이어진 경우가 많았다.

2000년대 초중반, SK그룹은 소버린이라는 헤지펀드로부터 경영권 공격을 받았다. 그런데 이 논란의 과정에서 가장 큰 수혜를 받았던 이는 다름 아닌 SK그룹의 지배주주들이었다. 지배구조가 투명해졌고, 주가도 장기적으로 크게 상승했기 때문이다.

시장에서 벌어지는 일들은 일말의 부작용도 배제된 무균실에서의 실험과 같을 수 없다. 다소의 부작용이 있더라도 큰 틀에서 불균형을 시정해 나가는 데 초점을 맞춰야 한다. 코리아 디스카운트는 객관적 실재이고, 주주권 과잉에 따른 부작용은 가상의 걱정이다. 과문한 탓인지 모르겠으나, 한국 증시에서 주주권 과잉으로 인한 폐해가 단 한 가지라도 있었는지 떠오르지 않는다.

밸류업의 핵심은
주주 권한 강화

코리아 디스카운트 해소의 열쇠

정부 주도의 코리아 디스카운트 완화 정책인 '한국 증시의 도약을 위한 기업 밸류업 지원 방안(이하 밸류업 방안)'이 2024년 2월에 발표됐다. 방안의 핵심은 상장사의 '자본효율성 제고'와 '주주환원 확대'를 통한 주가 부양이다. 밸류업 지원 방안 발표 이후 은행을 비롯한 금융주들의 주가가 크게 상승했고, 대기업을 중심으로 밸류업 공시를 하는 상장사들도 늘어나고 있다.

다만 밸류업의 장기적 효과에 대해서는 반신반의하는 분위기인 듯하다. 특히 강제 조항 없이 기업의 선의에만 지나치게 의존하고 있다는 비판이 많은 것 같다.

밸류업의 관점을 주주 중심으로 전환

향후 보완된 내용이 나올 수도 있겠지만, '제도적 강제성'에 초점을 맞추는 것은 바람직하지 않다고 본다. 자본시장에서 정부 주도의 '강제성'으로 바뀔 수 있는 것은 거의 없다. 용두사미로 끝났던 '스튜어드십 코드(stewardship code)'와 관련된 논의를 떠올려 보자.

기관투자가의 적극적인 주주권 행사를 통해 투자자들의 이익을 보호하려고 했던 스튜어드십 코드는 문재인 정부의 국정과제였다. 정권 출범 초에 형성됐던 높은 기대에도 불구하고 스튜어드십 코드는 별다른 성과를 내지 못했다. 주주권을 행사할 수 있는 기관투자가들의 기반이 극히 취약했기 때문이다.

투자자들이 주식형 펀드를 외면하면서 기관투자가의 핵심인 자산운용사들의 영향력이 급속히 축소됐고, 국민연금을 제외하면 의미 있는 주주권 행사가 가능한 집단이 사실상 존재하지 않았다. 이런 여건에서 스튜어드십 코드가 활성화되기란 애초에 어려운 일이었다.

주주가치 제고 방안은 아니었지만, 박근혜 정권 때 도입했던 '기업소득 환류세제'도 참고해 볼만하다. 일부 대기업들이 점유하고 있는 부를 국민경제 전반으로 순환시키기 위한 목적으로 도입됐던 제도였다. 자기자본 500억 원 이상의 기업이 벌어들인 당기순이익의 80% 이상을 배당, 설비투자, 임금 인상 등에 사용하지 않으면 징벌적 과세를 하겠다는 내용이었다. 기업의 유보금에 세금을 부과하는 매우 강력한 정책이었지만, 이 역시 시간이 지나면서 흐지부지됐다. 징벌적 과세에 대한 공감대가 약해 제도의 지속성을 확보하기 힘들었던 탓이다.

정책의 '강제성'에 초점을 맞추는 태도는 밸류업 방안을 '정부와 기업'의 관계로 바라보는 관점에서 비롯된다. 그러나 논의의 방향을 '기업과 주주' 또는 '소수의 지배주주와 다수의 소액주주'의 관계로 돌려야 한다. 자본효율성 제고든, 주주환원이든 기업의 성과와 분배에서 가장 본질적인 이해관계를 가지는 집단은 주주들이기 때문이다.

코리아 디스카운트의 원인, 낮은 ROE와 PBR

밸류업 방안의 원조격인 일본도 주주권 강화를 위해 많은 노력을 해왔다. 아베 내각의 경제 책사였던 이토 쿠니오(伊藤邦雄) 교수가 '지속적 성장을 위한 경쟁력과 인센티브 – 기업과 투자자의 바람직한 관계 구축'이라는 리포트를 발표했을 때가 2014년 8월이었다. 이토 교수는 일본 경제의 활력이 떨어지고 있는 가운데, 국부의 많은 부분을 기업들이 가지고 있다는 데 주목했다. 국가의 부가 기업에 몰려 있다는 사실 자체가 문제가 되는 것은 아니었지만, 그 부를 기업들이 성공적으로 증식시키기 어려울 것이라는 우려가 커지고 있었다.

일본 기업들의 낮은 ROE(자기자본이익률)와 PBR(주가순자산비율) 1배를 하회하는 주가는 이런 우려를 뒷받침해 주는 증거였다. ROE는 회계상 주주들의 몫인 자기자본이 얼마나 효율적으로 증식되고 있는가를 보여주는 잣대다. PBR 1배를 하회하는 주가는 낮은 ROE의 산물인 경우가 많다. 향후 자기자본이 효율적으로 증식되기 어려울 것이라는 우려가 클 경우 주가가 자기자본(=순자산)을 밑돌게 된다.

이를 타개하기 위한 방법은 주주환원을 늘리는 것이다. 쌓여있는 부를 성공적으로 증식시키기 어려운 기업들이 경제적 자원을 틀어쥐고 있기보다는, 배당 등을 통해 주주들에게 돌려주면 나름의 선순환이 작동하게 된다. 주주들이 배당금을 소비에 사용할 수도 있고, 자본효율성이 높은 기업에 재투자할 수도 있기 때문이다.

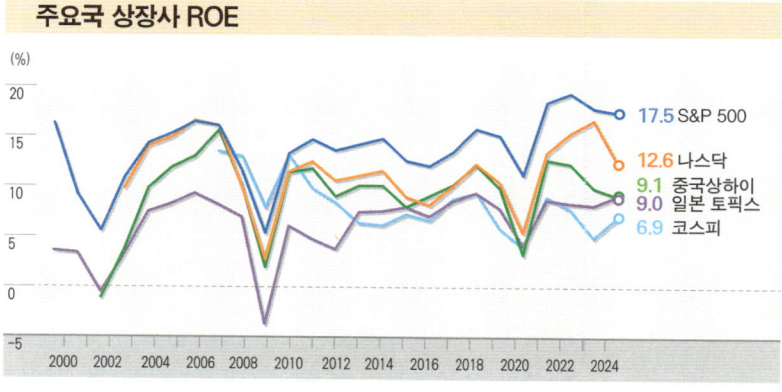

* 자료 : Bloomberg

'ROE(Return on Equity)'는 기업이 자기자본을 얼마나 효율적으로 활용해 이익을 내는지를 보여주는 지표로, 기업의 수익성과 자본효율성을 동시에 나타낸다. 2024년 기준 미국 S&P 500은 17.5%, 나스닥은 12.6%로 높은 ROE를 기록한 반면, 한국 코스피는 6.9%에 불과해 중국 상하이 9.1%, 일본 토픽스는 9.0%보다도 낮다. 이는 한국 기업들이 자기자본을 통해 수익을 창출하는 능력이 주요국들에 비해 낮아 투자 매력도가 떨어진다는 점을 시사한다.

주주환원은 기업의 ROE 개선에도 도움이 된다. 주주환원은 기업의 장부에 기재돼 있는 주주들의 몫인 자기자본을 주주들에게 직접 돌려주는 행위다. 그래서 배당과 자사주 매입과 같은 주주환원은 자기자본을 줄이는 효과가 있다. 이렇게 하면 당기순이익을 자기자본으로 나눠 산출되는 ROE를 높일 수 있다. 나눗셈에서 분모가 줄어들기 때문이다. 미국과 같은 극단적 주주환원은 한국에서는 현실적으로 불가능할 뿐 아니라 바람직하지도 않지만, 상장사들은 자기자본이 효율적으로 운용되고 있는지 늘 점검해야 한다.

ROE가 높아지면 주가도 순자산가치(PBR) 이상으로, 즉 PBR 1배 이상으로 오를 수 있다. '밸류업 방안'에서 자본효율성(ROE), 주주환원,

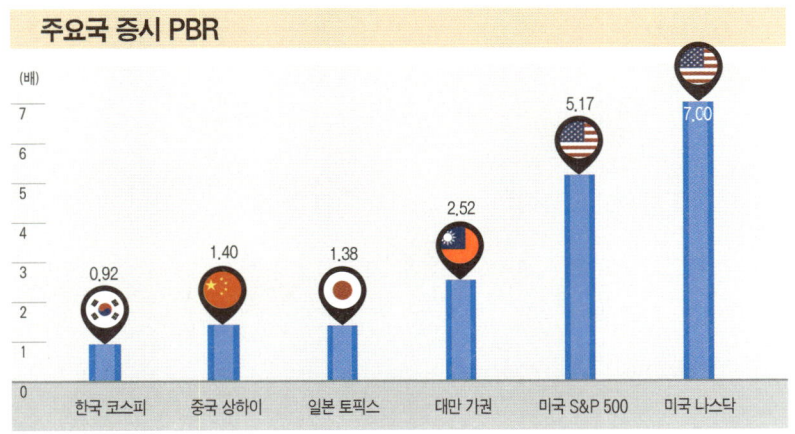

* 주 : 2025년 2월 25일 기준   * 자료 : Bloomberg

PBR은 기업의 자산가치 대비 주가 수준을 나타내는 대표적인 밸류에이션 지표로, 값이 높을수록 시장에서 기업이 고평가되고 있음을, 낮을수록 저평가되고 있음을 의미한다. PBR이 1.0 미만인 국가는 한국이 유일하다.

PBR 등이 함께 언급되는 이유도 이런 논리적 연결고리 때문이다. 도쿄 증권거래소는 2023년 3월 '자본 비용과 주가를 의식한 경영 실천 방안'을 내놓고 PBR 1배 미만의 상장사들에게 개선책을 마련하도록 요구한 바 있다.

제대로 된 주주자본주의를 경험해 보지 못한 한국 증시

일본을 본떠 진행되고 있는 한국의 밸류업과 관련된 논의도 주주환원을 중심으로 전개될 개연성이 높다. 다만 어느 정도의 주주환원이 적절한 것인가에 대해서는 정답이 있을 수 없다. 삼성전자는 2018년부터 배당을 획기적으로 늘리고 있는 주주환원 모범기업이다. 상장사로서 주주를 배려하는 것은 칭찬받을 일이지만, 삼성전자의 주주환원은 너무 과한 게 아닌가 싶다. 최근 10년 삼성전자의 평균 ROE는 15%를 상회한다. 이렇게 자본효율성이 높은 기업은 배당 등으로 경제적 자원을 사외로 유출하기보다 재투자를 통해 파이를 키우는 것이 장기적인 주주가치 극대화에 더 부합하는 전략이다. 특히 반도체산업이 주기적으로 대규모 투자가 필요한 장치산업이라는 점을 감안하면 더 그렇다.

적절한 주주환원 규모는 정부 지침이 아니라 기업과 주주 간의 소통을 통해 결정돼야 한다. 한국처럼 주주환원율이 낮은 증시는 어느 정도 기업에 대한 주주들의 압력이 필요하다고 생각한다. 이를 위해서는 경

10년간 일본 니케이지수 추이

자본효율성을 높이고 지배구조 개선을 병행한 일본의 밸류업 정책은 주식시장을 서서히 움직이기 시작했다. 2025년 7월 말 기준 직전 10년간 닛케이 225 지수는 99% 상승했다. 같은 기간 코스피 지수 상승률 59%를 훨씬 뛰어넘는 성과다. 상법 개정 등 지배구조 개선 기대로 코스피가 2025년에 급등해 그나마 양국 증시의 수익률 격차가 축소될 수 있었다.

영권을 쥐고 있는 지배주주와 다수 소액주주 간에 대등한 관계가 만들어져야 한다. 일본은 이를 위해 주주행동주의를 활용했다. 한국이나 일본은 주주행동주의가 활성화되기 힘든 국가다. 지연과 학연으로 엮인 관계 지향적 사회이기 때문에 지배주주와 경영진에 대립각을 세우는 주주행동주의가 자리 잡기 힘든 사회·문화적 풍토를 가지고 있다.

이런 난점을 극복하기 위해 아베 정부는 일본에 연고가 없는 미국계 주주행동주의 펀드를 일본 증시로 불러들였다. 아베 총리는 대표적인 주주행동주의 펀드인 서드포인트 대표 댄 로브(Dan Loeb)를 직접 총리 관저로 초대하면서 시장에 명확한 메시지를 던졌다. 일본 증시에 외국인 투자자라는 '메기'를 풀어 현상을 타파했던 셈이다. IMF 외환위기 직후 한국이 급진적 자본시장 개방을 통해 기업 지배구조 개선에 외국인 투자자들의 힘을 빌렸던 것처럼 말이다. 적대적 주주행동주의가 아니더라도 소액주주들이 적극적으로 주주권을 행사하고, 기업도 다수 소액주주의 이해를 반영해 의사결정을 내리는 쪽으로 제도를 만들어야 한다.

논란이 많지만 상법 개정은 고질적인 코리아 디스카운트를 완화하는 데 큰 전기가 될 것으로 기대된다. 주식투자에는 필연적으로 대리인 문제가 발생한다. 주식을 매수하면 지분율에 비례하는 기업의 소유권을 가질 수 있지만, 대부분의 주주는 경영에 참여하지는 않는다. 그래서 기업에 고용된 임직원들이 주주들의 이익에 부합하는 의사결정을 내리는 것이 중요하다. 무엇보다도 주주들의 대표인 이사회가 제대로 된 역할을 해야 하는데, 아쉬움이 많다. 특히 경영진과 지배주주로부터 독립적인 목소리를 내라고 이사회에 참가시킨 사외이사들이 거수기 이상의 역할을 하지 못하고 있다. 사외이사 선정 과정에서 지배주주의 의사가 가장 강하게 작용하는 풍토에선 당연한 일이다. 상법 개정을 통해 주주들에 대한 이사의 책임 강화를 명시해야 한다고 본다.

한국 증시 밸류업을 위해서는 기업(또는 지배주주)과 소액주주 간의 건전한 긴장 관계 형성이 필요하다. 정부는 기업에 대해 인센티브와 패널티 제시 등 직접적으로 개입하기보다는 제도를 개선해 주주권이 잘 행사될 수 있는 환경을 조성해야 한다. 과도한 단기주의 등 주주권 과잉의 부작용을 우려하는 목소리도 있지만, 아직 제대로 된 주주자본주의를 경험해 보지 못한 한국 증시에서 주주권 과잉을 미리부터 걱정하는 것은 기우에 가깝다.

상장은 영어로 'go public'이라고 표현한다. 말 그대로 기업이 대중 앞에 나서는 것이다. 상장사들은 불특정 다수의 투자자들에게 사업 자금을 지원받은 만큼, 비상장사와는 다른 책임과 책무를 지닌다. 소액주주들의 의사결정이 모두 선(善)이어서가 아니다. 지배주주들의 판단이 언제나 정답일 수 없는 것처럼 말이다. 물론 기업가 정신으로 무장한 지배주주의 결단이 회사를 성공으로 이끈 사례도 많지만, 잘못된 판단으로 기업가치를 파괴한 사례도 부지기수다. 어떤 경우든 상장사는 자신들의 결정을 주주들에게 충분히 설명하고 그들의 이해를 구해야 할 책임이 있다. 무엇보다 상장사들은 '낮은 주가' 자체가 행동주의 펀드를 불러들이는 가장 중요한 요인이라는 점을 자각해야 한다.

INSIGHT **17**

코스닥 시장은
왜 천덕꾸러기가
됐을까?

> "
> 미국 나스닥 상장 종목이 334개 줄어들 때,
> '잡주 천국' 코스닥은 137개 늘었다.
>
> _「조선일보」, 2024년 9월 4일
> "

●●● 한국 증시에서 코스닥 시장만큼 '애증의 대상'이라는 표현이 잘 어울리는 곳도 드물다. '개미'라 불리는 개인투자자들이 중심을 이루는 시장인 만큼 애정이 깊지만, 투자자들의 부를 불려주기보다는 되레 파괴해 온 측면이 커 실망 또한 크다. 급등락을 반복하는 종목들, 불투명한 공시, 폐쇄적이고 취약한 지배구조, 테마주와 작전세력의 활개까지 주식투자 과정에서 마주칠 수 있는 여러 가지 문제점들이 고스란히 집약된 곳이 바로 코스닥이다. '투자자들의 눈물 위에 세워진 시장'이라는 말이 결코 과장이 아니다. 이제 코스닥 시장에 대해 살펴볼 차례다.

투자자들의 눈물 위에 세워진 시장

한국 증시의 마이너리그, 코스닥 시장

'코스닥(KOSDAQ)'은 대한민국의 증권시장으로, 주로 신생 벤처기업들이 거래되는 시장이다. 1996년 7월에 만들어졌으니, 1956년에 거래를 시작한 코스피 시장의 동생뻘이다. 동생이지만 형보다 덩치가 더 커졌다. 2025년 7월 말 기준으로 코스닥에 상장된 기업수는 ETF와 스팩(SPAC : 인수·합병을 통한 상장을 목적으로 설립된 명목상의 회사) 등을 제외하고 총 1776개에 달한다. 이는 코스피 시장의 846개보다 두 배 이상 많은 숫자다.

허우대는 멀쩡하지만 체력은 허약하다. 코스닥에 상장된 기업들의 시가총액을 모두 합쳐도 419조 원에 불과하다. 코스피 시장의 시가총액 1위 기업인 삼성전자의 시가총액이 459조 원이다. 1700여 개에 육박하는 코스닥 상장사 전체 시가총액이 삼성전자 한 종목에도 미치지 못하고 있다.

허우대만 멀쩡하고 체력은 약한 시장

시장의 장기 성과도 부진하다. 코스닥 지수는 1996년 7월 1000포인트로 출발했는데, 29년여가 지난 현재도 760포인트대에 머물러 있다. 같은 기간 동안 코스피는 3.2배 상승했다. 이처럼 장기 성과가 저조하다 보니 코스닥은 투자자들 사이에서 좋은 평가를 받지 못하고 있다. 코스닥 시장에 상장된 후 성공적으로 성장한 기업들은 대부분 코스피 시장으로 이전했다. NHN, 카카오, 셀트리온 등이 대표적이다. 코스피로 이전한다고 해서 기업이나 주주 입장에서 바뀌는 것은 거의 없지만, 자꾸 코스닥을 떠난다. 코스닥 시장의 평판이 좋지 못한 탓이다.

미국의 나스닥 시장을 보면 사정이 다르다. 애플, 마이크로소프트, 아마존 등은 모두 나스닥에서 성장했지만 뉴욕증권거래소로 이전했다는 소식은 들리지 않는다.

한국 증시에서 이류시장 혹은 마이너리그 취급을 받아왔지만, 가끔은 기대주로 부상하기도 했다. 대체로 신정부 출범 직후 그랬다. 대기업 중심의 성장 모델을 보완할 대안으로 벤처기업이 부각되곤 했기 때문이다. 김대중 정권 때는 '벤처 육성', 박근혜 정권과 문재인 정권 때는 '창조경제'와 '혁신성장'이라는 이름의 성장 전략이 나오면서 코스닥 시장에 온기가 돌았다. 일시적 모르핀 효과 이상은 아니었지만 말이다.

때로는 외부, 특히 정치인들로부터 몰매를 맞기도 했다. 대선 이후

신정부가 출범할 때마다 고위 공직자들에 대한 인사 청문 절차가 진행 됐는데, 이 과정에서 공직자가 코스닥 상장기업의 주식을 보유하고 있 으면 색안경을 쓰고 쳐다보기 일쑤였다. 삼성전자나 현대차와 같은 대 기업 주식 보유는 용인됐지만, 상대적으로 잘 알려지지 않은 코스닥 주 식이 공직자들의 재산 목록에 올라가 있으면 그 자체를 문제 삼았다.

코스닥 기업에 투자해서 돈을 벌 확률이 낮을 따름이지, 주식을 보유 하고 있다는 사실이 무슨 죄인가. 벤처 육성, 창조경제, 혁신성장의 주 역으로 대접받았던 기업들과 공직자의 주식 계좌에 담겨있는 기업들은 서로 다른 존재가 아니다. 상장의 문턱을 통과한 기업에 대한 투자를 흠 잡는 것은 온당한 태도가 아니다. 코스닥 시장을 천덕꾸러기로 보지 않 으면 나올 수 없는 태도다.

버블껌을 씹는 시장

이름에서 알 수 있듯이 코스닥은 미국 벤처기업들의 요람인 나스닥 (NASDAQ)을 본떠 만들어졌다. 1990년대 중반 웹브라우저 업체 넷스케 이프(Netscape)와 전자상거래 업체 아마존(Amazon) 등이 나스닥 시장에 상 장되면서 기술주 열풍이 불었고, '인터넷이 세상을 바꾼다'는 기술 낙 관주의가 세계로 전파됐다. 코스닥은 바로 이런 분위기 속에서 탄생했 다. 일본의 '나스닥 재팬', 영국의 '대안투자시장(AIM : Alternative Investment

Market)', 대만의 '그레타이(GreTai)' 등도 비슷한 시기에 문을 열었다.

나스닥식 성장 모델은 매우 역동적이지만, 큰 비용도 수반된다. 나스닥식 성장 모델에서 '버블은 필요악'이기 때문이다. 이에 대해서는 앞서 7장에서 논의했다. 대중들이 잘 알지 못하는 신산업에 계속 자금이 투자되는 이유는 대박에 대한 꿈이 있기 때문이다. 구글 주가는 상장 이후 63배 상승했고, 아마존은 3227배나 올랐다. 한국의 네이버도 310배 상승했다. 처음부터 꼭 집어 네이버가 아니었고, 많은 벤처기업에 자금이 투입된 가운데 네이버가 살아남았다고 봐야 한다. 그야말로 결과론이다. '닷컴버블'이라는 열광이 없었더라면 네이버는 애초에 자금을 수혈받기도 어려웠을 것이다. 그래서 자본시장 중심의 나스닥 모델은 '버블'이라는 필요악을 안고 갈 수밖에 없다. 버블은 분명 나쁜 것이지만, 이 모델이 돌아가려면 어쩔 수 없이 감수해야 하는 업보다.

나스닥식 성장 모델은 매우 역동적이지만, 그만큼 큰 비용이 따른다. 새로운 성장산업을 만들어 내기 위해서는 그 산업 전반으로 막대한 자금이 유입돼야 한다. 불확실성이 큰 산업으로 투자자들을 끌어들이기 위해서는 극단적 낙관론에 기댄 집단적 열광이 필요하다. 이러한 열광은 결국 '버블'이라는 형태로 발현된다.

너무 많아서 문제

만성적인 공급 물량 부담이 초래한 결과

나스닥식 모델이 버블의 반복과 소수의 승자에 의해 유지되고 있다는 점은 인정하더라도, 한국 증시에서 나타나고 있는 시장 참여자들 간의 이익 비대칭성에 대해서는 지적하고 싶다.

코스닥 시장은 대한민국의 개인투자자들에게 너무 큰 상처를 안겨줬다. 한국 주식시장은 외국인과 기관투자가들이 주력인 유가증권시장(코스피)과 개인투자자들이 중심인 코스닥 시장으로 양분돼 있다. 2000년대 유가증권시장 전체 거래대금에서 개인투자가가 차지하는 비중은 56%이고, 코스닥 시장은 87%이다.

한국의 많은 벤처기업들이 코스닥 시장을 통해 상장됐다. 상장은 주식을 팔아서 자금을 조달하는 행위다. 한국의 개인투자가들은 기꺼이 벤처기업에 자금을 공급해 줬지만, 이런 행위는 수익률로 보답받지 못했다. 신생기업들이 코스닥 시장으로 입성하는 절차인 IPO(신규 상장)는 이들 기업에 대한 초기 투자자인 벤처캐피털 등이 투자 지분을 '회수(exit)'하는 기회로 활용됐다. 많은 위험을 감수하는 벤처투자자들에 책임을 묻는 것은 부당할 수 있다. 하지만 IPO가 '개미'로 불리는 개인투자자들의 부를 전문적인 투자자에게 이전하는 통로가 되었다는 점 역시 부인할 수 없을 것이다.

투자자들이 손사래 치는 공시, 유상증자

주식투자는 제로섬 게임이 아니다. 장기적으로 주가가 상승하면 초기 투자자인 모험자본과 개미투자자로 통칭하는 대중들이 함께 수익을 얻으며 윈윈할 수 있다. 하지만 유감스럽게도 코스닥 시장은 아니었다. 무엇보다도 지나치게 많은 종목이 상장되고 있는 것은 아닌지 되돌아볼 필요가 있다. 코스닥 시장에는 상장 종목수가 너무 많다. 현재 코스닥 상장 기업수는 1700개에 육박하는데, 지금은 없어진 일본의 자스닥(도쿄증권거래소 성장시장부로 재편) 상장 종목수가 685개(폐지 직전 기준), 영국의 대안투자시장 714개와 비교해도 과도하게 많다. 새로운 종목들이 끊임없이 상장되면서 코스닥 시장은 만성적인 공급 물량 부담에 노출될 수밖에 없었다.

코스닥 시장만의 문제가 아니다. 한국 증시 전체적으로도 주식 공급에 대한 근본적인 고민이 필요하다. 주식시장은 기업에 대한 자금공급처로 기능함으로써 실물경제에 기여하지만, 주식 발행을 통한 자금조달 즉 유상증자는 종종 투자자들에게 악재로 받아들여진다. 세 가지 점에서 그렇다.

첫째, 주식의 신규 발행을 통한 자본조달은 기존 주주들에게 부담으로 작용한다. 투자기업에 대해 동일한 지배권(지분율)을 유지하기 위해서는 증자에 참여해 추가적으로 자금을 더 투입해야 하기 때문이다. 둘째, 늘어난 주식수를 상쇄할 수 있을 정도로 기업 이익이 증가하지 않으면 자본효율성이 저하된다. 자본효율성을 측정하는 대표적인 지표는 ROE(자기자본이익률)인데, ROE는 당기순이익을 자기자본으로 나눈 값이다. 유상증자는 분모인 자기자본을 늘리는 행위이기 때문에, 당기순이익이 충분히 늘어나지 않으면 ROE는 하락하게 된다. 셋째, 모든 자산가격은 수요와 공급에 따라 결정되는데, 유상증자는 주식의 신규 공급을 늘리는 요인이다. 공급이 늘면 가격은 하락 압박을 받게 된다.

시가총액은 늘어나는데 지수는 제자리걸음

과도한 주식 공급은 장기화되고 있는 한국 증시의 성과 부진을 설명할 수 있는 주요한 요인이다. 2024년 11월 말 기준 직전 10년 동안 코스피는 23% 상승했지만, 시가총액은 66%나 증가했다. 직전 5년을 살펴보더라도 코스피 상승률은 17%, 시가총액 증가율은 44%였다. 코스닥 시장은 양자 간의 괴리가 더 크다. 2024년 11월 말 기준 직전 10년 코스닥 지수 상승률은 24%, 시가총액 증가율은 139%, 직전 5년 코스닥 지수 상승률과 시가총액 증가율은 각각 7%와 48%를 기록하고 있다.

한국 증시의 주가지수는 시가총액을 기준으로 산정된다. 주가지수는 시가총액의 증감에 따라 결정되는데, 왜 주가지수 상승률과 시가총액 증가율 사이에 이렇게 큰 괴리가 생기는 걸까? 이는 주가가 올라서 시가총액이 늘어난 것이 아니라, 시장에 새로운 주식이 대거 공급되면서

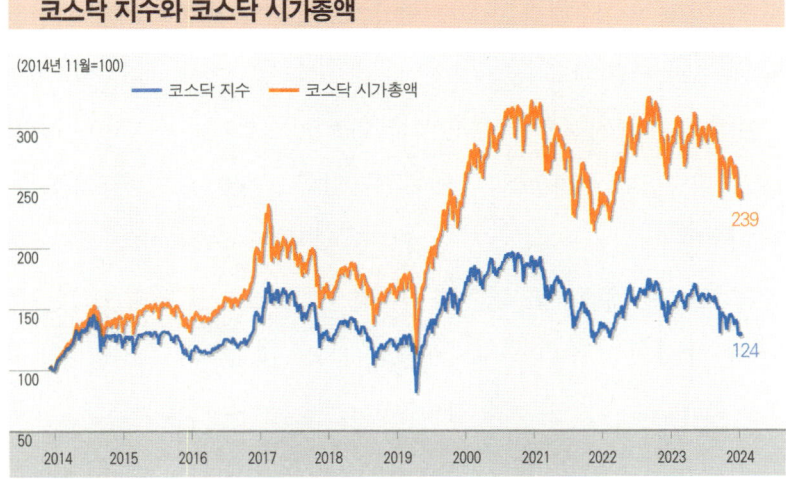

* 주: 2014년 11월 28일~2024년 11월 28일 • 자료: Bloomberg, 신영증권

코스닥 시장은 주가 상승률과 시가총액 증가율 간의 괴리가 코스피 시장보다 더 크다. 2024년 11월 말 기준 직전 10년간 코스닥 지수는 24% 상승하는 데 그친 반면, 같은 기간 시가총액은 139% 증가했다. 최근 5년 동안의 지수 상승률은 7%, 시가총액 증가율은 48%로, 양자의 격차가 여전히 크게 나타나고 있다.

시가총액이 증가했기 때문이다. IPO, 기존 상장기업들의 신주 발행을 통한 자금조달(유상증자) 등은 모두 물리적인 주식수 증가로 귀결된다. 특히 최근에는 주식으로 전환될 권리가 붙어 있는 CB(Convertible Bond ; 전환사채) 등과 같은 주식연계증권을 활용한 자본 확충도 늘어나고 있다.

기업이 주식 발행을 통해 조달한 자금을 활용해 기업가치를 높이면 장기투자를 하는 주주들은 그 과실을 누릴 수 있다. 그러나 최근 상당수 상장사가 차입금 상환이나 운영자금 마련을 목적으로 유상증자를 실시하고 있다. 차입금 상환은 자본의 구성만 바꾸는 행위이고, 운영자금은 일상적인 기업 활동에서 소모되는 비용이기 때문에 기업의 본질적인 수익성 개선과는 거리가 있다. 수익성이 개선되지 않은 상황에서 발행주식수가 늘어나니 주당 가치가 '희석(dilution)'된다. 당연히 주가는 하락 압박을 받을 수밖에 없다.

다른 나라들 사정은 어떨까. 미국 S&P 500 지수는 최근 10년 동안 190% 상승했고, 시가총액은 179% 늘어났다. 한국과는 정반대의 모습이 나타나고 있다. 주가지수 상승률보다 시가총액 증가율이 더 낮다. 유상증자를 통해 주식수를 늘린 게 아니라 자사주 소각을 통해 오히려 주식수를 줄였기 때문이다. 다른 시장도 대체로 비슷한데 나스닥 시장의 경우 최근 10년 나스닥 지수 상승률은 297%, 시가총액 증가율은 324%이다. 신규 자금조달이 필요한 스타트업들이 상장되는 시장이기 때문에 시가총액 증가율이 주가지수 상승률을 상회하지만, 한국 증시만큼 괴리가 크지는 않다. 도쿄증권거래소 역시 최근 10년 동안 주가지수 상승률

1996년 출범 당시 341개였던 코스닥 시장 상장사는 2025년 2월 25일 기준 1691개로 약 5배 늘었다. 그러나 전체 1700여 개 상장 종목 중 증권사가 분석보고서를 내는 종목은 100개 남짓에 불과하다. 이처럼 극심한 정보 불균형은 불공정 거래가 발생할 가능성을 높이고, 시장 전반의 신뢰도와 평판을 떨어뜨리는 요인으로 작용한다.

90%, 시가총액 증가율 84%를 기록하고 있다. 역시 자사주 소각 등을 통한 총량적 공급 관리가 이뤄지고 있는 것으로 유추할 수 있다.

한국보다 주식 공급이 더 많이 이뤄진 시장이 있다. 중국 본토의 상하이증시다. 최근 10년 동안 상하이종합지수가 22% 상승하는 동안 시가총액은 무려 154%나 늘어났다. 중국 증시의 장기 성과가 한국 증시만큼이나 부진한 이유도 과도한 공급 물량 부담에서 찾을 수 있다.

중국을 걱정할 일이 아니다. 한국은 코스닥이 문제다. 만성적인 수급 불균형과 전문투자자와 개인투자자 간 이익 비대칭성도 심각하지만, 그보다 더 근본적인 문제는 상장 종목수가 지나치게 많다는 점이다. 이

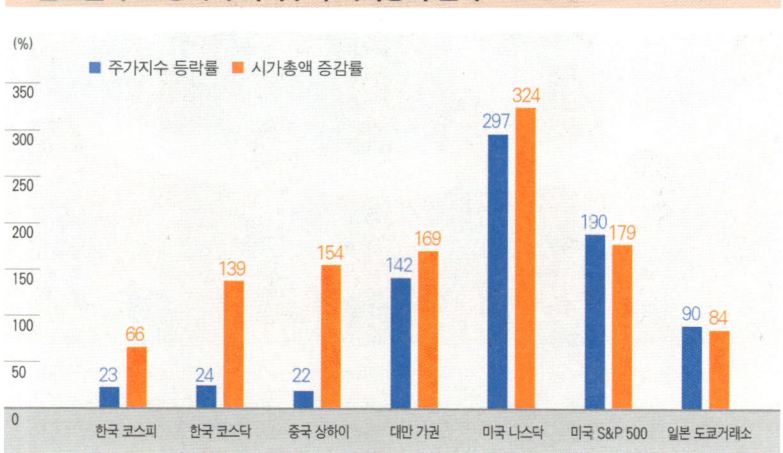

글로벌 주요 증시 주가지수와 시가총액 변화

* 주 : 2014년 11월 28일~2024년 11월 28일 * 자료 : Bloomberg, 신영증권

미국, 대만, 일본은 주가지수 상승률과 시가총액 증가율 사이의 간극이 크지 않다. 반면, 한국과 중국은 두 지표 간의 괴리가 매우 크다. 이는 한국과 중국의 시가총액 증가가 주가 상승에 따른 결과라기보다는, 신규 상장과 유상증자 등으로 주식수가 늘어난 데 따른 결과이기 때문이다.

로 인해 정보의 불균형이 심화되고 있다. 현재 코스닥에는 1700여 개의 종목이 상장되어 있지만, 이중 증권사에서 분석보고서를 내는 종목은 100개 남짓에 불과하다. 극심한 정보 불균형은 불공정 거래가 발생할 개연성을 높이고, 이는 시장 전반의 평판 저하로 이어진다.

    기업들이 주식시장에서 활발히 자금을 조달하고, 이 자금을 잘 활용해 성장을 도모하는 것은 가장 이상적인 자본시장의 모습이다. 그렇지만 미국을 제외한 글로벌 경제 전반은 완연한 저성장의 길을 걷고 있다. 기업이 자금을 조달했더라도, 그 자금을 활용해 파이를 효율적으로 증식하기 어려운 환경이다. 총량적인 주식의 공급 관리에 성공하면서 자본효율성을 유지하는 시장은 흥하고, 반대로 과도한 주식 공급이 시장을 압박하는 시장은 쇠하고 있다. 이제는 시장 차원에서 공급 조절에 대한 고민이 필요하며, 개별 기업 차원에서는 자본효율성에 대한 깊은 성찰이 요구된다.

INSIGHT **18**

시간의 힘을
믿으세요

> 빌어먹을!
> 내가 5년 동안 돈이 천천히 늘어나는 걸
> 느긋하게 지켜보자고
> 3주 전부터 투자를 시작한 줄 아나.
>
> _ WallStreetBets 게시판

●●● 이제 책을 마무리할 단계다. 18장에서는 서로 대조적인 두 가지 투자 태도를 살펴볼 것이다. 하나는 복리의 힘에 기대어 '천천히, 그렇지만 높은 확률로 부자가 되는 길'을 추구하는 '장기주의(longtermism)'이며, 다른 하나는 코로나19 팬데믹 직후 '밈 주식(meme stock)' 열풍처럼 마치 온라인 게임을 하듯 투자하다가 '눈 떠보니 부자'가 되었던 '가벼운 투자'다.

이 두 가지 태도는 단순한 투자 방식의 차이를 넘어, 특히 2030세대의 투자 행태를 이해하는 중요한 실마리를 제공한다. 투자에는 정답이 없지만, '빨리 부자가 되어야 한다'는 조급증을 안고 투자에 나서는 것은 바람직한 태도가 아니다. 젊은 세대가 가지고 있는 경쟁 우위는 그들 앞에 놓여 있는 창창한 시간이고, 시간이 돈을 불려주는 '복리의 힘'이기 때문이다. '벼락거지'가 될 수도 있다는 조급증과 '무주식이 상팔자'라는 패배 의식 사이에서 균형을 잘 잡아야 한다.

그렇다면 청년 투자자들이 일시적인 유행을 넘어, 지속 가능한 투자자로 성장하기 위해서는 어떤 조건이 필요할까? 이에 대한 해답을 문답 형식으로 짚어본다.

하염없이 기다릴 수 있는 자가
결국 이긴다

미스터 마켓의 변덕을 이기는 법

2014년쯤으로 기억한다. 프랑스의 좌파 경제학자 토마 피케티(Thomas Piketty)가 쓴 『21세기 자본』이 큰 반향을 불러일으켰다. 피케티는 자산 가격 상승률이 노동소득 증가율을 지속적으로 웃돌아왔으며, 이에 따라 불평등이 심화되어왔다는 점을 장기 시계열 실증연구를 통해 밝혀냈다. 피케티가 활용한 사료나 방법론에 대한 여러 반론이 있기도 했지만, 그의 연구가 대부분 자본주의가 성숙한 선진국들을 대상으로 했다는 점에서 우리가 앞서 논의한 내용들과 통하는 점이 있다.

물론 불평등의 심화가 바람직한 현상은 아니나, 그래도 생활인으로서의 현실적 선택이라는 관점에서 보면 투자를 하고 살아야 할 당위성을 피케티가 말해준 게 아닌가 싶다. 몸을 굴려서 돈을 벌 수도 있지만, 장기적으로는 '돈이 돈을 버는 속도'가 더 빨랐다는 증거들이 그 두꺼

운 벽돌책에 반복적으로 제시되고 있다.

투자는 부자에게 절대적으로 유리한 게임

우리는 부자가 되기 위해 투자한다. 그러나 역설적으로 투자는 부자에게 절대적으로 유리한 게임이다. 부자가 아닌 이들이 부자를 이기기는 어렵다. 물론 주식투자는 제로섬 게임이 아니기에 '이기기 어렵다'는 표현에는 다소 어폐가 있다. 보다 정확히 말하자면 '일단 부자가 된 사람은 투자를 통해 부를 불리는 것이 수월하지만, 빈자가 부자의 반열에 오르기는 쉽지 않다' 정도의 의미를 전달하고 싶다.

어떤 종류의 투자든 여윳돈이 있어야 시작할 수 있으며, 당장 써야 할 돈이 아닌 오랜 기간 묻어둘 수 있는 자금으로 투자해야 승률을 높일 수 있다. 부자에게 절대적으로 유리한 조건들이다. 즉, 『21세기 자본』에서 말하는 불평등의 심화란, 자산 가격 상승의 혜택을 누구나 누릴 수 있는 건 아니라는 사실이다.

피케티의 주장은 자산시장에 대한 장기 낙관론으로 읽을 수 있다. 우리 역시 앞서 장기적으로 낙관론을 견지해야 할 당위성에 대해 살펴봤다. 투자가 어려운 이유는 바로 '장기적으로 낙관론자가 이겼다'라는 데 있다. 장기적으로는 이겼지만 중간 과정은 순탄하기보다는 울퉁불퉁했다. 투자자는 늘 시험대에 오른다.

어떤 종류의 투자든 여윳돈이 있어야 시작할 수 있으며, 당장 필요한 돈이 아니라 장기간 묻어둘 수 있는 자금으로 해야 승률을 높일 수 있다.
그렇기에 투자는 본질적으로 부자에게 유리한 게임이다.
다시 말해, 토마 피케티가 『21세기 자본』에서 지적한 불평등의 심화란 자산 가격 상승의 혜택이 모든 사람에게 골고루 돌아가지 않는다는 데 그 본질이 있다.

한 시대를 풍미한 헤비급 복서 마이크 타이슨(Mike Tyson)은 이렇게 말했다. "누구나 그럴싸한 계획을 가지고 링에 오르지만, 한대 얻어맞으면 공포에 떨면서 얼어붙을 것이다." 타이슨과 같은 링에 서서 글러브를 맞대는 건 분명 곤혹스러운 일이겠지만, '나의 판단을 능욕하는 것 같은 미스터 마켓의 변덕'을 견디는 일도 결코 만만치 않다.

어려운 시간을 견뎌낼 수 있는 내구력이라는 관점에서 투자는 절대적으로 부자에게 유리하다. 장기적으로 주식시장이 우상향의 궤적을 그려왔다면, 투자의 요체는 어려운 시기를 어떻게 견뎌내느냐에 달려 있다. 시장은 견디면 결국 복원력을 보여줬다. 한국 펀드시장의 빅히트 상품으로 주목받았지만 투자자들을 실망시켰던 '바이코리아 펀드'와 '인사이트 펀드'도 결국 기다리면 원상복구가 됐다.

기회비용을 생각하라고? 타당한 지적이다. 하지만 극단적인 대중의 쏠림이 있던 시기에 매우 나쁜 가격에 매수했더라도, 투자는 패가망신에 이르는 게임이 아니라는 점을 말하고 싶은 것이다.

물론, 이는 시간을 견딜 수 있는 투자자에게만 해당된다. 부자는 하염없는 기다림의 시간을 견딜 수 있지만, 여유가 없는 투자자는 시장의 변덕을 이기기 어렵다. 시장의 변덕을 내가 계산할 수 있다고 생각해서는 안 된다. 금액이 적더라도 시간을 견딜 수 있는 돈으로 투자한다면, 그 행위는 부자의 투자와 다르지 않다.

패턴은 있지만 법칙은 없다

투자라는 장기 레이스 참가자의 무기

"빌어먹을! 내가 5년 동안 돈이 천천히 늘어나는 걸 느긋하게 지켜보자고 3주 전부터 투자를 시작한 줄 아나."

코로나19 팬데믹 직후 미국의 투자자들이 모인 인터넷 모임 월스트리트베츠(WallStreetBets)는 일체의 가식 없는 원색적인 욕망으로 가득했다. 월스트리트베츠는 한국의 디시인사이드와 비슷한 느낌의 인터넷 커뮤니티인 '레딧(Raddit)'에 개설된 토론방이었다.

월스트리트베츠가 유명세를 타게 된 계기는 '게임스탑(GameStop)'이라는 오프라인 게임 유통업체 주가를 그야말로 '성층권'까지 상승시키는 데 이 커뮤니티가 주도적 역할을 했기 때문이다. 불특정 다수가 모인 인터넷 커뮤니티가 일치단결해 게임스탑 주식을 매수하면서, 주가는 불과 두 달여 동안 3770%나 급등했다. 내재가치로 설명하기 힘든 주가 상승이었지만 대중의 광기를 꺾을 수는 없었다.

집단지성으로 무장한 대중이 전문가 집단을 이겼을까?

게임스탑 주식에 대해 공매도로 대응했던 일부 헤지펀드들은 그야말로 쪽박을 찼다. 또한 이 과정에서 집단지성으로 무장한 개인투자자들과 대중을 등쳐 먹는 불순한 전문가 집단이라는 대립 구도가 형성되었고, 언론에서는 이를 '대중이 전문가 집단을 이겼다'는 식의 프레임으로 조명하기도 했다.

이런 평가가 과장이 아니었던 것이, 월스트리트베츠에 모인 대중은 헤지펀드들이 잡고 있던 포지션을 역이용했다. 당시 헤지펀드들은 게임스탑 주가 하락에 베팅하며 '공매도'와 '콜옵션 매도(정해진 가격에 자산을 팔 의무를 지는 대신 프리미엄을 받는 전략)' 전략을 취하고 있었다. 이에 맞서 월스트리트베츠에 모인 개인투자자들이 게임스탑 주식을 '닥치고 매수'했고, 주가는 급등했다. 공매도 포지션을 잡고 있었던 헤지펀드는 막대한 손해를 봤다. 결국 공매도한 주식을 상환하기 위해 매우 높은 가격에 게임스탑 주식을 사들일 수밖에 없었다. 쇼트커버링(short covering : 공매도 투자자가 빌려서 판 주식을 다시 사서 갚는 행위)이 발생한 것이다.

대중은 헤지펀드를 공격하기 위해 콜옵션을 매수하기도 했다. 게임스탑 주가가 급등하자 콜옵션을 매도한 기관투자가들은 손실을 헤지하기 위해 허겁지겁 주식을 사들였다. 여기에 '감마 스퀴즈(gamma squeeze : 콜옵션 매도자가 주가 상승에 따른 손실을 막기 위해 주식을 더 사들이면서 주가가 폭등하는 현

2021년, 월스트리트의 대형 헤지펀드들이 큰 적자를 기록하고 있던 게임스탑에 대한 대규모 공매도에 나선 가운데 미국의 커뮤니티 '레딧'에 모인 개인투자자들이 힘을 합쳐 게임스탑 주가를 폭등시킨 사건을 다룬 영화 〈덤 머니(Dumb Money)〉(2024년) 포스터. '덤 머니'는 월스트리트에서 개인투자자를 비하할 때 사용하는 표현이다. 게임스탑은 온라인 커뮤니티를 통해 입소문이 퍼지며 기업 실적과 무관하게 급등한, 이른바 '밈 주식' 현상의 시초로 평가된다.

상)'가 나타나면서 게임스탑 주가는 더욱 급등했다.

이 과정에서 공개적으로 월스트리트베츠에 모인 개인투자자들을 조롱하면서 자신의 공매도 포지션을 공개했던 뉴욕의 헤지펀드 멜빈 캐피털(Melvin capital)은 괴멸적 타격을 입고 결국 청산됐다. 기세등등해진 대중은 게임스탑에 이어 다음 타깃을 찾았다. 영화관 체인인 'AMC'가 새로운 표적이 됐다. 게임스탑만큼은 아니었지만 AMC 주식도 단기간에 급등했다. 펀더멘털에 대한 고려와 무관하게 주가가 치솟는 이른바 '밈(mene) 주식'들이 연이어 탄생했다. '개념형 성장주'보다 '밈 주식'은 훨씬 더 노골적으로 펀더멘털을 조롱했다.

"주가는 단기적으론 투표기이지만, 장기적으론 체중계"라는 워런 버핏의 말은 밈 주식에도 그대로 적용됐다. 이 말은 대중의 극단적 쏠림이 단기적인 주가 흐름을 만들어낼 수 있지만, 결국 장기적으로 주가는 기업의 펀더멘털에 수렴하게 된다는 의미다. 실제로 게임스탑의 주가는 한때 급등했지만, 이후 상승분의 90%를 반납했다.

투자자에게 가장 큰 적은 '조급증'

게임스탑 주가가 상승할 때 월스트리트베츠 게시판은 자신이 백만장자가 됐음을 인증하는 글로 넘쳐났다. 장기적으로 주가는 급락했지만, 큰 기회를 잡아 늘어난 부를 지켜낸 이도 있을 것이다.

주식투자는 절대적으로 결과가 중요하다. 그럼에도 코로나19 팬데믹 이후 나타나고 있는, PC게임 하듯이 이뤄지는 '가벼운 투자'의 경향에 대해서는 비판적인 생각을 가지고 있다. 스토리텔링에 대한 의존도가 과하고, 집단지성은 과대평가돼 있다. 이런 식의 투자가 장기적으론 좋은 결과를 가져오지 못할 것이다.

투자는 '망함에 이르러야 끝난다'는 점을 다시 강조하고 싶다. 내가 투자로 성공한 경험이 있다면 그 노하우를 버리기 힘들다. 인간은 경험의 동물이고, 투자에는 다분히 중독성이 있기 때문이다. 나의 판단이 다소 틀려도 견딜 수 있는 포지션과 한번 틀리면 나락으로 떨어지는 포지션 중 절대적으로 전자(前者) 쪽을 지향해야 한다. 주식시장에는 일반화시킬 수 있는 보편적인 패턴이 존재하지만, 그 패턴이 항상 반복되는 것은 아니다. 늘 사이클이 있기 때문이다. 강세장에 맞는 패턴은 약세장에서는 맞아떨어지지 않는다. '공모주 투자의 기본은 따상이고, 운 좋으면 따상상', 2020~2021년의 보편적 패턴이었지만 법칙은 아니다. 2024년 하반기부터 공모주 투자의 난이도가 높아지고 있다. '나스닥은 갭 하락 시 무조건 매수' 역시 역사적으로 살펴도 극단적 예외에 속하는, 최근 몇 년간의 강세장의 경험에서 비롯된 주장일 뿐이다.

야구를 즐겨보는 필자는 키움 히어로즈에서 성장해 메이저리그에 진출한 김하성 선수의 팬이다. 2020년에 김하성은 한 경기에서 다섯 개의 안타를 쳤다. 김하성은 장래가 창창한 젊은 강타자이지만, 앞으로의 야

• 자료 : Bloomberg

미국의 비디오 게임 유통업체 게임스탑은 2021년 초, 개인투자자들의 집단 매수로 주가가 단기간에 120달러를 넘어서며 급등했다. 이후 극심한 변동성을 거치며 상승분의 약 90%를 반납했다.
게임스탑의 주가 추이는, 기업의 펀더멘털과 무관하게 주가가 폭등한 밈 주식이라 하더라도 결국에는 펀더멘털에 수렴하게 된다는 점을 시사한다.

구 인생에서 한 경기 다섯 개의 안타를 치는 인생경기를 또 할 수 있을까 싶다. 한 경기에서 안타 다섯 개를 치는 것은 실력 이상의 운이 따라야 한다. 반면 한 시즌에 3할의 타율을 기록하는 것은 실력이고, 선수 나름의 루틴이 있어야 한다. 투자는 한 경기 안타 다섯 개를 꿈꾸는 것이 아니라, 마땅히 3할 타자를 지향하는 행위여야 한다. 나쁜 볼을 쳐서 운 좋게 안타를 만드는 것보다는 나쁜 볼에 손을 내지 않는 선구안을 지키는 것이 장기적으론 타자에게 이득이다. 투자는 일주일 정도 바짝 뛰어서 메달의 색깔이 결정되는 올림픽 경기라기보다 매일 경기를 갖는 프로야구의 장기 레이스와 비슷한 속성이 있는 것 같다.

20세기는 '위대한 주식의 시대'였다. '대공황', '두 차례의 세계대전', '수십 년간 진행된 냉전', '금본위제의 완전 폐기와 국제통화 질서 급변', '유가 급등과 스태그플레이션' 등 많은 우여곡절이 있었지만 주식을 장기 보유한 이들은 높은 수익률로 보답을 받았다. 20세기의 전야인 1899년 말의 다우지수는 65포인트였다. 100년이 지난 1999년 말의 다우지수는 1만 1497포인트로 마감됐다. 100년 동안 다우지수는 176배 가까이 급등했다. 연율로 얼마나 상승하면 이런 수익률이 누적될 수 있을까. 연평균 5.3%였다. 시시한 수익률로 느껴질 수도 있지만 쌓이면 위대한 수익률이 된다. 시간의 힘이고, 복리의 힘이다.

MZ세대로 불리는 젊은 세대의 투자가 많이 늘고 있다. 반가운 일이다. 젊은 투자자들이 가지고 있는 가장 큰 장점은, 그들의 앞에 놓여 있는 창창한 시간이다. 그런데 오히려 이들이 레버리지를 높이면서 너무

* 자료 : 신영증권

100년 동안 다우지수는 176배 가까이 급등했다. 연평균 5.3%씩 상승한 것이다. 시시한 수익률로 느껴질 수도 있지만 쌓이면 위대한 수익률이 된다.

급하게 투자하고 있는 것은 아닌가. 투자에 성공하는 지름길이 누군가에는 있을 수 있지만, 그 누군가가 되기 위한 노력이 대다수의 사람에게는 허망한 결과를 만들어내곤 한다. 모두가 통과할 수 있는 지름길이 있다면 필자에게 알려주기 바란다. 투자자에게 가장 큰 적은 '조급증'이다.

워런 버핏이 운영하는 버크셔 해서웨이에 피인수 합병된 보험사 '앨러게니(Alleghany Corporation)'의 CEO 존 번스(John J. Burns)는 말했다. "천천히 부자가 되겠다는 데 뭐 문제 있나?"

투자는 시간을 사는 일

청년 투자자에게 드리는 고언

2030세대의 주식투자 열풍을 바라보는 사회적 시선에는 우려가 섞여 있다. '동학개미운동'이라는 짧고 강렬한 경험 이후, 시장을 지나치게 낙관적으로 보는 것 아니냐는 지적이다. 앞선 세대에게는 많은 투자자들이 절망했던 2000년대 닷컴버블이 아픈 기억으로 남아있다. 그렇다면 청년 투자자들이 건강한 '장기투자자'로 성장하려면 어떤 조건들이 필요할까? 동학개미 투자 붐이 일었던 2021년 10월 21일, 이 주제를 두고 「경향신문」과 진행한 인터뷰 기사를 전재한다.

젊음의 가장 큰 자산은 긴 시간

Q 대학생들까지 주식투자에 나서는 것을 보고 걱정하는 목소리가 크다. 실은

청년뿐만 아니라 전 세대가 모두 투자에 몰두하고 있는 건 아닐까?
A 필자는 주식에 투자하며 살아가는 것이 바람직하다고 생각한다. 지금처럼 금리가 낮은 시대에는 예·적금 외에 다른 선택지를 찾는 것이 오히려 합리적이다.

Q 다른 자산군보다 주식에 투자하는 게 바람직하다고 보는 이유는 무엇인가?
A 주식은 비교적 적은 금액으로도 투자할 수 있다. 또 주주가 된다는 것은 기업의 성장에 기여하며 그 성과를 함께 나누는 방식이기도 하다. 내가 어떤 기업의 주식을 사면, 그 기업의 뛰어난 직원들이 결국 나를 위해 일하게 되는 셈이다.

Q 과거에도 주식 열풍이 있었다.
A 10년 전, 20년 전 신문을 들춰보면 지금과 비슷한 상황이 반복됐다는 걸 알 수 있다. 1999년에는 '바이코리아 펀드', 2007년에는 '인사이트 펀드' 같은 주식형 펀드가 유행했다. 2008년 이후 12년 만에 주식투자 열풍이 다시 불고 있는 셈이다.

Q 윗세대로부터 '주식하면 망한다, 절대 하지 마라'는 말을 많이 들었다.
A 그런 말이 나오는 데는 이유가 있다. 나쁜 경험이 쌓였기 때문이다. 굉장히 비싼 가격에 들어가서 손해를 본 기억이 있거나, 그런 곤란을 겪은 주변 사람을 지켜본 경험이 있는 거다.

미국 경제학자 찰스 킨들버거(Charles P. Kindleberger)가 이런 말을 했다. "친구가 부자 되는 것을 지켜보고 있는 것보다 사람의 판단력을 더 흐리게 하는 일은 없다." 2020년 8~9월에 나타났던 센티멘트(주식시장에 영향을 미치는 분위기와 심리적 요소)가 꼭 그랬다. 그동안 투자하지 않던 사람들이 주변에서 돈 버는 걸 보며 '나만 바보같다'는 생각에 너도나도 주식을 사기 시작한 것이다.

Q SK바이오팜부터 빅히트엔터테인먼트까지 2020년에 불었던 공모주 열풍도 그런 심리에서 비롯된 것일까?

A 마치 상한가에 대한 확실한 법칙이 있는 것처럼 알려져 많은 사람들이 빚을 내 공모주에 투자했다. 이 양상은 2000년대 초반 '닷컴버블' 때와 매우 유사하다. 상장된 지 일주일도 안 돼 '얼마가 올랐다' 혹은 '과잉 투자다' 하는 기사가 쏟아져 나왔다. 투자자나 미디어 모두 시선을 너무 단기적인 데에 두고 있다는 점을 잘 보여주는 사례다.

Q 증시는 아주 심리적인 영역인 것 같다.

A 투자라는 게 결국 싸게 사서 비싸게 팔아야 돈을 버는 일이다. 과거 국내 가계가 주식투자에 실패했던 이유는, 지나치게 비싼 가격대에 많이 진입했기 때문이라고 생각한다. 우리 마음에는 인지적 편향이 있어서 가격이 오르면 겁이 없어지고, 가격이 내려가면 더 겁을 내게 된다. 또한 미래를 예측할 때는 대부분 지금 경험하고 있는 현재나 가까운 과거에 비추어

생각하게 된다. 이런 심리가 주식시장에도 그대로 작용한 것이다.

Q 반면 동학개미운동은 비교적 성공적이었다는 평가도 있다.

A 코로나19 대유행 이후로 국내 증시에 돈이 70조 원 정도 유입되었다. 이 중에 먼저 들어온 30조 원은 굉장히 의미 있는 자금이었다고 본다. 그동안 우리 증시가 어떤 모양새였냐 하면, 주가가 쌀 때는 외국인이 사고, 바닥에서 최소 70% 이상 오르면 그때부터 주식형 펀드 형태로 돈이 들어오곤 했다. 1999년이나 2008년에도 "외국인으로부터 한국 증시 독립" 이런 제목의 기사들이 많이 나왔다. 외국인이 팔고 나가면 국내 가계가 고점에서 간접투자 형태로 떠안았던 거다.

그런데 2020년 3~4월에 주식을 산 투자자들은 매우 예외적이었다. 늘 바닥에서 외국인이 사고 한국인은 나중에 따라붙었는데, 이번엔 개미들이 낮은 가격에 먼저 샀다. 우리 자본시장 역사상 이런 경우는 없었다. 뭔가 '스마트한' 성격의 돈인 것이다. 가격이 낮을 때 들어온 '용기 있는 돈'이기도 하다. 이후 뒤늦게 유입된 나머지 40조 원은, 기존의 투자 패턴과 크게 다르지 않은 성격을 지닌 것으로 보인다.

주식은 장기적으로는 우상향한다고 보지만, 시장이 과열될 때는 주가가 비정상적으로 높아지는 버블이 생긴다. 한국 사람들은 늘 그때 투자해서 손해를 봤다.

주식은 '모름의 철학' 위에 서 있는 자산

Q 그럼 2020년 8~9월에 주식을 샀다면 잘못된 선택이었을까?

A 꼭 그렇지는 않다. 주식을 샀다면, 이후 비관론에 휘둘리는 것은 바람직하지 않다. 코스피 지수는 1972년 만들어졌다. 그동안 코스피 지수가 오른 해가 34번, 떨어진 해가 15번 있었다. 오를 확률이 떨어질 확률의 두 배인 셈이다. 한국 경제에 대한 온갖 비관론이 많지만, 외환위기 이후에는 코스피가 2년 연속 하락한 적이 한 번도 없었다. 긴 호흡으로 보면 시장은 늘 회복의 흐름을 보여왔다.

Q 많은 청년이 '주식은 장기적으로 우상향한다'고 믿고 있다.

A 주가지수의 장기적 흐름을 결정하는 변수는 경제 성장이라고 생각한다. 대부분 국가에서 국내총생산(GDP)이 증가하면 주가도 함께 오른다. 경제가 성장하는 만큼 기업의 가치가 커지고 그에 따라 주가도 오르는 구조다. 역사적으로 경제가 역성장한 경우는 매우 드물다. 박정희 전 대통령이 서거했을 때 한번, 1998년 IMF 외환위기 때 한번, 그리고 2020년이 세 번째다. 물론 경제는 매우 완만하게 성장하는데 반해 주가는 그보다 훨씬 진폭이 커 시장은 늘 '버블'과 '역버블'을 만들곤 한다. 이 점을 이해하고 접근하는 것이 중요하다.

Q 그런데도 실패의 가능성이 있으니 다들 걱정하는 게 아닐까?

A 너무 비쌀 때 사는 게 항상 문제다. 주식은 장기적으로는 우상향한다고 보지만, 시장이 과열될 때는 주가가 비정상적으로 높아지는 버블이 생긴다. 한국 사람들은 늘 그때 투자해서 손해를 봤다.

Q 그렇다면 버블 시점에 샀다면 어떻게 해야 하나?

A 그런 경우라도 계속 보유하고 있으면 결국 손해는 아니다. 과거 바이코리아 펀드는 한때 반토막이 났지만, 아주 장기적인 관점에서 보면 이익을 냈다. 인사이트 펀드도 70% 가까이 손실을 봤지만, 결국 플러스 수익률로 전환됐다. 주식은 결국 실물경제의 성장을 반영한다. 다만 그 과정에서의 변동성은 실물경제보다 훨씬 크기 때문에, 시간이 필요할 뿐이다.

Q 지금이 버블인지, 비싸게 산 것인지를 어떻게 알 수 있나?

A 투자는 그걸 맞추는 게임이 아니다. 버블이 얼마나 부풀어 오른 다음에 터질지는 아무도 알 수 없다. '한꺼번에 사지 말고 분할매수하라', '한 종목에 다 넣지 말고 분산투자하라', 이게 공자님 말씀 같지만 정말 중요하다. 주식은 '모름의 철학' 위에 서 있는 자산이다. 우리가 할 수 있는 건 위기가 오더라도 견딜 수 있는 돈으로 투자하는 것뿐이다. 그런 돈이 있으면 이길 확률이 높아진다.

부자들은 정보도 많고 통찰력도 있다.
하지만 그보다 더 중요한 건 그들이
'시간을 이길 수 있는 돈'을 가지고 있다는 점이다.
주가가 떨어졌을 때, 내 손에 현금이 있으면 그건 기회다.
그런데 현금이 아닌 주식을 들고 있다? 그러면 위기다.
여윳돈이 있는 사람에게 주가 하락은
위기가 아니라 오히려 기회가 된다.

Q 투자자들은 저마다 미래를 예측하면서 투자 결정을 내리는 것 같다.

A 자신만의 견해를 가지고 판단하는 건 매우 중요하다. 하지만 사람은 완벽하지 않기 때문에, 내 생각이 항상 들어맞을 수는 없다. 그래서 여윳돈으로 투자해야지 신용(빚)으로 투자해서는 안 된다. 예상하지 못한 나쁜 상황이 닥치면 버틸 수 없기 때문이다. 이런 관점에서 보면, 2030 세대에게 투자의 가장 큰 적은 '조급증'이다.

부자를 더 부자로 만드는 무기

Q 동학개미운동에서 높은 수익률을 경험한 사람들은 이 경험 때문에 투자에 대해 낙관적으로 생각할 수도 있겠다.

A 사람은 누구나 자기가 경험한 범주 내에서 세상을 본다. 몇 개월에서 1년여 정도의 짧은 기간만 보고 '주식시장이 원래 이렇다'고 생각하는 것은 위험하다.

필자는 1996년에 증권사에 입사해 IMF 외환위기 직후, 글로벌 금융위기 직후, 그리고 코로나19가 대유행한 시기까지 세 차례의 주식 열풍을 지켜봤다. 세 시기에 공통적으로, 주식을 사기만 하면 주가가 오르고, 주변 사람들 모두가 '돈 벌었다'고 하는 '뭘 해도 벌 수 있었던 장'이 펼쳐졌다. 하지만 그런 장은 예외적인 상황이라는 걸 반드시 인식해야 한다. 중국 역시 2006~2007년의 급등 이후 장기간 고전하고 있다. 2007년 상하이 지수 고점이 6100포인트였는데 최근 지수는 3300포인트 수준이다.

Q 장기투자를 하면 안전하다고 믿는 주식 초보 청년들이 많다.
A 장기투자를 지향하는 것은 좋은 태도다. 싸게 사서 비싸게 판다는 데는 '시간' 개념이 들어가 있기 때문이다. 예를 들어 적정가치 1만 원이라고 생각하는 기업의 주식을 지금 8000원에 사서 1만 원 될 때까지 기다리는 게 가치투자의 본질이다. 이렇게 저평가된 주식을 발견하는 건 내가 할 수 있는 일이다. 하지만 이 주식이 1만 원짜리가 되려면 나 말고 다른 사람들도 그 주식의 가치를 알아보고 사줘야 한다. 문제는 다른 사람들이 그 주식의 가치를 언제 제대로 평가해 줄 것인지는 내가 알 수 없다는 점이다. 바로 그 지점이 장기투자의 어려움이다.

Q 지금과 같은 때는 투자하기 안 좋은 시기인가?
A 사실 투자하기 좋은 시기란 없다. 그걸 알 방법도 없다. 설령 내가 불리한 시점에 샀더라도 버틸 수 있는 자금으로 투자했는지, 즉 어떤 돈으로 투자했느냐가 중요하다.
부자들을 보면 정보도 많고 통찰력도 있다. 하지만 그보다 더 중요한 건 그들이 '시간을 이길 수 있는 돈'을 가지고 있다는 점이다. 주가가 떨어졌을 때, 내 손에 현금이 있으면 그건 기회다. 그런데 현금이 아닌 주식을 들고 있다? 그러면 위기다. 여윳돈이 있는 사람에게 주가 하락은 위기가 아니라 오히려 기회가 된다.

반면 빚을 내 투자했다고 해보자. 주가가 떨어질 때 중요한 건 '나쁜 가격'에 주식을 팔지 않는 것이다. 하지만 조급한 마음으로 빚까지 내서 투자한 경우, 주가가 다시 오를 때까지 기다리지 못하고 나쁜 가격에 팔면서 손해를 보게 된다. 빚을 내서라도 빨리 수익을 내겠다는 조급증이 있으면 시장이 흔들릴 때 심적 부담이 너무 크다는 문제도 있다. 결국 투자의 성공 확률도 굉장히 낮아진다.

필자가 만나 본 부자들은 결코 '족집게'처럼 시장을 정확히 맞혀서 돈을 번 사람들이 아니다. 그들에게는 끝까지 버틸 수 있는 자금과 마음의 여유가 있었다.

Q '시간을 이길 수 있는 돈'이란 정확히 어떤 의미인가? 개인의 소득이나 자산 중 몇 퍼센트 정도라는 기준이 있나?

A 물론 사람마다 다를 것이다. 그럼에도 직관적으로 얘기를 해본다면, 1~3년 이내 그 돈이 사라졌을 때 생활에 조금이라도 지장이 생긴다면, 그 돈으로 투자해서는 안 된다. 그 돈은 시간을 이길 수 '없는' 돈이다.

필자는 2030이 투자하는 건 안 하는 것보다는 좋은 선택이라고 본다. 다만 문제는 '돈이 없으니 레버리지, 즉 빚을 내서 투자하겠다'는 태도다. 그것은 결코 그들에게 유리한 게임이 아니다. 투자는 본질적으로 자산을 쌓아놓은 사람들에게 유리한 게임이다. 거듭 강조하지만, 투자의 핵심은 시간을 견딜 수 있는가이다. 주식시장은 언제나 사이클이 있다. 떨어지면 다시 오르고, 오르면 또 떨어지는 흐름을 반복한다.

Q 장기투자를 해야 한다는 이야긴가?

A 그렇다. 올해 주식으로 돈 벌었다고 돈을 다 빼고 투자를 그만둘 수는 없지 않나? 자본주의 사회에서 우리는 어떤 형태로든 투자를 계속하며 살아갈 수밖에 없다고 생각한다. 시장에 쏠림이 있을 때(많은 사람이 투자할 때)는 약간 회의적인 비관론 쪽에 서고, 너무 과도하게 반대편(비관론)에 쏠리면 낙관적인 회의주의를 견지하는 것이다.

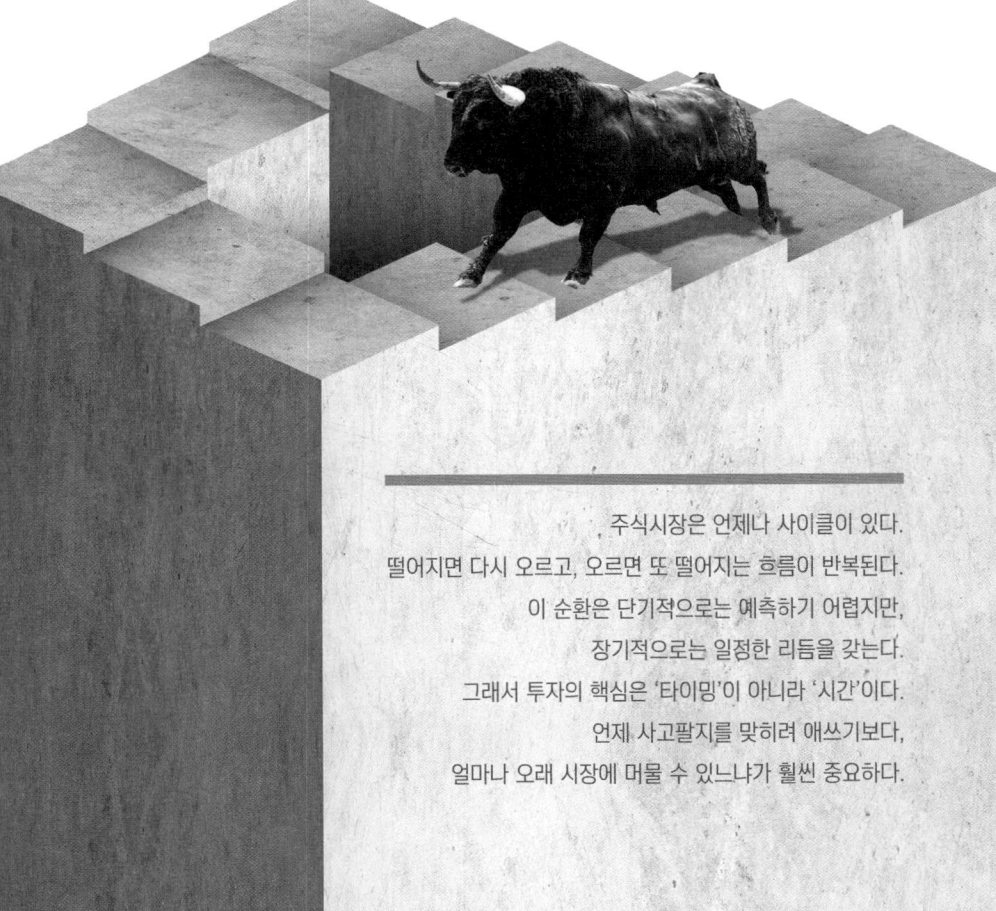

주식시장은 언제나 사이클이 있다.
떨어지면 다시 오르고, 오르면 또 떨어지는 흐름이 반복된다.
이 순환은 단기적으로는 예측하기 어렵지만,
장기적으로는 일정한 리듬을 갖는다.
그래서 투자의 핵심은 '타이밍'이 아니라 '시간'이다.
언제 사고팔지를 맞히려 애쓰기보다,
얼마나 오래 시장에 머물 수 있느냐가 훨씬 중요하다.

이렇게 보면 투자는 야구와 정말 닮아있다. 타자가 3할을 치려면 나쁜 볼에는 배트를 휘두르면 안 된다. 마찬가지로 투자에서도 나쁜 가격에는 참여하지 않는 것이 중요하다. 그것이 충분한 고민과 판단 끝에 내린 결정이라면, 하지 않는 것도 투자의 일부다.

꼭 뭘 해야 한다고 생각하지 않는 게 중요하다. 설사 잘못 사면 어떤가. 약세장이 오더라도 안 팔고 기다리면 되는 거다. 팔지 않으면 손실이 확정된 게 아니지 않나. 시장은 모르는 거니까.

Q 단기간에 큰 수익을 본 사람들은 그 '맛'을 쉽게 잊지 못할 것 같다.

A 성장세가 가파른 주식을 보고 '짧은 호흡'에 길들여지면 곤란하다. 특히 처음 주식을 시작한 사람들에게 이야기하고 싶은 것은, 코로나19 대유행 이후 주가가 큰 폭으로 오른 시기가 매우 예외적인 상황이었다는 점이다. 시장이 계속 그럴 거로 생각하면 안 된다.

시간과 싸우는 투자자를 지탱해 주는 배당

Q 장기투자를 어렵게 하는 요인으로는 또 무엇이 있을까?

A 투자는 참 고독한 일이다. 이 외로운 시간을 견디게 해주는 힘 중 하나가 바로 '배당'이다. 배당은 기업이 주주들에게 성과를 나눠주는 행위다. 그렇게 해서 투자의 선순환을 만드는 것이다. 필자는 한국에서 장기투자

가 어려운 이유 중 하나로, 기업들이 배당에 인색하다는 점을 꼽고 싶다.

Q 왜 한국 기업들은 배당을 잘 하지 않을까?

A 기업의 지배구조 문제가 중요하다. 한국과 같은 지배구조에서는 대기업을 지배하는 소위 '오너 일가'와 일반 주주들의 이해관계가 일치하지 않는다. 아주 적은 지분으로 계열사에까지 지배권을 행사하는 구조이다 보니, 오너 입장에서는 배당이 유리하지 않다. 예를 들어 오너가 15%의 지분으로 그룹 전체를 실질적으로 지배하고 있다고 해보자. 이때 배당을 하게 되면 오너에게 돌아가는 몫은 전체의 15%에 불과하고, 나머지 85%는 다른 주주들에게 돌아간다.

논란의 여지가 있는 부분이지만, 이러한 오너 중심의 지배구조가 코리아 디스카운트의 원인이면서 장기투자를 막는 요인이라고 생각한다.

Q 지배구조가 바뀌면 주가가 오히려 떨어질 것으로 생각하는 사람들도 있는 것 같다.

A 논란이 많은 주제지만 필자는 오히려 반대라고 생각한다. 주주자본주의에 내재된 단기 실적 올리기에만 급급한 '단기성'에 대해서는 경계할 필요가 있다. 주식을 팔고 떠나면 그만인 주주들에게 휘둘리면 장기적인 기업가치 제고는 어려워질 수 있기 때문이다. 그럼에도 불구하고, 필자는 한국은 주주자본주의 과잉이 아니라 오히려 주주자본주의적 요소의 결핍으로 투자자들이 고통받고 있다고 본다.

Q 향후 2년간 장이 아주 좋을 것으로 예상하고 2019년에 주식담보대출을 받았는데, 코로나19 확산 때문에 주가가 떨어져 당황했다는 투자자도 있었다.

A 투자에서 지식이나 태도는 돈을 벌기 위한 필요조건이지, 충분조건은 절대로 아니다. 투자란 결코 미래를 맞히는 일이 아니란 것, 예상하지 못한 안 좋은 상황이 갑자기 벌어질 확률을 반드시 염두에 둬야 한다는 것, 그리고 어려울 때 버티는 것이 중요하다. 그게 투자에서 '이기는' 본질이다. 특히 개별 종목에 대한 투자는 잘못 선택하면 자산이 '제로'가 될 수도 있으니 진짜 조심해야 한다.

Q 청년 중에는 '시간은 우리 편'이라며, 주가는 장기적으로 우상향하니 끝까지 버티면 결국 좋아질 거라고 믿는 이들도 많다. 그런데 막상 '장기'와 '단기'의 개념이 헷갈린다고 하더라. 어느 정도 기간을 '장기'라고 볼 수 있을까?

A '장기적 우상향'이라고 할 때의 '장기'는 정말 오랜 시간을 의미한다. 흔히 말하는 '강세장'이나 '약세장'은 그에 비하면 아주 짧은 시간에 불과하다. 일반적으로 짧은 주기는 2~3년 정도다. 2~3년 오르면, 다시 2~3년 하락할 수도 있다. 반면에 긴 주기는 10년 이상 이어지기도 한다. 역사적으로 보면 결국 위기를 극복하면서 주가가 다시 오르곤 했다. 장기투자란, 이처럼 10년 이상의 긴 흐름까지도 견딜 수 있는 투자를 말한다.

Q 주식시장이 아주 장기적으로 침체였던 적도 있었나?

A 미국에서 주식이 장기 횡보한 적이 여러 번 있었다. 1936년의 주가

지수 고점을 1948년에 넘었고, 1968년의 고점은 1982년에, 2000년의 고점은 2013년에 가서야 회복됐다. 2000년에 고점에서 주식을 산 사람은 원금을 회복하는 데 13년이 걸린 셈이다. 이런 장기 침체기야말로 배당이 아주 중요하다.

문제는 이런 시기가 언제 찾아올지 예측하기 어렵다는 점이다. 버블을 만드는 것도, 패닉을 일으키는 것도 결국 '사람'이다. 만유인력의 법칙을 발견한 물리학자 아이작 뉴턴은 증시 역사에서 기록적인 성장주였던 남해회사에 투자했다가 버블이 꺼지면서 막대한 손실을 봤다. 전 재산을 잃은 천재 과학자는 이렇게 탄식했다. "천체의 움직임은 알아도 사람의 광기는 모르겠다."

Q 예측이 어렵다면, 의사결정도 쉽지 않을 것 같다.

A 그럼에도 불구하고, 자신만의 견해는 항상 있어야 한다. 그리고 그 견해를 바탕으로 포지션(투자자산의 현재 상태)을 잡아야 한다. 하지만 그 판단조차도 틀릴 수 있다는 전제를 항상 깔고 있어야 한다.

특정 국면에서 레버리지를 높일 수도 있다. 다만 이 경우에는 최악까지 고려해야 한다. 주식은 장기적으로 기다리면 이기는 게임이라고 이야기했지만, '외상'으로 매수했다면 이야기는 달라진다. 신용거래나 대출을 통해 주식을 매수하면 조정 국면에서 원하지 않아도 강제로 매도해야 하는 상황이 발생할 수 있다. 증권사가 대출금을 회수하기 위해 투자자 동의 없이 보유 주식을 강제로 처분하는 반대매매를 실행하기 때문이다.

주식투자의 본질은 '대박'이 아니다

Q 전 세계적으로 저성장이 지속될 것으로 보이는데, 주식만 계속 우상향한다는 것이 앞으로도 가능할까?

A 성장이 둔화하면 주식의 기대수익률 역시 낮게 잡는 게 맞다. 코로나19 팬데믹 직후의 '짜릿한' 경험은, 사실 그 전에 주가가 크게 하락했기 때문에 가능했던 일이기도 하다. 저성장 국면에서는 주식의 기대수익률이 높을 수 없다. 그렇기 때문에 필자는 기업이 배당을 더 늘려야 한다고 주장하는 것이다.

물론 예외는 있다. 고성장하는 기업들은 배당보다는 이익을 재투자해서 돈 벌 기회를 만드는 게 나을 것이다. 이 경우에는 배당을 나누기보다는 파이를 키우는 것이 주주 가치 제고에도 부합한다.

Q 기대수익률이 어느 정도이면 적당하다고 보는가?

A 코스피가 1980년 이후로 연평균 8.7% 상승했고, 실물경제(명목 GDP)는 연평균 11.0% 성장했다. 필자는 향후 명목 GDP 성장률 4% 내외, 배당수익률 1.5~2% 등을 고려하면 연간 5~6%가 주식을 통해 기대할 수 있는 합리적인 수익률이라고 본다. 경제 성장이 둔화됐는데 주식만 '대박'을 치는 모습은 결코 지속 가능하지 않다. 무엇보다 주식투자는 본질적으로 대박을 내는 일이 아니다.

Q 최근 1~2년간 주식투자로 30% 수익률을 유지했다는 사람들도 적지 않다.

A 1~2년은 정말 짧은 시간이다. 인생을 야구에 비유하자면 우리는 144경기를 치르는 프로야구 선수와 같다. 한 경기에서 이겼다고 모든 게 끝나는 게 아니다. 장기적으론 낙관하되, 그 과정에서 수많은 우여곡절을 겪는 것이 투자다. 주가는 갑자기 50%, 심지어 70%도 떨어질 수 있다. 그리고 어려운 시절이 생각보다 훨씬 길어질 수도 있다.

Q 간접투자에서 직접투자로 투자 방식이 바뀐 건 어떻게 보는가?

A 일반 투자자들이 주식에 대한 정보를 훨씬 쉽게 접할 수 있게 된 건 긍정적이라고 생각한다. 좀 더 냉정하게 보면 필자와 같은 금융 전문가에 대한 불신이 커졌다는 증거일 수도 있다. '맡겨뒀더니 잘 못하네, 금융회사만 배 불리지 말고 차라리 내가 하자'는 심리가 작용한 것이다. 자기 경험칙에 따라 투자 판단을 내리는 것은 바람직하다고 본다.

하지만 사회 전체의 관점에서는 조금 우려되는 면도 있다. 주식투자는 고도의 집중력과 꾸준한 학습이 필요한 영역이다. 물론 투자해서 돈을 버는 것은 대단히 중요한 일이지만, 모든 사람이 그것에만 몰두하며 살 수는 없기 때문이다.

Q MZ세대(밀레니얼+Z세대) 투자자들은 '공부'를 강조하는 경향이 강하다. '한탕주의'에서 벗어난 모습도 보인다. 똑똑해진 개인투자자의 성공 가능성은 어떻게 보는가?

A 똑똑해진 건 젊은 세대 전체의 특성으로 봐야 하지 않을까. 요즘 신

입사원들을 보면 영어도 유창하고, '내가 이 친구들고 경쟁했으면 과연 직장이나 잡을 수 있었을까?' 싶을 정도다. 이들은 정보 접근성도 높고, 스스로 학습하고 판단하려는 태도도 강하다.

하지만 지금처럼 예외적인 장세에서 수익률이 높다고 해서, 그것만으로 투자자로서의 자질이나 성공 가능성을 판단하기는 어렵다. 투자는 결국 시간이 걸리는 일이다. 단기간의 결과보다는, 시간을 두고 지켜봐야 진짜 실력이 드러나는 분야라고 생각한다.

Q 우량주를 골랐다면 안심해도 되는 걸까?

A 꼭 그렇지만은 않다. 다우지수는 미국에서 거래되는 6000여개 종목 중에서 가장 우량하다고 평가되는 30개 기업으로 구성된다. 다우지수의 역사는 120년이 넘지만, 그동안 처음부터 지금까지 계속 지수에 남아 있는 종목은 단 하나도 없다. 예를 들어 '화석연료의 시대는 끝났다'는 흐름 속에서 엑슨모빌(세계 최대 석유회사)이 2020년 지수 구성 종목에서 제외됐다. 2008년 금융위기 때는 전 세계에서 가장 잘 나가던 보험회사 AIG가 빠졌다. 시간이 흐르면서 지수 구성은 계속 바뀐다. 따라서 지수는 올라가더라도, 개별 종목은 그렇지 않을 수 있다. 실제로 1982년 초 다우지수를 구성하던 30개 종목 중, 지금까지 살아남은 건 단 8개뿐이다.

Q 그런데도 낙관하란 건 어떤 의미인가?

A 종목별 명암은 다를 수 있지만, 주가지수는 경제 성장을 반영하며 장기적으로 상승할 확률이 높다. 따라서 개별 종목이 아닌 시장에 대한 장기적 낙관을 견지하면서 그 안에서 현실적인 대안을 찾아야 한다.

야구선수가 어깨에 힘 빼고 스윙하다 보면 홈런도 나오는 것처럼, 합리적인 기대수익률을 추구하다 보면 간혹 대박도 따라올 수 있다. 개별 종목을 고르는 행위는 단순히 연 5~6%의 수익률을 기대하는 것이 아니라 그보다 높은 기대수익률을 추구하는 것이다. 개별 종목 선정이 어렵다면 ETF에 투자하는 게 합리적이다.

어떤 경우든 투자는 시간을 사는 일이란 걸 잊지 마시길 바란다. 그런 점에서 배당을 하지 않는 건 투자자가 시간을 사지 못하도록 방해하는 요인이다. 이 고리를 끊지 않으면 자본시장에서 선순환이 일어나기 어렵다고 본다. 그래서 필자는 기업의 지배구조와 배당 문제에 대해 더 많이 논의할 필요가 있다고 생각한다.

EPILOGUE

투자자에게 드리는 열 가지 조언

1
낙관론의 편에 서라

비관론은 지적이고 사려 깊은 모습으로 우리에게 다가오지만, 비관론의 편에 서서는 돈을 벌 수 없다. 비관론자도 세상에 기여하는 바가 크다. 앞으로 닥칠 위기에 대해 사전적 경고를 하는 이들이 비관론자이기 때문이다. 비관론자들은 위기에 대비하는 백신 역할을 하기 때문에 세상은 이들 덕분에 더 나빠지지 않는다.

한국 경제에 대한 비관론이 무성함에도 2000년대 들어 코스피가 2년 연속 하락했던 경우는 단 한 차례도 없었다. 2025년 장세만 하더라도 계엄령 선포와 대통령 탄핵으로 인한 정치적 불확실성, 1%대의 저성장 고착화 우려, 트럼프 행정부의 관세 부과 등 악재들만 보이지만 코스피는 7월 말 현재 30% 넘는 상승세를 나타내고 있다. 1972년 이후 2025년(7월 말)까지 54년 동안 코스피가 상승했던 해는 37개년, 하락했던 해는 17개년이다.

미국 S&P 500 지수도 제2차 세계대전 종전 이후 2년 이상 연속으로 떨어졌던 경우는 단 두 차례에 불과했다. 미국 증시가 한 해 떨어지고, 이듬해에 또 떨어지는 경우는 40여 년에 한 번 있을 정도로 드문 일이었던 셈이다. S&P 500 지수도 1928년 이후 2025년(7월 말)까지 98년 동안 상승한 해가 68개년, 하락한 해가 30개년이다.

한국과 미국 모두 주가지수가 장기간 횡보했던 사례들은 많지만, 주가지수의 레벨이 장기간 구조적으로 하락했던 경우는 없었다. 일시적으로 많이 떨어질 수는 있지만, 급락 직후의 복원력도 강하게 나타났다. 투자자에게 위기는 늘 기회였다.

경제의 성장, '승자의 기록'이라는 주가지수의 속성, 중앙은행의 적극적 역할 등이 이런 결과를 만들었다. 장기 낙관론은 상장 종목들의 총합인 주식시장(주가지수)에 대해 견지해야 할 태도다. 개별 주식에 대한 투자는 그야말로 케이스 바이 케이스다. 주가지수를 사는 행위는 누구에게나 좋은 결과를 가져올 가능성이 높지만, 개별 주식에 대한 투자는 성패가 극단적으로 엇갈리는 행위다.

투자하기에 좋은 시기는 따로 없다, 당장 시작하라!

투자는 본질적으로 불확실성에 돈을 거는 행위라 투자하기에 안전한 시기란 없다. '가치투자의 아버지'인 벤저민 그레이엄은 시장의 가늠하기 힘든 등락을 '미스터 마켓'으로 의인화해 표현했다. 코로나19 직후의 급락 장세처럼 주가의 수준이 낮아졌을 때 투자를 시작하면 단기간에 높은 수익을 낼 수 있을 것이다. 그러나 저점에서 주식을 샀다고 해서 고점에서 주식을 정확히 팔고 나올 수 있는 건 아니다. 어차피 주식시장은 오르고 내리는 사이클을 반복한다. 조증과 울증을 오가는 시장의 변덕을 내가 언제나 정확히 예측할 수 있다고 생각해서는 안 된다.

개별 종목이 아니라 시장에 투자하고, 시간을 견뎌낼 수 있는 여윳돈을 적립식으로 투자한다면 투자는 언제 시작해도 괜찮다고 본다. 단 약세장에서도 투자하는 걸 멈춰서는 안 된다.

그렇지만 의외로 꾸준히 투자하는 것은 쉬운 일이 아니다. 도처에 족집게를 자처하는 장사꾼들의 자극이 많고, 심리적인 도전도 있다. 적극적으로 종목 선정을 하면서 투자하면 뭔가 열심히 하고 있다는 생각을 가질 수 있지만, 시장의 수익률을 추종하는 게으른 투자는 이런 자의식을 가지기 어렵기 때문이다.

다만 빈번히 주식을 사고파는 행위를 반복해서는 돈을 벌기 어렵다.

자신의 부족함을 인정하는 투자자는 장기적으로 돈을 벌 수 있지만, 능력을 과신하는 투자자에게 시장은 자비가 없다.

투자는 망함으로써 끝나는 게임이다, 망하지 않는 게 절대적으로 중요하다

주식투자는 결과가 중요한 게임이다. 복잡한 논리보다 투자자 스스로에게 맞는 투자법으로 돈을 벌면 된다. '모로 가도 서울만 가면' 되는 것이다. 투자에 정답은 없다고 보지만, 어떤 경우라도 치명상을 입지 않는 게 절대적으로 중요하다.

어떤 면에서 주식투자는 '망함으로써야' 끝나는 게임이기 때문이다. 투자로 계속 돈을 벌고 있다면 그 좋은 걸 왜 멈추겠는가. 돈을 걸고 행하는 모든 행위에는 도박의 속성이 있지만, 주식투자는 '지적인 게임'이라는 인식이 강해 더욱 그렇다. 화투판에서의 강자와 주식시장에서의 승자가 갖는 자의식은 전혀 다를 것이다. 투자는 넌더리가 날 정도로 실패해야 손을 뗄 수 있다. 시장으로부터의 비자발적 퇴출이다. 그래서 이익도 중요하지만 재기하기 힘들 정도의 치명적인 손실을 보지 않는 게 절대적으로 중요하다. '외상으로 주식을 거래하지 말아라', '분산투자하라' 등의 진부하게 들릴 수도 있는 충고는 어쩌면 '공격'보다 '수비'에 초점을 맞춘 조언인지도 모르겠다.

장기적으로 주식시장은 상승하는 경향이 있다. 버티면 이길 확률이 높다. 하지만 그 중간 과정은 잘 뚫린 고속도로라기 보다는 울퉁불퉁한 비포장길이기 때문에, 투자의 본질은 좋은 시간이 오기까지 나의 포지션을 청산당하지 않고 잘 지켜내는 데 있다. 이런 점에서 보면 빚을 내서 주식을 사는 레버리지 투자를 습관적으로 해서는 절대로 안 된다. 지나고 나면 기억도 못 할 일시적인 조정 장세일지라도 잘못 걸리면 내 포지션이 청산될 수도 있기 때문이다. 주식투자는 만기가 없어 여윳돈으로 투자하면 얼마든지 버틸 수 있지만, 레버리지 투자는 투자한 돈의 만기를 설정하는 것과 같다. 장기적으로 낙관론의 편에 서는 것은 옳지만, 그 중간의 우여곡절까지 알 수 있다고 과신해서는 안 된다.

투자에는 복리효과가 있어 투자로 번 돈을 재투자할 경우 수익금이 산술평균 수익률보다 훨씬 빠르게 증가하지만 찰리 멍거가 말한 것처럼 중간에 한 번이라도 '0'이 곱해지면, 공든 탑은 도로아미타불이다. 절대로 한 번의 실패로 망할 수도 있는 포지션을 잡아서는 안 된다.

시장이 만들어준 행운과 자신의 실력을 구분하라

대체로 주가가 상승해야 신규 자금이 주식시장으로 유입된다. 코로나

19 팬데믹 직후의 강력한 강세장에서 '동학개미'로 불리는 개인투자자들의 주식시장 참여 러시가 나타났던 것처럼 말이다. 강세장에서는 '한국이 어려워도 삼성은 된다', '공모주 투자는 따상이 기본', '다시는 못 볼 가격' 운운하는 주장들이 횡행하고, 주가 상승은 자기강화적으로 투자자들을 시장으로 끌어들인다.

많은 투자자가 초기 투자에서 돈을 벌곤 한다. '초심자의 행운'이라고 불리는 이런 현상은 어쩌면 당연한 일이다. 강세장에서 투자를 시작하는 투자자가 많은데, 투자를 시작하는 시점이 정확히 상투가 아닌 다음에야 주식을 매수하고 어느 정도는 주가가 오를 확률이 높기 때문이다. 초기 투자의 성공을 자신의 실력 탓이라고 과신하는 태도는 매우 위험하다. 어떤 이는 짜릿한 수익에 취해 주식에 투자하는 자금의 규모를 늘리기도 하고, 어떤 이는 자신의 숨은 재능을 발견했다며 전업투자자를 꿈꾸기도 한다. 투자가 너무 쉬워 보여 증권회사에서 돈을 빌려 주식을 매입하는 신용거래를 시작하는 이도 생긴다. 대부분은 나의 실력이 아니라 시장이 만들어준 행운이지만, 이를 아는 사람은 많지 않다.

강세장이 끝나면 약세장이 시작된다. 벼락거지가 될지도 모른다는 '조바심'은 무주식이 상팔자라는 '회한'에 자리를 내준다. 주식시장은 늘 상승과 하락의 사이클을 반복하기에, 짧은 기간의 투자 성과만으로 자신의 능력을 과신해서는 안 된다.

많은 것을 하기보다 하지 않으려고 노력해야 한다

시장에 투자하는 패시브 투자는 게을러도 되지만, 개별 주식을 선정해 투자하는 액티브 투자자는 부지런해야 한다. 단 여기서 말하는 '부지런함'이란 빈번히 주식을 사고파는 행위를 뜻하는 게 아니다. 오히려 주식 매매는 최대한 자제해야 한다. 투자자에게 요구되는 행위는 '사고(思考)의 부지런함'이다. 특정 투자 대상에 대해 내가 충분히 잘 알고 있는지, 가격은 투자하기에 합당한 수준인지를 깐깐하게 가늠해야 한다는 의미다. 투자자는 자신의 '능력 범위'와 가치와 가격의 차이인 '안전마진'에 대해 늘 깊이 숙고해야 한다. 생각을 최대한 많이 하고, 행동은 최대한 적게 해야 승률을 높일 수 있다.

워런 버핏은 주식을 지나치게 자주 사고파는 세태를 개탄하면서 이렇게 말했다. "내 인생에 주식을 살 수 있는 기회가 20번밖에 없다고 생각하면서 투자에 임해야 한다." 제한된 능력 범위와 안전마진 확보 가능성 등을 고려하면 좋은 투자 기회가 늘 존재하는 건 아니기에 주식을 빈번히 매매해서는 도저히 돈을 벌 수 없다. 그래서 찰리 멍거는 자신이 내리는 투자 판단의 98%는 불가지론에 근거해 '기각'한다고 밝혔다.

워런 버핏은 야구에서 스트라이크 세 개를 안치면 아웃이되지만, 투자는 내가 원하는 기회를 제한 없이 기다릴 수 있기 때문에 주식투자가 투자자에게 유리한 게임이라는 점을 여러 차례 이야기했다. 프로야구팀 한화이글스의 프랜차이즈 스타였던 김태균은 버핏과 비슷하지만, 어떤 면에서는 버핏보다 더 깊은 통찰을 담은 말을 남겼다. 2021년에 은퇴한 김태균은 통산 2015경기에 출전해, 올타임 3할2푼의 타율을 기록한 대타자였다.

김태균은 저서 『타격에 관한 나의 생각들』(2024)에서 이렇게 말했다. "삼진을 당하더라도 내가 설정해 놓은 스트라이크 존을 벗어나는 공에 반응해서는 안 된다. 그걸 쳐봐야 좋은 타구가 나오기 어렵고, 방망이가 나쁜 공을 따라다니면 타격의 밸런스가 깨진다. 선수의 몸은 가장 마지막에 했던 동작을 기억하기에 다음 타석에도 악영향이 이어진다. 내가 나쁜 공이라고 판단한 공이 스트라이크 판정을 받는다고 해도 그저 받아들였다."

김태균의 언어를 빌려서 필자가 덧붙인다. "나쁜 공에 배트를 휘둘러도 빗맞은 안타가 나올 수 있다. 운이다. 선수의 몸은 가장 마지막에 했던 행동을 기억한다. 요행을 바라고 나쁜 공에 계속 방망이를 내면 밸런스는 깨지고, 타율은 떨어진다. 운의 약발은 짧다."

우리 주변에는 과도한 자극이 너무 많다. 꼭 주식을 사고파는 행위만을 투자로 생각해서는 안 된다. 방관이 아닌 적극적인 의사결정의 결과라면 '아무것도 안 하는 것' 혹은 '기다리는 것'도 투자다.

회의주의자가 되어라

'회의주의(skepticism)'와 '비관주의(pessimism)'는 족보가 전혀 다르다. 회의주의는 '알고 있다고 믿는 것에 대해 가지는 엄격한 태도'다. 스스로는 잘 알고 있다고 생각하지만, 실은 잘못 알고 있거나 희미하게 알고 있는 경우가 많다. 회의주의자는 늘 의심하면서 깊이 있는 앎에 천착한다. '참인지 거짓인지 알 수 없다', '증거가 불충분하다' 등은 회의주의자의 언어다.

비관주의는 '세계나 인생이 본질적으로 나쁜 방향으로 흐른다'는 인식을 지칭한다. '세상은 점점 더 살기 어려워질 것이다', '결국 잘 풀리지 않을 것이다' 등은 가치판단이 내재된 비관주의자의 언어다.

투자는 응당 낙관주의의 편에 서야 하지만, 동시에 회의주의를 견지해야 한다. 투자자에게 있어서 비극은 '어설프게 아는 것을 잘 아는 것으로 착각'하는 데서, '일시적 행운을 실력으로 오인'하는 데서 나온다. 모든 것을 아는 사람은 없고, 또 주식투자가 모든 것을 알아야 이기는 게임도 아니다. 자신의 앎의 한계를 인정하고, 그 한계 안에서 포지션을 잡아나가는 것이 절대적으로 중요하다.

분산투자를 강조하고, 분할매수를 이야기하는 것은 '회의주의자'의 태도가 반영된 것이다. 투자의 세계가 확실성의 영역이라면 좋은 자산을,

좋은 가격에 한꺼번에 사면 되지 왜 분산하고, 분할하는가. 내가 잘 아는 영역에서 안전마진이 확보될 때 투자하면 승률을 높일 수 있지만, 이 또한 확실성의 영역이 아니다. 확실한 건 모든 것이 불확실하다는 사실뿐이다.

7
투자의 기회는 버스와 같다, 지나가면 또 온다

2020년 코로나19 팬데믹 직후의 강세장에서 나온 '벼락거지'라는 단어는 여러 생각을 하게 해줬다. 과한 표현이기는 했다. 투자를 안 해서 좋은 기회를 놓칠 수는 있지만, 투자를 안 한다고 거지가 되는 건 아니기 때문이다.

벼락거지라는 말 속에 담긴 절박함은 충분히 공감한다. 실물경제는 정체인데, 자산시장만 활황이다. 특히 뛰는 집값을 보고 있노라면 연봉을 많이 주는 괜찮은 직장에 다니더라도 노동소득을 통해 내 집을 장만하는 건 불가능해 보인다. 주식이건 코인이건 자산시장의 상승 물결에 올라타지 못하면 평생 집 없이 살 수도 있다는 공포가 벼락거지라는 말 속에 투영돼 있었다.

코로나19 직후의 강세장은 저점 대비 코스피 상승률이 127%에 달할 정도의 짜릿한 상승 장세였다. 그러나 이를 사상 유례없는 강세장이라

부르는 건 온당치 않다. 1980년대 이후 코스피가 나타냈던 여덟 차례의 순환적 강세장(cyclical bull market) 가운데 코로나19 직후 강세장은 역대 수익률 순위 6위에 불과하다. 코로나19 직후보다 강력했던 강세장은 과거에도 많았고, 앞으로도 나타날 것이다.

주식투자는 싸게 사서, 비싸게 팔아야 이기는 게임이지만 사람들은 종종 반대로 행동하곤 한다. 투자는 불확실성에 대한 베팅이라, 늘 자신의 투자에서 기대되는 수익률과 위험을 저울질해야 한다. 그렇지만 강세장이 진행되면 손실을 두려워하는 마음보다 기회를 놓치는 것에 대한 두려움이 투자자들을 압도하게 되고, 이때 과도한 쏠림이 나타난다. 금융사학자 찰스 킨들버그는 말했다. "친구가 부자가 되는 것을 지켜보고 있는 것보다 더 사람의 판단력을 흐리게 하는 일은 없다"고.

나만 못 벌고 있다는 상대적 박탈감과 이 판에 동참하지 못하면 더 이상 기회가 없을 것이라는 조급함은 투자자에게 최대의 적이다. 투자의 기회는 버스와 같다. 지나가면 또 온다.

불패인 자산은 존재하지 않는다

어디에나 사이클이 있다. 사이클로부터 자유로운 자산은 존재하지 않는다. 사이클은 자산의 절대적 퀄리티와 무관하다. 훌륭한 자산일수록 투자자들의 몰입이 생기고, 비싼 가격에 거래된다. 버블이 생기는 것이다. 버블의 끝이 어디일지 알 수 없을 뿐, 버블은 반드시 터진다. 질이 나쁜 자산은 파산으로 마감되고, 훌륭한 자산은 과잉 낙관의 산물인 버블이 붕괴됨으로써 단기적인 급락과 장기적인 휴식기에 들어간다.

글로벌 금융위기 이후의 승자인 미국 증시도 늘 불패였던 것은 아니다. S&P 500 지수는 1937~1950년, 1968~1982년, 2000~2012년 등 세 차례의 장기 횡보장세를 나타낸 바 있다. 세 차례 장기 횡보장은 기록적인 장기 상승 장세 직후에 나타났다. 산이 높으면 골도 깊다.

성장 가치로 무장한 기업들의 부상은 투자자들이 가져야 할 일말의 경계심도 걷어내는 경우가 많아 더 치명적일 수 있다. 아무리 높은 가격을 지불해도 그 행위가 정당화될 수 있을 정도로 좋은 투자 대상은 존재하지 않는다. 기대를 과도하게 반영하고 있다면, 기대를 충족시키지 못하는 사소한 변화에도 주가는 크게 조정을 받을 수 있다. 주가가 조정을 받더라도 버텨야 할 경우가 있지만, 애초에 가치가 아닌 스토리텔링에 매혹돼 주식을 산 경우라면 이런 선택을 하기도 힘든 일이다. 내가 보유하고 있는 주식이 미래에 대한 기대를 얼마나 과대, 혹은 과소 반영하고 있는지 늘 고민해야 한다.

성장에 대한 솔깃한 스토리에 탐닉하기보다는 과도하게 높은 가격을 지불하는 것은 아닌지 의심해야 하고, 특정 종목군에 대한 대중들의 쏠림이 있다면 반대편에 서는 용기를 가져야 한다.

투자는 부자에게 절대적으로 유리한 게임이다, 부자처럼 투자하라

프랑스의 좌파 경제학자 토마 피케티는 불평등의 이유를 자산소득이 노동소득보다 빠르게 증가하는 데서 찾았다. 몸을 굴려 돈을 버는 것보다 돈이 돈을 버는 속도가 더 빨랐던 셈이다. 이런 점에서 주식투자 인구가 많이 늘어나고 있다는 사실은 긍정적이다.

그렇지만 주식투자의 세계에서도 부자가 보유자금이 적은 사람보다 절대적으로 유리하다. 자금이 적을수록 더 높은 수익률을 추구하기 쉬워 시장 수익률을 추종하는 패시브 투자가 성에 차지 않는다. 또한 적절한 분산을 통한 위험 관리에도 소홀한 경우가 많다.

예기치 못한 조정 장세를 견딜 수 있는 내구력도 부자들이 훨씬 강하다. 투자는 시간을 견딜 수 있는 돈으로 해야 승률을 높일 수 있다. 당장 써야 할 생활비, 학비를 쪼개서 투자한 자금이나 빌려서 투자한 자금은 본질적으로 예측할 수 없는 시장의 변덕을 견뎌내기 어렵다.

우리는 부자가 되기 위해 투자하지만, 꿈을 이루기 위해서는 부자처럼 투자해야 한다. 시간을 감내할 수 있는 여윳돈으로 투자해야 하고, 합리적인 수익률을 시간의 힘으로 불려 나가는 '복리의 마법'에 올라타야 한다. 지름길은 없다.

일 년 앞의 기대는 과대평가되고,
십 년 동안 이룰 수 있는 일은 과소평가되곤 한다

주가의 등락은 단기적으로는 무작위에 가깝지만, 투자 기간이 길어질수록 상승하는 편향을 나타낸다. 투자는 장기투자자에게 절대적으로 유리한 속성을 가지고 있지만 대다수 투자자들의 시계(視界)는 다분히 단기적 관점에 치우쳐 있다. 투자를 통해 당장 이룰 수 있을 것 같은 단기 목표는 대체로 과도한 기대의 산물인 경우가 많다.

20세기(1900~1999년) 미국은 두 차례의 세계대전, 대공황, 두 차례의 오일쇼크, 소련과의 냉전 등 숱한 우여곡절을 겪었지만 다우지수는 1만 7587%나 상승했다. 배당금 수취를 제외하고도 이런 엄청난 수익률을 기록했다. 연율로 5.3% 상승하면 이런 결과를 만들어 낼 수 있다. 시간의 힘이고, 복리의 힘이다. 21세기(2000년~2025년 7월 말)에도 다우지수는 283% 상승했다. 연율 5.4%의 수익이 쌓인 결과다.

한국 증시의 장기 성과도 살펴보자. 코스피가 현행과 같은 시가총액 가중식으로 산출되기 시작한 1980년 이후의 성과를 측정했다. 20세기 후반의 20년(1980~1999년) 동안 코스피는 928% 상승했다. 연율로 12.3%의 수익률이다. 역시 배당은 포함되지 않은 수익률이다. 1980년대 외채위기와 1990년대 IMF 외환위기가 포함됐던 시기였지만, 주식시장의 장기 성과는 좋았다. 21세기(2000~2025년 7월 말) 코스피 상승률은 215%, 연환산 4.6%를 기록하고 있다. 적은 수익률 격차도 복리로 누적되면 큰 차이가 나지만, 미국 증시 대비 현저히 부진한 성과를 나타내고 있다고 볼 수는 없다. 한국 증시에도 시간의 힘은 작동하고 있다.

한국이나 미국이나, 너무 시시한 수익률로 보이는가? 시시해 보이는 수익이 쌓여 거대한 수익률로 이어졌다는 데 주목해야 한다. 투자 대상 종목을 잘 선택하고, 좋은 매매 타이밍을 잡는 것도 투자의 성패를 결정하는 요인들이지만, 이는 누구나 잘할 수 있는 일이 아니다. 무작위에 가까운 단기 주가 등락을 맞추는 게임을 해서는 안 된다.

장기적인 시각으로, 시간을 견뎌낼 수 있는 여윳돈으로, 생존자들의 집합체인 시장에, 저축하듯이 적립식으로 투자하는 게 기본이 되어야 한다. 개별 주식에 대해 투자한다면 능력 범위 내에서, 안전마진을 고려해 의사결정을 내려야 한다. 안전마진이 큰 종목에 투자하는 행위에도 장기투자의 개념이 내재돼 있다. 대체로 시장에서 소외된 종목들에서 안전마진이 확보될 수 있는데, 내재가치 대비 현저히 저평가돼 거래되고 있는 이런 상황이 언제 바뀔지는 누구도 알 수 없다. 사서 기다릴 따름이다.

공자님 말씀 같은 조언이라고? 하지만 이런 것 말고는 주식투자를 통해 부를 쌓는 방법을 나는 알지 못한다.

| 어바웃어북 경제 스테디셀러 |

AI가 바꾼 산업의 투자 지형도
업계지도

| 한국비즈니스정보 지음 | 403쪽 | 28,000원 |

AI가 쏟아 올린 불확실한 투자정보의 산더미 속에서 미래 투자가치가 명징한 사업과 기업을 디깅[digging]하라!

- HBM을 놓고 SK와 삼성, 엔비디아가 펼치는 AI반도체 전쟁
- 미국의 AI동맹 '스타게이트'를 둘러싼 빅테크들의 주도권 다툼
- 트럼프 관세 포비아로 불거진 업종별 이해득실
- 젠슨 황의 발언에 춤을 추는 주가들 – 젠슨 황 이펙트의 속내
- 전기차 캐즘과 K-배터리 그리고 자동차 업황의 미래
- 고래싸움에도 무럭무럭 자라는 소부장들 etc

미래시장의 통찰력을 키우는 산업견문록
40일간의 산업일주

| 남혁진 지음 | 406쪽 | 28,000원 |

- **한국출판문화산업진흥원 선정
2023년 세종도서 교양부문 추천도서**

"○○산업의 본질이 무엇인가?" 고(故) 이건희 삼성전자 회장이 자신에게 그리고 경영진에게 수없이 던진 질문이다. 그는 비즈니스의 방향을 설정하고 경영 전략과 전술을 짜는 출발점을, 산업에 대한 정확한 이해로 꼽았다. 이 책은 글로벌 경제를 선도하는 40개 산업의 흥망성쇠를 예리한 분석력으로 진단한 뒤, 성장가치와 투자가치를 짚어낸다. 이로써 투자자와 비즈니스맨에게는 미래를 읽는 통찰력을, 취업준비생에게는 최고의 스펙을 쌓을 기회를 제공한다.

보이지 않는 손이 그린 침체와 회복의 곡선들
비욘드 더 크라이시스

| 안근모 지음 | 322쪽 | 18,000원 |

**국내 최고 중앙은행 관찰자가 엄선해 분석한
150여 개의 그래프로 위기 이후 반등의 기회를 포착한다!**

산이 높으면 골이 깊은 게 자연의 섭리이듯 침체가 깊어질수록 회복과 반등의 기대가 커지는 게 경제순환의 원리이다. 하지만 회복과 반등의 욕망이 커질수록 온갖 무분별한 전망들이 쏟아져 시장의 혼란을 가중시킨다. 결국 경제주술사들의 공허한 예언에서 벗어나는 가장 효과적인 방법은, 전망을 덮고 팩트를 자각하는 것이다.